Kohlhammer

## Die Autorinnen

*Jutta Gorschlüter*
Nach langjähriger Tätigkeit als freie Bildungsreferentin und mehrjähriger Arbeit mit jugendlichen Schulverweigerern gründete Jutta Gorschlüter 2003 die lerntherapeutische Praxis »Spielraum Lernen« in Münster, Westfalen. Sie begleitet und unterstützt Kinder, Jugendliche und Erwachsene, die eine lerntherapeutische Förderung benötigen, hält bundesweit Vorträge und bildet seit 2014 im Rahmen des »Spielraum Lernen« Fernlehrgangs Lerntherapeuten/innen aus. Daneben entwickelt sie Spiel- und Lernmaterialien.

*Marie Gorschlüter*
Marie Gorschlüter hat ihren Master in Erziehungswissenschaft an der Universität Münster gemacht und arbeitet seit 2012 zusammen mit ihrer Mutter als Lerntherapeutin bei »Spielraum Lernen«. Ihre Aufgabenbereiche umfassen Einzelförderungen und Beratungen, bundesweite Fortbildungen/Vorträge und die Betreuung und Ausbildung der TeilnehmerInnen des Fernlehrgangs LerntherapeutIn.

*Charlotte Hofmann*
Die Bilder in diesem Buch stammen von der Illustratorin und Live-Zeichnerin Charlotte Hofmann. Sie studierte an der Fachhochschule Münster Design und gibt Comic-Zeichenworkshops in Deutschland und der Schweiz.

Jutta Gorschlüter
Marie Gorschlüter

# Wenn Lernen schwierig ist

Alles, was den Lernalltag
mit Kindern erleichtert

Verlag W. Kohlhammer

Dieses Werk einschließlich aller seiner Teile ist urheberrechtlich geschützt. Jede Verwendungaußerhalb der engen Grenzen des Urheberrechts ist ohne Zustimmung des Verlags unzulässig und strafbar. Das gilt insbesondere für Vervielfältigungen, Übersetzungen, Mikroverfilmunge und für die Einspeicherung und Verarbeitung in elektronischen Systemen.

Die Wiedergabe von Warenbezeichnungen, Handelsnamen und sonstigen Kennzeichen in diesem Buch berechtigt nicht zu der Annahme, dass diese von jedermann frei benutzt werden dürfen. Vielmehr kann es sich auch dann um eingetragene Warenzeichen oder sonstige geschützte Kennzeichen handeln, wenn sie nicht eigens als solche gekennzeichnet sind.

Es konnten nicht alle Rechtsinhaber von Abbildungen ermittelt werden. Sollte dem Verlag gegenüber der Nachweis der Rechtsinhaberschaft geführt werden, wird das branchenübliche Honorar nachträglich gezahlt.

Dieses Werk enthält Hinweise/Links zu externen Websites Dritter, auf deren Inhalt der Verlag keinen Einfluss hat und die der Haftung der jeweiligen Seitenanbieter oder -betreiber unterliegen. Zum Zeitpunkt der Verlinkung wurden die externen Websites auf mögliche Rechtsverstöße überprüft und dabei keine Rechtsverletzung festgestellt. Ohne konkrete Hinweise auf eine solche Rechtsverletzung ist eine permanente inhaltliche Kontrolle der verlinkten Seiten nicht zumutbar. Sollten jedoch Rechtsverletzungen bekannt werden, werden die betroffenen externen Links soweit möglich unverzüglich entfernt.

1. Auflage 2022

Alle Rechte vorbehalten
© W. Kohlhammer GmbH, Stuttgart
Gesamtherstellung: W. Kohlhammer GmbH, Stuttgart

Print:
ISBN 978-3-17-040444-1

E-Book-Formate:
pdf:   ISBN 978-3-17-040445-8
epub:  ISBN 978-3-17-040446-5

# Inhalt

**Vorwort** — 9

## I  Grundlagen des Lernens

**1  Spielend lernen – Spielräume erweitern** — 15

**2  Lernen ohne Grenzen** — 38
- Konzentration und Aufmerksamkeit — 42
- Was stört beim Lernen — 53
- Überforderung und Unterforderung — 58

**3  Wer lernt wann, wie und wo?** — 63
- Der Lern-Akku — 76
- Lernerfolg und Lerntempo — 79
- Die besten Strategien bei Lernschwierigkeiten — 81
- Wie unsere Wahrnehmung funktioniert — 94
- Die Falle — 108
- Intelligenzbereiche — 111

**4  Lernen durch Denken und Erfahren** — 115
- Das Gehirn — 116
- Das bildhafte Denken — 118
- Vom Sprechenlernen und Fragenstellen — 121
- Die Bedeutung des logischen Denkens — 125

| 5 | **Alles unter Dach und Fach – Mit Kindern Zuhause lernen** | **130** |
|---|---|---|
| | Ankommen lassen | 130 |
| | Der Lernort | 134 |
| | Hausaufgaben | 137 |
| | Eselsbrücken, Merksätze und erinnernde Bewegungen | 143 |

| II | **Tipps für den Lernalltag** | |
|---|---|---|
| 6 | **Fon Buchschtabn, Wöhrtan und Täksten – Wenn Lesen und Schreiben nicht so einfach ist** | **157** |
| | Was können Hinweise auf eine LRS oder Legasthenie sein – und was unterscheidet die beiden voneinander? | 159 |
| | Upps! – da stolpern viele Kinder | 165 |
| | Was tue ich, … | |
| | … wenn für das Erlernen der Laute/Buchstaben deutlich mehr Zeit benötigt wird? | 168 |
| | … wenn das Lesen schwer fällt, Laute nur mühsam zu Wörtern zusammengezogen und wiederholt auftretende Wörter nicht erkannt werden? | 176 |
| | … wenn beim Lesen und Schreiben einzelne Buchstaben und Wortteile ausgelassen werden? | 178 |
| | … wenn das Kinder- und Erwachsenenalphabet vermischt werden? | 187 |
| | … wenn beim Lesen oder Schreiben eines Textes Punkte, Kommas und andere Satzzeichen übergangen werden? | 189 |
| | … wenn Wortlängen oder Wortgrenzen nicht immer eindeutig erkannt werden? | 191 |
| | … wenn Abschreibtexte mühsam erarbeitet werden und sehr lange dauern? | 193 |
| | … wenn viele Rechtschreibfehler gemacht werden? | 194 |
| | … wenn bildlose Wörter wiederholt falsch geschrieben werden? | 203 |
| | … wenn das Formulieren freier Sätze und Texte nur bedingt gelingt und Satzbau und grammatikalische Strukturen häufig fehlerhaft sind? | 205 |

| | Kurz und knackig: Was hilft, um leichter lesen und schreiben zu können? | 207 |
|---|---|---|
| **7** | **Die verflixten Zahlen – Wenn Rechnen nicht so einfach ist** | **209** |
| | Was können Hinweise auf eine Rechenschwäche (Dyskalkulie) sein? | 213 |
| | Upps! – da stolpern viele Kinder | 215 |
| | Was tue ich, … | |
| | … wenn Mengen Schwierigkeiten bereiten? | 217 |
| | … wenn Aufgaben nur durch Hochzählen gelöst werden? | 221 |
| | … wenn besonders bei Subtraktionsaufgaben Probleme auftauchen? | 223 |
| | … wenn der Schritt über den Zehner nicht gerechnet, sondern hochzählt wird? | 226 |
| | … wenn häufig Zahlendreher im Einer- oder Zehnerbereich auftauchen oder Stellenwerte nicht eingehalten werden? | 233 |
| | … wenn das Einmaleins nur auswendig gelernt, es aber nicht verstanden wird? | 236 |
| | … wenn der rechnerische und praktische Umgang mit Größen (Zeit, Strecken, Gewichte, Geld) nicht oder kaum gelingt? | 241 |
| | … wenn Sachaufgaben nicht verstanden werden? | 244 |
| | Mathematik und Sprache | 248 |
| | Kurz und knackig: Was hilft, um leichter rechnen zu können? | 253 |
| **Nachwort der Autorinnen** | | **255** |

# Vorwort

Kinder kommen als fantastische Lernwesen auf die Welt – mit großer Neugierde, Entdeckerfreude, einer hohen Frustrationstoleranz und viel Vertrauen in die eigenen Fähigkeiten.

Alles nehmen sie in die Hand oder sogar in den Mund. Immer wieder versuchen sie, nachzuahmen, was sie sehen und hören. Wie oft fallen sie hin und stehen wieder auf, bis es mit dem Laufen endlich klappt? Und dann all die Kinderfragen ... In den ersten Lebensjahren ist ein erstaunliches Lernwachstum zu beobachten und das ganz ohne Stundenplan und Lehrpläne. Es braucht kein Curriculum.

Schon einige Jahre später in der Schule gibt es erschreckend viele Kinder, die bezogen auf das Lernen ihre Begeisterungsfähigkeit und das Zutrauen in das eigene Gelingen kaum noch spüren und erleben. Was also ist auf dem Weg vom kindlichen Spiel zum schulischen Lernen passiert? Wo sind die spielerischen Elemente, das Begreifen, Entdecken, die Phantasie, die Kreativität, die Unbekümmertheit, die Neugierde, Begeisterung und der Freiraum geblieben? Wenn wir das Wunder des Lernens mehr begreifen und die zündende Kraft dahinter verstehen, müssten wir nicht alles daransetzen, dass diese Erkenntnisse weitergetragen werden in jede Schule?

In den vergangenen Jahren habe ich viele Kinder und Jugendliche kennengelernt, die in sehr unterschiedlichen Bereichen Lernschwierigkeiten hatten und haben. Die Gründe dafür waren ausgesprochen vielfältig. Mal waren sie überfordert, mal unterfordert, anderen fehlten die richtigen Lernstrategien, um den Stoff sicher abzuspeichern. Bei manchen war es auch einfach so, dass sie zu dem Zeitpunkt, als grundlegender Stoff vermittelt wurde, den Kopf nicht frei hatten für die Materie, weil persönliche Ereignisse sie emotional zu sehr belasteten. So entstanden Lücken, die dringend geschlossen werden mussten. Wieder andere kamen mit den vorgegebenen Unterrichtsmethoden oder dem Lehrstil eines Lehrers nicht zurecht oder hatten genetisch bedingte Lernbeeinträchtigungen.

Kinder und Jugendliche kamen und kommen zu mir mit unterschiedlichen Diagnosen wie beispielsweise Wahrnehmungsstörungen, ADHS, Konzentrationsproblemen, Lese-Rechtschreibschwäche, Legasthenie, Hochbegabung, Dyskalkulie (Rechenschwäche), mangelnde Lernmotivation, Schulverweigerung oder Verhaltensauffälligkeiten. Vom 6-Jährigen bis zum 24-Jährigen war jedes Alter vertreten. Die Schulen, die sie besuchten, decken das ganze Spektrum ab, das die deutsche Schullandschaft zu bieten hat. Von der Förderschule bis zum Gymnasium war alles dabei.

Bei einem Großteil der Kinder und Jugendlichen, mit denen ich bisher gearbeitet habe, liegt die Ursache für Lernschwierigkeiten zusätzlich in einer stark traumatisierenden Kindheit. Sie tragen nicht nur an den emotionalen Belastungen, denen sie manchmal über Jahre hinweg ausgesetzt waren, sondern sind zudem auch nicht entsprechend gefördert worden.

Was auch immer die Gründe waren mich aufzusuchen, meine Erfahrung hat mich gelehrt, dass es in jedem Menschen noch ein gewaltiges Potenzial gibt, das zu entdecken und zu nutzen ist. Das gilt für Kinder und uns Erwachsene gleichermaßen.

Jeder einzelne meiner Schüler hatte neben den Schwierigkeiten beim Lernen immer auch ganz besondere Stärken, Talente und Fähigkeiten. Darunter waren sehr außergewöhnliche Begabungen. Ein Jugendlicher, der als Analphabet zu mir kam, wurde als »Pferdeflüsterer« bezeichnet. Ein 14-jähriger Schulverweigerer war fasziniert von chinesischen Schriftzeichen und beschäftigte sich in der Freizeit freiwillig damit. Ein 8-jähriges Mädchen baute nach der Schule aus unterschiedlichen Materialien ganze Bühnenbilder. Sebastian war der Charme in Person, immer hilfsbereit und gut gelaunt, und als Bastian in dem Musical »Westside Story« hingebungsvoll das Liebeslied an Maria sang, schmolzen sämtliche Zuhörer dahin und weinten vor Rührung.

Durch die vielen gemeinsam mit Kindern verbrachten Stunden habe ich mein Wissen und meinen Erfahrungsschatz immer wieder erweitern können. Nach wie vor bin ich fasziniert davon, Neues zu lernen, entdecken und erkennen zu dürfen. Spielen gehört für mich immer dazu. Meine Schüler haben mich oft genug herausgefordert, mich mit Lerninhalten wieder auseinanderzusetzen, die auch mir in meiner Schulzeit langweilig und unnötig erschienen oder mir vorkamen wie ein Buch mit sieben Siegeln.

Auf jeden Schüler musste ich mich neu einstellen, und was bei dem einen gut funktionierte, funktionierte bei dem nächsten Schüler noch lange nicht. Das gemeinsame Suchen nach Lösungen ist dadurch zu einem wesentlichen Bestandteil meiner Arbeit geworden. Deswegen geht es in diesem Buch darum, mehr über das Lernen zu erfahren und eine differenzierte Sichtweise auf die unterschiedlichen Aspekte des Lernens zu entwickeln. Nicht alles ist auf jeden anwendbar, aber in einem sind wir alle gleich: Wir lernen am besten in einer wohlwollenden Atmosphäre, wo auf kluge Ratschläge, Besserwisserei, Ironie und Überheblichkeit verzichtet wird. Wo wir uns öffnen können für Neues.

Im Laufe der Jahre habe ich durch Vorträge viele engagierte Eltern, Lehrer und pädagogische Fachkräfte kennengelernt, die sich auf den Weg machen und selbst auch noch dazu lernen möchten. Den vielen Nachfragen nach einem Manuskript zu meinen Veranstaltungen komme ich mit diesem Buch nach. Allerdings wäre dieses Buch ohne die Unterstützung meiner Tochter Marie bis heute nicht vollendet. Da sie seit vielen Jahren gemeinsam mit mir arbeitet, fließen viele ihrer Erfahrungen mit ein, und dieses Buch ist zu unserem gemeinsamen Projekt geworden. Für die Schreibweise des Buches sind wir jedoch durchgehend bei der Ich-Form geblieben, um den Lesefluss nicht unnötig zu erschweren.

Der erste Teil des Buches befasst sich mit den allgemeinen Gedanken zum Thema Lernen mit Kindern: Was ist die Grundlage für ein entspanntes Lernen? Was gilt es darüber zu wissen? Wie funktioniert unser Gehirn? Der zweite Teil des Buches beschäftigt sich konkret mit Aspekten, die Kinder beim Lesen, Schreiben und Rechnen Schwierigkeiten bereiten, also den Stolpersteinen. Er enthält viele praktische Tipps dazu, wo man besonders bei den Grundkompetenzen ansetzen kann, um die Kinder zu unterstützen und ihnen mehr Sicherheit zu geben.

Mein Leben ist durch die Arbeit, die ich mache, sehr bereichert worden. Ich habe eine Menge darüber gelernt, wie das Lernen funktioniert – und lerne noch immer. Es ist einfach eine große Freude, dazu beitragen zu können, dass dieses Potenzial, das in den Kindern schlummert, ans Licht kommt. Glauben Sie mir, meine besten Erkenntnisse stammen nicht aus Büchern, sondern von all den Kindern und Jugendlichen, die ich in den letzten Jahren kennenlernen durfte.

Jutta Gorschlütter

# I

## Grundlagen des Lernens

# 1

## Spielend lernen – Spielräume erweitern

Ich wollte immer, dass meine Kinder vor allem eines sind: zufrieden und glücklich. Selbstständig sollten sie sein und kreativ, sich frei fühlen und gleichzeitig lernen, Hindernissen nicht aus dem Weg zu gehen und Krisen als Chance nutzen, um zu wachsen. Sie sollten entscheidungsfreudig sein. Ich habe mir gewünscht, dass sie ihr Potenzial ausschöpfen und dass sie einen Sinn in ihrem Leben sehen. Bei der Frage nach dem »Wie« bin ich in die gleiche Falle getappt wie viele Eltern. Ich habe mich dabei erwischt, dass ich viele Ideen hatte, wie das Leben meiner Kinder später konkret aussehen könnte. Ich glaubte ja, ihre Talente und ihre Veranlagungen zu sehen, und auf diesem Hintergrund schlich sich die eine oder andere Vorstellung bei mir ein, dies oder jenes könnte doch später vielleicht ein guter Beruf sein. Ich glaubte zu wissen, was meinen Kindern liegt und die Richtung zu kennen, in die es gehen könnte. Ich hatte keine genauen Pläne, aber Vorstellungen.

Rückblickend kann ich nur sagen, dass das, was meine inzwischen erwachsenen Kinder heute ausmacht, womit sie sich beruflich und privat beschäftigen, die Bereiche, in denen sie zufrieden und erfolgreich sind, definitiv nicht einmal annähernd auch nur als Idee auf meiner langen Liste

I Grundlagen des Lernens

vorkamen. Noch schlimmer, sie kamen nicht nur auf meiner Liste nicht vor, sie existierten nicht einmal als Möglichkeit in meinem Kopf. Wenn wir also vielleicht gar nicht so genau planen und absehen können, wie unsere Kinder ihr Leben gestalten werden, was können wir ihnen dann mitgeben? Wie müsste die Bildung für unsere Kinder aussehen? Was brauchen sie von uns, um in dieser Welt bestehen zu können?

Die Antwort ist relativ einfach. Das Wichtigste, was Kinder zum Lernen benötigen, ist ein sicherer Hafen, ein sicheres Umfeld, Menschen, die eine intensive Beziehung zu ihrem Kind haben, ihnen Sicherheit geben. Eltern oder Gemeinschaften, die sich verbunden fühlen mit dem Kind, ihm etwas zutrauen und es inspirieren. Die es so annehmen und lieben, wie es ist. Das ist die Basis von allem. Der wichtigste Ort zum Lernen ist also die Familie, in der ein Kind seine Wurzeln nach unten strecken darf, um Halt zu bekommen, um sich dann nach oben entfalten zu können. In diesem sicheren Umfeld erleben Kinder die wichtigsten Lektionen des Lernens. Sie dürfen sein – sich entdecken – versuchen – ausprobieren – nachahmen – staunen – Spielräume erleben und ... spielen, spielen, spielen.

Im Spiel lernen Kinder unglaublich viel. Es ist ein Irrglaube, Spielen und Lernen seien zwei getrennte Dinge. Lernen ist ebenso wenig an die Schule und Tausende von Arbeitsblättern gebunden wie Spielen nur an speziell für Kinder vorgesehene Spielzeuge. Kinder, die ihre Entdeckerfreude ausleben dürfen, die von den Erwachsenen gesehen und ernst genommen werden, die sich begeistern können und sich anstecken lassen von der Begeisterung anderer, die sich gemeinsam kreativ auf den Weg machen, haben die beste Chance, ihr Potential zu entfalten, kreative Lösungen zu finden und neue Wege zu wagen.

Allerdings werden junge Eltern heute immer früher verunsichert und verspüren den Drang, in die Selbstentfaltung der Kinder einzugreifen. Dabei laufen sie Gefahr, statt Freiräume im Spiel zuzulassen, Impulse zu geben und auf kindliches Interesse zu reagieren, zu steuern und zu manipulieren. Das ist auch kein Wunder, werden sie doch von allen Seiten überschüttet mit Ratschlägen, die ihnen auflisten, was ihr Kind wann alles können oder haben müsse, um sich bestmöglich zu entwickeln. Auf MamaBlogs sind strahlende Mütter zu sehen, durchgestylt, ausgestattet mit Unmengen an Kreativität und Gelassenheit. Glückliche Kinder, die in die Kamera lächeln und natürlich das selbstgebastelte Spielzeug der Mama dankbar als Anreiz nehmen, um intensiv damit zu spielen. Und das Fazit heißt #Musthaves.

Ich beneide die jungen Eltern wirklich nicht, wenn man die Flut an Informationen bedenkt, die auf sie einprasseln. Beim Kinderarzt, im Kindergarten, in der Spielgruppe: Die Verunsicherung wird untereinander zusätzlich genährt durch ständiges Vergleichen, ob das Kind dies oder das auch schon könne, und das Vorführen der Kinder, zu zeigen, was er oder sie schon alles kann. Sicher wollen alle Eltern nur das Beste für ihre Kinder. Die Frage ist nur: Was ist das Beste und ist das Beste planbar?

Die Wirklichkeit sieht so aus, dass schon recht früh in den Köpfen vieler Eltern der Wunsch vorherrscht, dass ihre Kinder einen guten Beruf erlangen sollen, d.h. eine gute Bildung benötigen, d.h. einen guten Schulabschluss, d.h. gute Noten in der Schule, d.h. eine frühe Förderung ... damit all das gelingen kann. Was also ist der naheliegendste Gedanke für viele Eltern? Ganz einfach: »Man kann nicht früh genug anfangen!« In diesem Denk-Dilemma stecken viele Eltern unbewusst, da sie den Konkurrenzkampf in unserer Leistungsgesellschaft mitbekommen und sich Sorgen um die Zukunft ihrer Kinder machen. Eltern möchten das Beste für ihr Kind. Doch was ist dieses »Beste«?

Verunsicherungen dieser Art kenne ich auch:

> Mein ältester Sohn bekam mit 4 Jahren Krankengymnastik verschrieben, was bedeutete, dass ich zwei Kinder, nämlich meinen Sohn und seine ein Jahr ältere Schwester, ins Auto packen musste, um in den 25 Minuten entfernten Nachbarort zu fahren. Dort musste ich meinen Sohn umkleiden und dann mit ansehen, wie er zunächst einmal 10 von den kostbaren 25 Minuten, die ihm verschrieben wurden, damit verbrachte, an meinem Hosenbein zu kleben, nur damit er dann mit viel Überredungskunst nach 10 Minuten lustlos und unmotiviert begann mitzumachen. Die junge Frau wollte seinen Gleichgewichtssinn trainieren, und dazu sollte mein Sohn über unterschiedliche Kissen und Hindernisse laufen, die sie im Raum verteilt hatte. Nach dem 4. Termin traf ich eine Entscheidung und meldete ihn ab. Das musste doch auch mit mehr Begeisterung und geringerem Aufwand für mich als Mutter gehen. Also gingen wir häufiger in den Wald und jedes Mal querfeldein. Das bedeutete: Hinsehen, die Füße heben, Hindernisse wie Äste und Baumstämme übersteigen, balancieren auf Baumstämmen und sich den unterschiedlichen Bodenbeschaffenheiten anpassen. Wir hatten Spaß, und ganz nebenbei trainierte mein Sohn seinen Gleichgewichtssinn.

Was mich damals ermutigt hat, diese Entscheidung so zu treffen, ist eigentlich ein offenes Geheimnis. Ich habe auf meinen Bauch gehört und das sollten Eltern häufiger tun.

## I Grundlagen des Lernens

Manchmal wird uns Erwachsenen der Blick für das Wesentliche verschleiert, weil wir Angst vor dem möglichen eigenen Versagen haben oder weil wir glauben, nicht genug getan zu haben. Wenn wir den Schleier der Angst, der beständig »Aber, aber, aber…« ruft, ignorieren oder zur Seite schieben, bin ich sicher, dass es in den Antworten von Eltern einen Konsens gibt: Wir möchten, dass unsere Kinder zufrieden und glücklich sind und dass sie eine positive Lebenseinstellung haben.

Ich habe über die Jahre viele Eltern kennengelernt, die kamen und erzählten, dass ihr Gefühl ihnen sagte: »Da stimmt etwas nicht. Mein Kind versteht viele Dinge nicht und ich glaube, da versteckt sich mehr dahinter.« In den meisten Fällen stimmte das Bauchgefühl der Eltern, und entweder waren die Kinder maßlos überfordert, unterfordert, kamen mit den Inhalten nicht zurecht oder hatten andere Schwierigkeiten. Diese Eltern sorgten sich und spürten, dass ihre Kinder sich veränderten, unzufrieden wurden und litten. Wenn Eltern eine gesunde Beziehung zu ihren Kindern haben, ist das Bauchgefühl oftmals ein sehr guter Gradmesser.

Das Bauchgefühl von Eltern wahrzunehmen und ihm zu vertrauen, heißt nicht zwangsläufig, dass Pädagogen sofort eine Lösung für die Schwierigkeit des Kindes präsentieren können und müssen. Doch Pädagogen sollten hier sensibel und feinhörig sein und ihr Unterscheidungsvermögen schulen. Denn das schrittweise Suchen von Lösungen ist ein wichtiger Baustein des Lernens. Das gilt auch für uns Erwachsene.

Auch ich erlebte in den letzten 25 Jahren immer wieder Situationen, in denen ich mir und meinem Gegenüber eingestehen musste, dass ich keine sofortige Lösung griffbereit hatte. Aber genau durch diese Herausforderungen fielen mir neue kreative Wege ein und ich habe am meisten hinzugelernt.

Grundsätzlich ist es so: Ein Kind möchte gesehen werden und das heißt im schulischen Kontext, dass es dort Menschen geben muss, die das Kind wahrnehmen und als Subjekt behandeln. Angesprochen sind damit alle Personen, die Lernprozesse begleiten. Beziehung ist aber nicht gleich Beziehung. Hinter einer Äußerung wie: »Ich habe nichts gegen das Kind!« steht sicherlich keine ausreichend positive Grundeinstellung dem Kind gegenüber. Gemeint sind wirklich wohlwollende Beziehungen. Beziehungen, die Kinder motivieren, die Welt zu entdecken und zu erobern. Das kann die Welt der Zahlen und Wörter, der Sätze und Geschichten sein, die Welt der Tiere, Entdeckungen, der Musik und des Sports. Wenn Begeisterung ins Spiel kommt, steigert das die eigene emotionale Beteiligung, und diese wird zu einer zündenden Kraft. Genauso lernen Kinder im Spiel.

Im spielerischen Lernen ist der Moment, in dem ein Aha-Effekt passiert, nicht planbar.

> Jasper ist 6 Jahre alt und bei uns zu Besuch. In tiefe Gedanken versunken schaut er aus dem Fenster und beobachtet einen Möbelwagen, der vor einem Mehrfamilienhaus parkt. Nach und nach tragen zwei Männer mehrere Möbel in den Wagen. Plötzlich dreht Jasper sich zu mir um und fragt nachdenklich: »Wenn einer eine Wohnung hat und dann umzieht, dann zieht doch ein Neuer ein, oder?« »Ja«, antworte ich, »dann kann die Wohnung neu vermietet werden und ein anderer zieht dort ein.« Eine kurze Pause entsteht, und Jasper schlussfolgert weiter: »Aber der hat doch vorher auch eine Wohnung gehabt? Zieht dann da auch wieder ein Neuer ein?« »Ja«, antworte ich, »auch in diese Wohnung zieht dann wieder jemand anderes ein.« Wiederum denkt Jasper einen Moment nach, dann setzt er seine Gedanken laut fort: »Aber wenn einer umzieht, und dann noch jemand und noch jemand, dann ...« Er seufzt und sagt mehr zu sich selbst: »Dann ist ja die ganze Welt in Bewegung!«

Wie diese Geschichte zeigt, verlaufen diese Aha-Momente nicht immer laut und spektakulär. Es passiert einfach, aber jedes Mal, wenn es passiert, ist das beglückende Gefühl, das damit verbunden ist, gleichzeitig auch der innere Antrieb weiterzumachen.

Was bedeutet das aber für das schulische Lernen? Heißt das, dass Erfolge nicht planbar sind? Bis zu einem gewissen Grad sind sie tatsächlich nicht planbar, doch je mehr wir über die Lernprozesse wissen, desto mehr können wir die Lern- bzw. Spielräume gestalten. Immer da, wo Kinder als vollständige Persönlichkeiten gesehen werden und emotional beteiligt sind, wird der Nährboden für solche Aha-Effekte bereitet.

> Meine Schülerin Samira, die eine Rechenschwäche hat, kann sich einfach nicht merken, wie viele Monate ein Jahr hat. Sie verwechselt dabei häufig die Anzahl der Wochentage, die Anzahl der Tage eines Monats oder sie rät einfach: »Zwanzig? Dreißig?« Wenn ich Samira frage, ob sie eine Möglichkeit weiß, sich hier weiterzuhelfen, nickt sie und beginnt sich das Lied von Rolf Zuckowski »Die Jahresuhr« vorzusingen. Dabei zählt sie mit den Fingern die gesungenen Monate ab.
>
> Nachdem sie sich seit Wochen die Anzahl der Monate nicht sicher merken konnte, schaut sie mich enttäuscht an und seufzt: »Ich bin echt dumm, dass ich mir das nicht merken kann!« »Aber nein,« erwidere ich, »mir ist einfach auch noch keine gute Idee gekommen, wie man sich das besser merken kann.«
>
> Zum Glück aber kam mir die passende Idee an einem der nächsten Tage. In der nächsten Stunde erzähle ich Samira davon: »Weißt du, ich

I Grundlagen des Lernens

> kenne das Lied ›Die Jahresuhr‹ mit den Monaten jetzt schon seit vielen Jahren, aber ich habe mir noch nie Gedanken darüber gemacht, warum Rolf Zuckowski das Lied ›Die Jahresuhr‹ genannt hat.« Ich nehme eine große Uhr zur Hand und fordere Samira auf: »Sing doch bitte einmal das Lied und starte beim Januar mit deinem Finger oben auf der Uhr bei null Uhr. Mit jedem Monat, den du singst, gehst du mit dem Finger eine Zahl weiter auf der Uhr. Mal sehen, wo du ankommst.«
> Erstaunt stellt Samira fest, dass sie genau wieder oben bei der 12 ankommt nach einem Jahr auf der Jahresuhr. Wir drehen noch eine Runde auf der Uhr mit dem Lied, um sicher zu sein, dass das kein Zufall war, dass es genau 12 Monate sind – genau wie die Zahlen auf der Uhr.
> Und tatsächlich: Wieder landet Samira bei der 12. »Ach so«, höre ich sie plötzlich lachen. »Das ist ja ganz einfach. Das Lied heißt ›Die Jahresuhr‹, weil in einem Jahr so viele Monate sind wie große Zahlen auf der Uhr. Dass 12 Zahlen auf der Uhr sind, weiß ich ja. Dann weiß ich ja auch, wie viele Monate es gibt.«
> Als Samira in der nächsten Woche kommt, frage ich sie im Verlauf der Stunde, ob sie noch weiß, wie viele Monate ein Jahr hat. Sie sagt mit ernstem Gesicht: »Dreizehn?«, dann grinst sie und sagt: »Scherz! Natürlich zwölf!«

Wenn man sich mit dem Lernen beschäftigt, stellt sich zwangsläufig die Frage: Ist unser Schulsystem in seiner jetzigen Form wirklich geeignet, um junge Menschen auf die Veränderungen des Lebens, so wie sie auf sie zukommen, genügend vorzubereiten? Ein grundlegendes Umdenken würde zwangsläufig wesentliche Veränderungen im Schulsystem nach sich ziehen müssen, die zum Teil lange überfällig sind.

Die Frage, die sich mir stellt, ist folgende: Wie können wir das Gefühl einer Schul-Pflicht wandeln in das Gefühl einer Schul-Chance? Kinder gehen erwartungsvoll in die Schule, sie wollen Lesen und Schreiben lernen, sie wollen mit Zahlen umgehen können, und die meisten von ihnen haben spielerisch schon die ersten Erfahrungen damit gesammelt. Gerade noch haben sie gespielt, und jetzt mit der Schule beginnt der »Ernst des Lebens«. Das sollte so nicht sein. Das Spiel sollte weitergehen, das Lernen sollte auch weiterhin eng mit dem Gefühl des Entdecken-dürfens verbunden sein, dem Wissen, dass ich in meinem eigenen Tempo und auf meine Art lernen darf, dem Vertrauen darauf, dass man mich mit meinen Stärken sieht und mich darin unterstützt, so zu lernen, wie es für mich am leichtesten ist.

Ich habe in meiner Praxis mehrere Tausend Kinder kennen gelernt, und sie alle waren so verschieden. Da gibt es die, die entspannt vom Klassenverband Anschluss finden und sich in einer Gruppe wohlfühlen. Doch es gibt auch die Individualisten, die Anders-Denker, die Dinge viel mehr hinterfragen, die kein »Gruppentyp« sind. Es gibt die, die Dinge gerne selbst gestalten und entscheiden, wie der Weg aussehen soll, den sie gehen. Es gibt auch die, die es – unabhängig von der Erziehung – eher zu schätzen wissen, wenn man ihnen eine Richtung vorgibt und sie sich an festen Strukturen orientieren können. Kinder sind geprägt durch sehr unterschiedliche Erfahrungen, sie haben unterschiedliche Charaktere und Talente. Daneben bringt jedes Kind seine individuelle Geschichte mit, verbunden mit all den Erfahrungen, die es im bisherigen Leben gemacht hat. Manche haben mit Schwierigkeiten zu kämpfen oder sehen sich ständig Herausforderungen gegenübergestellt. All diese wunderbar verschiedenen Kinder haben ihre Berechtigung und sollten die Chance haben, mit ihrer Art im Schulsystem angenommen und gesehen zu werden. Sie sollten vielfältige Impulse bekommen und inspiriert werden, ihre ganz individuelle Art zu leben. Sie sollten spielend lernen dürfen und Lernen als Chance erfahren.

Was wir wollen, sind lebensfrohe, selbstbewusste Kinder. Kinder, die sich etwas zutrauen. Kinder, die ihr Potenzial entfalten, die zu verantwortungsvollen Menschen heranreifen. Kinder, die die Welt mit allem entdecken, die die Welt mitgestalten und Verantwortung für sich und andere übernehmen. Damit dies gelingt, müssen wir die Kinder nicht nur abholen, wo sie stehen, sondern wir müssen sie auch wahrnehmen mit allen ihren Eigenschaften und persönlichen Nuancen.

Doch was bedeutet das ganz konkret?

Noah hat einen extrem hohen Bewegungsdrang. Es gelingt ihm in der Schule nicht, länger als 5–10 Minuten auf dem Stuhl zu sitzen. Seine Konzentration bei schulischen Aufgaben ist ausgesprochen schlecht. Es dauert manchmal ewig, bis er anfängt, sein Durchhaltevermögen ist gering und schnell wendet er sich immer wieder neuen und interessanteren Dingen zu, erledigt die Aufgaben flüchtig oder gar nicht.

Hinzu kommt seine mangelhafte Feinmotorik, und überhaupt scheinen all seine Bemühungen nicht zu einem zufriedenstellenden Erfolg zu führen. Er erwartet schon gar nicht mehr, dass er es lernen wird, er hält sich für zu dumm. Konzentrationsprobleme und ADHS stehen als Diagnose im Raum. Aber kann er sich wirklich nicht konzentrieren?

Steht Noah als Torwart auf dem Fußballfeld im Tor, ist er großartig. Stundenlang ist er hochkonzentriert, wenn er auf dem Fußballfeld trainiert. Jedem ankommenden Ball springt Noah mit unfassbarer Genauigkeit entgegen und fängt ihn mit großer Geschicklichkeit. Und Noah ist richtig gut. Was er hier auf dem Platz zeigt, hat schon ein sehr hohes Level.

Aber sich beim Lesen und Schreiben zu konzentrieren ist eine Qual für ihn. Rechnen und Zahlen hingegen mag er, aber bitte nicht auf einem Arbeitsblatt, auf dem er wieder einen Stift in die Hand nehmen muss. Also starten wir ohne Stift und Papier. Noah hat in dieser gemeinsamen Lerntherapiestunde wieder einmal die Fünf-Minuten-Grenze geknackt und fällt vom Stuhl. Aber die Annahme, dass dies bedeutet, dass er nicht mehr lernen will, stimmt nicht. Auf meine Frage, ob ich ihm Rechenaufgaben stellen soll, während er seinen Körper bewegt, antwortet er sofort mit ›Ja‹ und fügt hinzu: »Aber nicht so leichte wie letztes Mal.« Noah liegt also neben dem Tisch auf dem Boden und dreht seinen kleinen Körper um die eigene Achse. Und das mit hoher Geschwindigkeit. Mir wäre schon längst schwindelig geworden, ihm aber nicht. Ich nenne die erste Aufgabe, und was man jetzt beobachten kann ist, dass er manchmal, wenn die Antwort nicht ganz automatisch kommt, kurz innehält mit seinen Bewegungen, überlegt, die Antwort sagt und dann erleichtert seinen Körper wieder in Fahrt bringt.

»Fällt« Noah in der Schule aufgrund seiner körperlichen Unruhe vom Stuhl, gibt es die Erlaubnis, nach draußen zu gehen und sich auf dem Schulhof zu bewegen. Im zweiten Schuljahr erhält er einen I-Helfer, der mit ihm herausgeht. Allerdings haben die vielen Unterbrechungen und seine Abwesenheit im Klassenverband schon jetzt dazu geführt, dass er vieles nicht mitbekommen hat. Die Lücken zu den Gleichaltrigen werden somit auch durch die fehlende Anwesenheit noch größer. Er hinkt also ziemlich hinterher und seine Motivation, Lesen und Schreiben zu lernen, sinkt. Obwohl ... können möchte er es schon.

Noah ist ein typisches Beispiel dafür, dass die Motivation sinkt, wenn sich der Erfolg, den ich erwarte, einfach nicht spürbar einstellen will. Hinzu kommt jedoch noch ein weiteres Problem. Da Noahs Verhalten nicht angepasst erscheint, muss er sich ständig ermahnende Sätze anhören, wie: »Jetzt fang doch mal an!« oder »Noah, die Ansage gilt auch für dich!«

Das Problem in der Schule sind für Noah unter anderem auch die vielen Reize, die bei ihm zu einer permanenten Reizüberflutung führen. Wichtiges von Unwichtigem zu unterscheiden, fällt ihm in der Schule schwer. Auf dem Fußballplatz und in anderen Zusammenhängen gelingt ihm dies jedoch durchaus. Eine kleinere Lerngruppe mit mehr Bewegungselementen und mehr Spielen und kürzere Lerneinheiten wären toll für ihn. Daneben Aktionen, bei denen er sich in seinem Tempo und in seinem Element erfahren darf.

Um die noch fehlenden Buchstaben abzuspeichern, habe ich gemeinsam mit Noah ein Würfelspiel entwickelt, das nicht länger als 10 Minuten dauert. Ok, der Würfel landet anfangs nie auf dem Tisch, sondern kullert 100 Male unter den Tisch, was Noah aber nichts ausmacht. Würfeln findet er auf jeden Fall spannend. Überhaupt setzt er sich gerne Anreize, wie »Vielleicht schaffe ich es, dreimal eine Sechs hintereinander zu würfeln.« Man kann zusehen, wie er versucht, sich selbst einen spürbaren Kick zu verschaffen. »Zehn Rechenaufgaben, ohne dass ich mich vertue, dann 15 Aufgaben ...« Schafft er das sich gesetzte Ziel, erhöht er die Messlatte, versucht es noch mal und zwar höher, länger, weiter. So spornt er sich selbst an. Noch ein Level, dann das nächste Level. Nachdem ich das erkannt hatte, ließ ich ihn selbst das nächsthöhere Level festlegen. Durch das Einteilen in Level oder eine Anzahl von Aufgaben nimmt er seine Fortschritte besser wahr, und es braucht keine Kriterien von außen, um ihn weiter anzuspornen. Er kann seine Erfolge wahrnehmen und entsprechend feiern.

Lesen übt Noah, indem er seinem Hund vorliest, sich dazu eine Höhle baut oder es sich auf dem Sofa gemütlich macht.

Inzwischen hat Noah auch viele Wörter schreiben gelernt. Ca. 40 am Tag. Wo? Auf dem Trampolin! Ein Erwachsener hat ihm ein Wort auf einer Karte hingehalten und gezeigt, z. B. das Wort »Mond«. Sofort fängt Noah an zu springen und buchstabiert das Wort »M-o-n-d«. »Nächstes«, ruft er, hält kurz inne, und das nächste Wort ist an der Reihe. Stundenlang kann er dies tun und zeigt dabei eine enorme Ausdauer.

Und eines Tages beginnt er von alleine, die Wörter auf ein Papier zu schreiben, und fragt nach den schulischen Aufgaben. Seine Fähigkeiten sind jetzt so weit gereift, dass er beginnt, das Spiel »Ich sporne mich selbst an und setze mir ein Ziel« (z. B. in Schreiblinien zu übertragen, zwei Reihen schreiben) auf das Schreiben zu übertragen. Und siehe da, der erwartete Erfolg stellt sich ein, und Noah ist mit sich zufrieden.

Wie Kinder sich im Spiel selbst anspornen, kann man immer wieder beobachten. Sicher kennen Sie Spiele, bei denen man versucht, einen Ball zehn Mal auf dem Fuß zu kicken, ohne dass er herunterfällt. Schafft man es sicher mehrmals hintereinander, setzt man die Messlatte höher. »Ob ich es wohl auch 15 Mal schaffe?«

Sei es Fußballkicken, Jonglieren, Wurfspiele, Musizieren, Skaten, Tanzen – überall ist dieser innere Ansporn zu beobachten, wenn Kinder sich für etwas begeistern oder wenn sie durch die Wiederholung erwarten können, dass sich ein Erfolg einstellt. Dieser Erfolg, den wir erwarten, ist ein wesentlicher Aspekt des Lernens, denn er ist für die innere Motivation zuständig. Ohne Erfolgserlebnisse würden wir aufgeben, die Lust verlieren, uns verweigern, Ausreden nutzen, keine Motivation mehr haben – genauso geht es vielen Kindern, die im starren Schulsystem untergehen. Was aber, wenn niemand erkennt, wo ich gerade stehe, wenn von mir als Kind verlangt wird, Aufgaben zu lösen, für die mir die Grundvoraussetzungen fehlen? Was, wenn es mir nicht gelingt, die Aufgaben selbstständig zu lösen?

Sofern dem nicht bereits viele Misserfolgsmomente vorangegangen sind, beginnen die Kinder sich nun anzustrengen, doch es will ihnen oft nicht gelingen. Wenn ihnen dies wiederholt passiert, bleiben sie in der Erfahrung stecken »Ich schaffe es nicht!« – »Ich bin zu dumm, um Lesen oder Schreiben zu lernen!« Dieser Gedanke setzt sich im Kopf der Kinder fest. Sie verlieren den Glauben daran, dass sie etwas bewirken und erfolgreich sein können. Je nach Charakter fangen sie an, innerlich und äußerlich zu rebellieren oder sich zurückzuziehen.

Manchmal erkennen wir diese Kinder in anderen Situationen kaum wieder und staunen, wenn wir sie in einem anderen Zusammenhang erleben: Beim Einrad fahren, in einer Zirkus AG, beim Klavier spielen, beim Malen, auf dem Fußballfeld oder beim Eislaufen. Zumindest hier erleben sie dann hoffentlich, dass Lernen und Begeisterung zusammengehören. Zum Glück gibt es aber auch Kinder mit einem gesunden Selbstbewusstsein, die Misserfolgen in der Schule eine nicht so große Bedeutung beimessen, gerade weil sie ihr Potenzial in Freizeitaktivitäten oder bei anderen Aktivitäten erleben und ausschöpfen.

Kinder, denen das schulische Lernen nicht so leichtfällt, machen bezogen auf schulische Lerninhalte meist wenig positive Erfahrungen. Sie wiederholen und wiederholen, doch der erwartete Erfolg bleibt aus. Sie werden angehalten, weiter zu üben, doch sie treten auf der Stelle – tage-, wochen- und monatelang.

Lassen Sie uns im Alter der Kinder einen Schritt zurückgehen: Wie würde ein 2-jähriges entspanntes Kind beim Spiel reagieren, wenn ihm etwas wiederholt noch nicht gelingt? Es würde es noch ein paar Mal versuchen und dann vielleicht das Spielzeug zur Seite legen und zu einem späteren Zeitpunkt erneut einen Versuch starten. Es würde vermutlich intuitiv spüren, dass der Zeitpunkt noch nicht der richtige war, um sich mit dieser Sache zu beschäftigen. Oder es würde das Spielzeug einer anderen Person geben und diese bitten, es zu tun. Das Empfinden »Ich kann das noch nicht« als Wertung existiert dabei überhaupt nicht in ihren Köpfen.

Mein Enkel ist gerade 2 Jahre alt geworden und liebt das Polizeiauto aus Lego. Sein Spiel sieht seit Wochen immer gleich aus. Akribisch baut er das Dach ab, dann die Vorder- und Heckscheibe, nimmt das Männchen hinaus und entfernt noch die Seitenwände. Dann schaut er sich das Auto interessiert an und versucht, die Teile wieder zusammenzufügen. Das will ihm aber mit seinen kleinen Fingern noch nicht gelingen. Also hält er es mir hin, und ich baue es vor seinen Augen langsam wieder zusammen. Dabei beobachtet er den Vorgang immer wieder. Ich bin überzeugt, eines Tages, wie aus heiterem Himmel, wird es ihm gelingen und sein kleines Gesicht wird strahlen.

Natürlich hätte ich auch anders reagieren und das Spielzeug zur Seite legen können, denn die Altersangabe sagt doch, es sei erst ab 4 Jahren geeignet. Oder ich hätte ihm sagen können: »Dafür bist du noch zu klein.« Mit beiden Reaktionen hätte ich ihn in seinem Entdeckergeist gebremst. Spannend zu beobachten ist, dass mein Enkel dieses Vorgehen mit dem Lego Auto, das wir gemeinsam durchlaufen, als Spiel erlebt und deswegen auch überhaupt nicht angespannt wirkt.

Wie aber sieht das bei einem Schulkind aus?

David ist 7 Jahre, er besucht die erste Klasse, und als ich ihn kennen lerne, neigt sich das Schuljahr gerade dem Ende zu. David hat in diesem Schuljahr nur 2 Buchstaben abspeichern können, er hinkt laut Aussage des Lehrers schon jetzt deutlich hinterher. Aber es hat ja noch Zeit. Die Schuleingangsphase ist ja noch lange nicht beendet. David darf angeblich in seinem eigenen Tempo lernen, d.h. er bekommt immer wieder Arbeitsblätter mit Lauten oder Bildern, denen er Laute zuordnen soll. Dabei muss David natürlich auf dem Stuhl sitzen und seinen Bewegungsdrang unterdrücken. Er fällt mehr und mehr durch störendes Verhalten auf und muss nach Aussage des Lehrers ständig ermahnt werden.

David schaut sich bei mir alle Buchstaben interessiert an, und als ich ihm erzähle, dass es viele lustige Spiele gibt, fragt er sofort nach, welche das sind. Wir können mit den Buchstaben bauen, wir können ein Versteckspiel machen oder ein Memory Spiel oder, oder, oder … David ist interessiert und entscheidet sich für das Versteckspiel, und so beginne ich eine Lautkarte im Raum zu verstecken. Wo habe ich das »N« versteckt. David sucht und ruft den Laut, wenn er ihn gefunden hat. Auch ich benenne die Laute immer wieder im Spiel. Und David, er spielt und spielt und lernt dabei ganz nebenbei. Nach einer Weile beschließt er, dass wir jetzt lieber bauen sollen, und so wechseln wir das Spiel und

> bauen mit Holzklötzen, auf denen auch Buchstaben stehen. Wir bauen gemeinsam und wieder werden Laute benannt.

Sicher könnte man nun den Einwand bringen, dass Lehrer je nach Lernstand individuelle Aufgaben stellen. Ja, aber wie schon gesagt, viel zu oft in Form von Arbeitsblättern. Ein Wust von Arbeitsblättern, die zum Teil vollkommen überflüssig und kontraproduktiv sind, oft überhaupt nicht an dem Lernstand und dem Lernbedürfnis der Kinder ansetzen und tatsächlich in ihrem Aufbau häufig eher lernhemmend sind, weil sie gewisse Erkenntnisse darüber, wie unser Gehirn lernt, schlicht nicht berücksichtigen. Bei meinem Spiel mit David haben wir Laute wiederholt benannt, geraten und gerufen. Welches Arbeitsblatt bitte kann denn das? David war mit allen Sinnen beim Spiel, er war emotional beteiligt. Dadurch gelingt ihm das Einprägen leichter. Welches Arbeitsblatt aber sprüht Funken der Begeisterung aus und erlaubt eine emotionale Beteiligung?

Ich will nicht grundsätzlich alle Arbeitsblätter verteufeln, doch sie dürfen nicht das spielerische Lernen ersetzen. Zu oft werden sie als reine Beschäftigungstherapie eingesetzt.

> Lena hat eine Rechenschwäche und jede Form von Arbeitsblättern mit Zahlen sind ein Graus für sie. Schon beim Anblick eines Arbeitsblattes mit Zahlen sackt sie in sich zusammen und stöhnt. Aber es nutzt nichts. In der Schule wird sie täglich mit genau solchen Arbeitsblättern konfrontiert. Als erstes verspreche ich ihr also: Bei mir gibt es erstmal keine Arbeitsblätter, und du entscheidest, wann du eins ausfüllen möchtest.
>
> Dennoch entdecken wir die Welt der Zahlen: Wochenlang beschäftigen wir uns mit Mengen, Zählen, Bündeln, nutzen Spielkarten, Karteikarten ... Dann kommt Tag X. Ich habe ein Arbeitsblatt vorbereitet, auf dem Aufgaben stehen, die Lena mit absoluter Sicherheit inzwischen beherrscht. Ich kündige Lena an, dass ich uns etwas zu trinken holen werde, lege das Arbeitsblatt auf den Tisch und sage ihr, dass sie sich in der Zwischenzeit das Arbeitsblatt gerne ansehen kann, füge aber hinzu, dass sie es nicht rechnen muss. Da passiert folgendes: Lena schaut neugierig auf das Arbeitsblatt, erkennt sofort, dass sie alle Aufgaben mit Leichtigkeit lösen kann, und als ich das Zimmer wieder betrete, ist sie schon fast fertig mit allen Aufgaben. Stolz schaut sie auf und sagt: »Hast du noch so ein Arbeitsblatt?«

In diesem Fall war das Arbeitsblatt sinnvoll, denn es diente rein der Wiederholung des Gelernten und führte darüber hinaus zur Festigung dieses

Aufgabentypus. Auf diese Weise hatte Lena es schwarz auf weiß: »Ich kann diese Aufgaben rechnen«, und erlebte es jetzt als Erfolgserlebnis.

Je mehr Wiederholungen ein Kind dabei benötigt, um eben ein solches Erfolgserlebnis zu haben, also um Lerninhalte automatisiert abzuspeichern, desto kreativer müssen die Angebote sein, desto größer muss der Spielraum sein. Dieser Prozess unterliegt bestimmten Gesetzmäßigkeiten. Hier braucht es Beziehung, Spielräume, Spiele, Bewegung, gute Laune, Spaß, Humor und manchmal auch einfach lustige Quatschaktionen – und die Verknüpfung unterschiedlicher Lerninhalte. Und all diese Dinge gehören dringend in die Lehrerausbildung. D. h. angehende Lehrer sollten Meister im Spielen und Inspirieren sein. Viele Erkenntnisse, die das Lernen betreffen, sind meines Erachtens in der Schule noch gar nicht angekommen.

> Ich wurde als Referentin eingeladen, zum Thema »Wenn Lernen nicht so einfach ist« zu sprechen. Anwesend waren ca. 100 Personen, die alle als Schulsozialpädagogen/innen in der Schuleingangsphase Kinder unterstützen und begleiten. D. h., die Kinder, die von ihnen betreut werden, sind in der Regel zwischen 6 und 8 Jahre alt. Die Veranstalter baten die Teilnehmer, interessante und wichtige Unterlagen oder Materialien aus ihrer Arbeit mitzubringen und diese für alle zugänglich auf einer langen Tischreihe auszulegen.
>
> Das Resultat waren 90 % Arbeitsblätter, Kopiervorlagen, Hefte, Fachliteratur und nur maximal 5–10 % Materialien zum Spielen, Begreifen und Ausprobieren.
>
> Mein Fazit und meine Bitte an die Teilnehmer lautete daher: Bei der nächsten Veranstaltung 90 % spielerisches Material, Dinge zum Begreifen und weniger Arbeitsblätter.

Dazu ein Beispiel: Um die Uhrzeit zu lernen, gibt es zig Arbeitsblätter, in denen Kinder die Zeiger einzeichnen sollen, um so die Uhrzeit zu lernen. Ich kann mich nicht erinnern, wann ich in den letzten 40 Jahren irgendwo in meinem Alltag Zeiger in Uhren auf dem Papier einzeichnen musste. Spannender wäre es, eine Uhr in der Hand zu haben und damit experimentieren zu lassen, dann Zeiten einzustellen usw. Oder: Jedes Kind der Klasse bringt von Zuhause eine Uhr mit, um gemeinsam die Vielfalt an Uhren zu vergleichen.

Es gibt leider tausende Beispiele, bei denen Arbeitsblätter als eine Art Beschäftigungstherapie eingesetzt werden.

> Mein 9-jähriger Schüler kommt aus der Schule und erzählt mir, dass die Lehrerin ihm einen Zettel mitgegeben hat. Auf dem steht: Max be-

herrscht das Thema Adjektive noch nicht! Aber stimmt das wirklich? Ich äußere den Verdacht, dass er viel mehr über Adjektive weiß, als er glaubt. Er guckt mich erstaunt an. »Und – soll ich es dir beweisen?«, frage ich ihn. Klar will er das und ist sofort voll bei der Sache, als wir beginnen, durch den Raum zu gehen, ich auf einen Gegenstand zeige und jedes Mal frage: Wie ist der Tisch? Wie ist das Sofa? Wie ist die Scheibe? Wie ist das Buch? Max fällt immer was ein. Und ja – es sind Adjektive. Dann tauschen wir die Rollen, denn er soll ja auch noch neue Adjektive hören und ich benutze ausgefallene Adjektive, die ich sehr betone. Wunderschöne Wörter wie: außergewöhnlich, interessant, beeindruckend, und sieh da: etliche tolle Adjektive gelten nicht nur für Gegenstände, sondern auch für ihn: bewegungsfreudig, freundlich, zuvorkommend, interessiert, phantasievoll. Die Hürde, die wir jetzt noch nehmen müssen, ist die, wie wir uns dieses schwierige Wort »Adjektiv« nun merken können. Ich erzähle ihm von einem Lied und singe es ihm vor: (Melodie: Hänschen klein)

Adjektiv – groß und klein,
wie kann eine Sache sein?
breit und schmal, dunkel, hell,
langsam oder schnell!
Adjektiv – groß und klein,
wie kann eine Sache sein?
leicht und schwer, hoch und tief
gerade oder schief.

Plötzlich fällt Max etwas auf: In dem Wort »Adjektiv« ist ja akustisch ein Adjektiv enthalten, nämlich »tief«. Das war selbst mir noch nicht aufgefallen. Zwischendurch hatte ich einen Blick auf die Arbeitsblätter geworfen, um zu sehen, worauf sich die Aussage der Lehrerin bezog. Da ging es um zwei Aspekte: Einmal um Gegensatzpaare und dann um die Steigerung von Adjektiven. Ich nehme zuerst einmal einen Ball und stelle mich Max gegenüber auf. »Ok«, sage ich, »ich fange mal mit dem wichtigen Adjektiv ›tief‹ an. Was würdest du sagen, was passt zu tief?« Max antwortet spontan: »Hoch.« »Aha«, sage ich, »du hast das Gegenteil genannt. Jetzt bist du dran! Nenn mir ein ›Adjektiv‹, und ich sage das Gegenteil.« Dabei fliegt der Ball hin und her. Ich zeige ihm vor jedem Wurf kurz das entsprechende Wort auf dem Arbeitsblatt »Gegensatzpaare« dazu. Adjektive kennt er nun, Gegensatzpaare kennt er. Und nun, die dritte Hürde ... kann er Adjektive steigern?

1 Spielend lernen – Spielräume erweitern

Ich stelle einen Stuhl verkehrt herum an den Tisch, so dass die Lehne den Tisch berührt. »Jetzt möchte ich sehen, ob du Adjektive steigern kannst. Dafür ziehst du am besten deine Schuhe aus und steigst mal auf den Stuhl und dann auf den Tisch.« Da dies schon ungewöhnlich ist, ist Max sofort bereit und wirkt gespannt. Erst auf den Stuhl, dann auf den Tisch und dann darf er auf der anderen Seite herunterspringen. Und dann machen wir das Ganze mit Adjektiven und intuitiv steigert Max die Adjektive, die ich ihm vorsage. Vor dem Stuhl stehend »schnell«, auf dem Stuhl »schneller« und auf dem Tisch »am schnellsten«, und mit Begeisterung springt er vom Tisch und stellt sich erwartungsvoll wieder vor den Stuhl und wartet auf das nächste Adjektiv, das ich ihm nenne. Nach 20 Adjektiven beenden wir das Spiel.

Das Beispiel von Max zeigt, dass eine andere, spielerische und bewegungsreiche Herangehensweise nicht selten der Schlüssel zu einem Lernerfolg ist. Mit etwas Kreativität ließe sich so etwas ebenfalls auf Kleingruppen- oder Klassengrößen übertragen.

Inhaltlich müsste außerdem das Curriculum an den Schulen meines Erachtens deutlich grundsaniert werden, eine Diät zum »Abspecken« wäre hier sicherlich angebracht und sinnvoll und würde mehr Spielraum für andere Lernaktivitäten bieten. Das Abspecken betrifft nicht nur die Arbeitsblätter, sondern auch Begrifflichkeiten. Schauen Sie sich die folgende buntgemischte Liste an! Es sind Begrifflichkeiten oder Handlungsanweisungen, die in den ersten vier Schuljahren an den Grundschulen in Deutschland zum Standard gehören:

## I Grundlagen des Lernens

Division, Faktor, Addition, Subtraktion, Minuend, Subtrahend, Quersumme, Präteritum, Präsens, Futur, Perfekt, Multiplikation, Artikel, Verben, Anlaute, Sichtwortschatz, Endlaut, Wortgrenze, Adjektiv, konjugieren, Konsonanten, Gegensatzpaare, Nomen, schriftlich rechnen, lautierend lesen, halbschriftlich rechnen, überschlagen, Produkt, mathematische Körper, Subjekt, Prädikat, Objekt, Divisor, Dividend, Differenz, Quotient, Stellenwert, uvm.

Es stellt sich die Frage, wo in unserem Alltag diese Wörter von Bedeutung sind. Muss ich als 9-Jähriger all diese Wörter wirklich wissen? Kann ich mein Leben dann besser meistern? Wie viel Bedeutung messen wir dem bei? Oder haben Sie sich schon mal gefragt, welche schulischen Inhalte, die sie als Kind früher gelernt haben, für ihr heutiges Leben relevant sind und bisher waren? Wäre es nicht ausreichend, in den ersten Schuljahren weitgehend die deutschen Bezeichnungen zu benutzen und erst ab der 5. Klasse Fachausdrücke einzuführen?

> Ich telefonierte vor einigen Tagen mit meiner Freundin und erzählte ihr von meiner Einschätzung dieses Themas und dass ich viele dieser Begrifflichkeiten wie »Adjektive«, »Gegensatzpaare« etc. für überflüssig hielte. Als ich endete, lachte sie und sagte: »Sehr interessant, aber ich weiß weder genau was Adjektive sind, noch was das andere Wort bedeutet, von dem du gesprochen hast.«

All dies muss ein lauter Aufruf sein, unser Bildungssystem zu überdenken. Bildung sollte stark machen – aber tut unsere Bildung das? Oder ist sie verschüttet unter einem riesigen Berg von Heften, Arbeitsblättern und alltagsfernen Begrifflichkeiten? Die Rettung naht angeblich in Form der Digitalisierung. Ich zweifle sehr daran. Denkt man an die vielen Schüler, die den Großteil des Tages in der Schule verbringen und lustlos darauf getrimmt werden zu funktionieren, dann kann auch das nicht gut gehen.

Und noch immer gibt es Tausende von Schülern, die jedes Jahr ohne einen Abschluss die Schule verlassen. Das alleine wäre gar nicht so schlimm, würden nicht vielen auch die grundlegenden Fähigkeiten des Lesens und Schreibens am Ende ihrer Schullaufbahn noch fehlen.

> Eine Grundschule lädt mich zu einem pädagogischen Tag ins Lehrerkollegium zum Thema »Lese-Rechtschreibschwäche und Lese-Rechtschreibstörung« ein. Die beiden jungen Lehrer fallen mir in der Gruppe der Frauen sofort auf, vielleicht auch, weil sie ungefähr das Alter meiner Söhne haben. Als ich mich erkundige, ob sie in ihrer Ausbildung, die ja sicher noch nicht so lange zurück liegt, etwas über Leserechtschreib-

schwäche und Leserechtschreibstörungen gehört und gelernt haben, lachen beide und einer sagt: »Gar nichts!« und der andere fügt hinzu: »Wissen Sie, ich habe die Abschlussarbeit meines Grundschullehramts über Franz Kafka geschrieben.«

Hier offenbart sich, dass wichtige Inhalte in der Lehrerausbildung fehlen. Immer wieder höre ich von jungen Lehrern, dass sie sich nicht wirklich vorbereitet fühlen auf das, was sie als Lehrer an den Schulen dann wirklich erwartet. Die Lehrerausbildung müsste deutlich praxisbezogener sein. Das hieße vor allem auch: verschiedene Praktika während des Studiums. Veraltete Theorien sollten ersetzt werden durch aktuelle Erkenntnisse z. B. aus der Gehirnforschung. Kreative Wege des Lernens müssten integriert werden, beispielsweise durch mehr spielerische Elemente und experimentelles, selbstbestimmtes Lernen, das jedoch die individuellen Fähigkeiten des Kindes diesbezüglich im Blick behält. Selbstbestimmtes Lernen meint dabei nicht, dass einem Kind nur freigestellt wird, welches Arbeitsblatt es in welchem Fach innerhalb einer Lernzeit oder eines Wochenplanes bearbeiten soll.

Es sollte vielmehr darum gehen, Kindern – insbesondere denen, die beim Erwerb der Grundkompetenzen Lesen, Schreiben und Rechnen, Schwierigkeiten haben – kreative Angebote zu machen, die für sie passen, um die wichtigen Fähigkeiten auf erwerben.

Angehende Lehrer sollten über ein umfangreiches Wissen über Lernprozesse verfügen, viele Schülerbeispiele kennengelernt haben und ein fundiertes Wissen über Teilleistungsstörungen und ihre Auswirkungen haben. Sie müssen viel mehr lernen, sich in das einzelne Kind hineinzuversetzen, neugierig zu sein, wie Kinder die Welt wahrnehmen, und zu versuchen, neues Wissen einzuordnen. Vor allem aber sollten sie einen großen Pool an spielerischen Übungen und Spielen als Handwerkszeug mitbringen. Sie sollten die Begeisterung und Neugierde eines Kindes in sich selbst spüren können, für das, was sie unterrichten.

Gefragt sind kreative Wege und nicht wieder neue Methoden in Form von Arbeitsblattsammlungen, die dann massenweise kopiert und an Schüler rausgegeben werden. Wir benötigen einen Wandel in der Haltung dem Lernen gegenüber, den Kindern gegenüber, den kleinen großartigen Seelen gegenüber, die wir auf ihrem Weg begleiten dürfen. Denn in keiner Schulklasse sitzen Schüler, die nach »Schema F« einfach mit Wissen gefüllt werden können wie identische Behältnisse. Jedes einzelne Kind ist einzigartig und bringt eine Menge Erfahrungen mit, an die es anknüpfen kann. Dies gilt auch für Kinder, die sich bei dem Erlernen der Grundkompetenzen Lesen, Schreiben und Rechnen schwertun oder keinen Zugang bekommen. Es ist anmaßend und erniedrigend, wenn diese Kinder sich anhören müssen, dass sie nicht genug üben, als unmotiviert oder dumm abgestempelt werden. Jede Bewertung, dass sie nur nicht wollen oder sich auch gar nicht bemühen, deutet nur auf eine fehlende wohlwollende Haltung der Erwachsenen hin.

Was spräche dagegen, das Curriculum »abzuspecken«, es auf die Relevanz seiner Inhalte zu überprüfen, zu schauen, was Kinder brauchen, um heute im Leben wirklich bestehen zu können? Was spräche dagegen Inhalte mehr fächerübergreifend zu erarbeiten? Ansätze dafür gibt es ja bereits, allerdings sollten die Kinder bei der Entscheidungsfindung noch mehr einbezogen werden.

Ich bin immer wieder erstaunt, wenn ich Kinder frage, wo sich in dem Raum, in dem wir gerade sitzen, Mathematik befindet. Fast alle Kinder haben den Fokus nur auf den Tisch und verweisen auf Zettel oder Bücher. Aber wir sind auch ohne die Zahlen auf den Zetteln von Mathematik umgeben, durch die vielfältigen Flächen im Raum, durch Rechtecke wie dem Teppich, Quadrate wie die Fliesen, aber auch durch mathematische Körper wie Zylinder in Form eines Glases auf dem Tisch oder eines Quaders in Form einer Schachtel. Ich frage dafür häufig meine Schüler: »Wenn du aus dem Fenster siehst, wo kannst du überall Mathematik entdecken?«, »Was hat ein Computer mit Mathematik zu tun?«, »Was hat Mathematik mit Musik zu tun?«, »Wo in einem Geschäft versteckt sich Mathematik?«

> Heute habe ich als Referentin eine Gruppe Abiturienten und Abiturientinnen vor mir sitzen. Sie haben gerade frisch ihr Abitur in der Tasche und sich entschieden, ein Freiwilliges Jahr im Grundschulbereich zu absolvieren. Eingesetzt werden sie bei der Hausaufgabenbetreuung, im Freispiel und in Nachmittagsangeboten für die Kinder in Form von AGs. Die ersten drei Wochen Erfahrung liegen jetzt hinter ihnen. Dieser Austauschtag steht unter dem Motto: »Wie Kinder lernen« und »Wenn Kinder aus der Reihe tanzen«.
>
> Was bei diesen jungen Menschen, die alle ein Gymnasium durchlaufen haben, zu beobachten ist, ist, wie sehr diese jungen Menschen gelernt haben, sich in bestimmten Bahnen zu bewegen und darauf getrimmt sind, richtige Antworten zu geben, auf keinen Fall etwas Falsches zu sagen oder Dinge nicht wissen zu dürfen. Diese jungen Menschen haben sich aus eigenem Antrieb für das Freiwillige Soziale Jahr entschieden, aber ich kann in den Gesichtern nichts an Interesse, geschweige denn Begeisterung entdecken. Es kommen keine Reaktionen,

> sie sitzen vor mir unbewegt, angepasst und erwarten, dass ich sie wie mit einem Trichter mit Informationen fülle. Mit Informationen, die sie stumm schlucken und auf Abfrage wieder ausspucken. Sie sitzen vor mir wie in der Schule mit der gleichen Haltung. Vorwiegend abwartend.

Mit einer solchen Haltung ist auch jede Lernneugierde abgetötet worden. Ich weiß, dass sie nur so abgestumpft wirken, weil sie genau diese Haltung in den letzten Jahren wiederholt eingeübt haben, um in dem Schulsystem bestehen zu können. Sie haben gelernt, dass andere vorgeben, was richtig ist, was sie zu lernen haben. Dabei müssten sie sprudeln vor neuen Eindrücken, Erfahrungen und Fragen, Fragen, Fragen. Sie sind jedoch spürbar mehr daran gewöhnt, dass sie abgefragt werden. Und zwar Inhalte, die vorgegeben sind und nur eine richtige Antwort zulassen.

Selbstbestimmtes Lernen, bei dem Inhalte frei gewählt werden dürfen, das Ermutigen zu selbstständigem Denken, egal wie sehr es auch nicht in die Norm passt, die Kunst, kreativ und anders zu denken und konstruktive Fragen zu stellen ... all das wären meine Wünsche für diese jungen Menschen.

Schule braucht Spielräume – für die Kleinen und die Großen –, in denen viele Erfahrungen gesammelt werden können, in denen man sich ausprobieren kann. Ich erinnere mich mit Schrecken daran, was uns im Kunstunterricht alles vorgegeben wurde. Wie wir alle mühsam versuchten, dasselbe Bild abzumalen oder alle identische Gegenstände basteln mussten. Aber das Schlimmste daran ist, dass meine Schulzeit über vierzig Jahre zurück liegt und mir Schüler immer noch die gleichen Geschichten erzählen.

> Simon soll in der Klasse ein Stillleben einer Obstschale abzeichnen. Er fühlt sich von dieser Vorgabe gelangweilt und tut sich schwer, den Pinsel zu führen, wie es andere Kinder in der Klasse tun. Er schaut sich das Obst auf dem vorgegebenen Bild genau an und beschließt, es einmal anders zu versuchen. Er malt den Rand jeder Frucht mit Geodreieck in rechteckiger Form. (Den Umgang mit dem Geodreieck hat er kürzlich mühsam erlernt und ist glücklich, ihn hier anwenden zu können.) Dann tupft er mit einem kleinen Schwamm vorsichtig die Farbe hinein.
> Leider steht als Note unter seinem Bild am Ende eine 4-. Er habe »Die vorgegebene Aufgabe nicht wie besprochen umgesetzt.« Simon ist nun der festen Überzeugung, er sei nicht kreativ und könne nicht malen.

Ich sage Ihnen, jeder Künstler hätte sich einen so kreativen Denker im Team nur wünschen können. In kreativen Fächern Noten dafür zu geben,

## I Grundlagen des Lernens

wie das »Produkt« am Ende aussieht, halte ich für vollkommen sinnfrei und demotivierend. Ich kenne viele Schüler, die sich feinmotorisch enorm schwertun, jedoch unglaublich kreative Köpfe sind.

Auch im Sportunterricht sind Noten nicht erforderlich und oftmals nicht gerecht.

> Bei meiner Tochter im Sportunterricht mussten immer die zwei Schüler gegeneinander um die Wette rennen, die im Alphabet auf der Klassenliste hintereinanderstanden. Annika (ca. 1,50m groß) und eher unsportlich und Tim (ca. 1,90m groß) und Handballer. Jedes Halbjahr derselbe Ablauf: Annika mühte sich sichtbar ab und gab alles, was in ihr steckte, um möglichst schnell von der Stelle zu kommen. Tim joggte lässig an ihr vorbei. Am Ende gab es für Annika eine 4 oder 4- und für Tim eine 2+. Er war ja deutlich schneller gewesen.

Sicher ist das kein Regelfall, dennoch kenne ich solche Erzählungen in so vielfältigen Ausführungen, dass ich es wage zu behaupten, dass es sich bei dieser Art von Bewertung nicht um einen Einzelfall handelt.

Und ich verstehe die Stimmen, die nun sagen »Ja, aber es gibt ja auch die Kinder, die andere Noten ausgleichen, durch die guten Noten, die sie in kreativen und sportlichen Fächern bekommen.« Ja; aber da wäre es doch wünschenswert, dass ich mir als Kind und Heranwachsender diesen sportlichen, kreativen oder gestalterischen Bereich selbst wählen kann. Ob jemand dann Jonglieren, Tanzen, Klavier spielen, Skaten oder Gärtnern wählt, bleibt ihm selber überlassen. Ich bin zudem überzeugt, dass viele Bewertungen und Noten sicher mit mehr Bedacht und Wohlwollen gegeben würden, wenn auch Lehrer ihrerseits ein Zeugnis von Schülern erhalten würden.

Dass Schule darauf ausgelegt ist, Schüler anhand ihrer Resultate einzuordnen und zu messen, ist traurig genug. Denn: Sind es wirklich die Noten, auf die es am Ende ankommt? Ich hoffe, Sie stimmen mir bei meinem vehementen »Nein« zu. Es gibt heutzutage so viele neue Wege, die Kinder gehen können. So viele Chancen, sich nach der Schule zu verwirklichen, erfolgreich zu sein. Kinder, die nach der Schule um ihre Qualitäten wissen, sind dabei deutlich besser aufgestellt als Kinder, die sich nur anhand der eigenen Noten einordnen. Denn eine Note verrät mir noch nicht: »Was möchte ich machen?« »Wofür kann ich mich begeistern?« »Wo habe ich viel Ausdauer?« »Was macht mir besonders Spaß?« »Was kann ich – unabhängig von Fächern – besonders gut?« »Wo liegen meine Stärken?« und »Was sind meine persönlichen Qualitäten?«

Ich habe viele Kinder und Heranwachsende kennengelernt, die ihren beruflichen Weg gefunden haben – unabhängig von Noten und Zeugnissen. Sie alle hatten besondere Qualitäten. Was sie auszeichnete war, dass sie freundlich, hilfsbereit, ausdauernd, engagiert, umsichtig, geduldig, pünktlich, neugierig, interessiert, zuverlässig, aber auch kreativ, innovativ, mutig, verrückt uvm. waren.

> Brian ist ein hochgewachsener hübscher junger Mann, als ich in kennenlerne. Er besucht die 8. Klasse, hat eine diagnostizierte Lese-Rechtschreibstörung und die Diagnose ADHS. Ruhig sitzen ist für ihn eine Qual. Seine Mutter beschreibt, dass er schon als Kleinkind unruhig war, sehr impulsiv und kaum zu bändigen. Sämtliche Arten von Schaltern und Schlüsseln hätten es ihm als 2–3-Jährigen besonders angetan und waren vor ihm nicht sicher. Seit er im Kindergarten war, gab es immer wieder Probleme, weil Brian nicht ruhig sitzen konnte. Heute ist er 15 Jahre alt und seine Lehrerin verzweifelt an ihm. Ständig kippelt er mit dem Stuhl, ruft ungefragt dazwischen und ist mit Abstand das Kind in der Klasse, das am häufigsten ermahnt und herausgeschickt wird. Seine Stärke jedoch ist sein Charme und dass er überhaupt nicht nachtragend ist. Die Ermahnungen der Lehrerin prallen an ihm ab und wenn sie auf körperliche Hilfe angewiesen ist, ist Brian der erste, der zur Stelle ist. Dabei ist er immer gut gelaunt und strahlt. Aber die Eltern sind in Sorge, nicht nur, weil der Schulabschluss für Brian schwer erreichbar ist, sondern auch, weil er nicht weiß, was er beruflich einmal machen wird. Was soll denn aus ihm werden? Und »wer nimmt den denn«? Das waren die Sorgen der Eltern.
>
> Machen wir einen Zeitsprung. Zwei Jahre später, der Schulabschluss stand kurz bevor und es war zu erwarten, dass Brian es mit Ach und Krach schafft. Immerhin! Die Eltern waren erleichtert, aber eine Perspektive gab es noch nicht.
> Und dann geschah Folgendes: Es gab eine große Veranstaltung für die Schulabgänger in einer Messehalle, wo Unternehmen sich vorstellten und ihre Ausbildungsplätze anboten. Die kompletten Abschlussjahrgänge tummelten sich in dieser Halle, und natürlich auch Brian. Da entdeckte er an einem Stand eine Schale mit Süßigkeiten, die ihn sehr reizten. Aber natürlich griff er nicht einfach nur dreist nach den Süßigkeiten, sondern er setzte seinen ganzen Charme ein und verwickelte den Mann hinter dem Stand in ein Gespräch, um so die ursprüngliche Idee, in der Nähe der Süßigkeiten zu verweilen, in die Tat umzusetzen. Er war char-

I Grundlagen des Lernens

> mant, interessiert, offen und auch ehrlich, denn er erwähnte durchaus seine Schulschwierigkeiten, erzählte und ... es dauerte zwanzig Minuten, da bot ihm der Mann mit folgenden Worten einen Ausbildungsplatz an: »Junge, so einen wie dich könnte ich gut gebrauchen.« So fand Brian seinen Ausbildungsplatz als Kaufmann in einem exklusiven Goldschmiedegeschäft. Er durfte jeden Tag das tun, was er schon als Kind unter anderem gerne tat ... Schränke auf- und zuschließen, um teure Rolexuhren und wertvollen Schmuck zu sichern.

So wie Brian gibt es viele Jugendliche, die ihren Weg finden und gefunden haben und die bewiesen haben, dass alle Behauptungen, a la »aus dir wird später nichts, wenn du nicht ...«, unsinnig und darüber hinaus erniedrigend sind.

Wenn ich sagen sollte, welche Erfahrungen aus der Schulzeit oder dem Studium ich nicht missen möchte, so ist der Anteil sehr gering bis unwichtig. Aber es gab Personen, Orte und Erlebnisse, die mich stark beeindruckt und beeinflusst haben.

Kinder sollten erhobenen Hauptes durch die Schulzeit gehen und nicht mit hängenden Schultern.

Schule soll stark machen. Dafür brauchen wir Pädagogen und Eltern, die neue Wege gehen wollen, damit ihre Kinder ihr Potenzial entfalten können. Es muss einen Zwischenweg geben, eine Alternative zwischen »Die Lehrer machen das alleine, Eltern halten sich raus und wissen gar nicht wirklich, was ihre Kinder da in der Schule so tun und lernen« und »Die Eltern haben das Gefühl, alles auffangen zu müssen, wobei das Lernen Zuhause ständig zu Stress führt«. Es gibt Eltern, die sich für das Lernen ihrer Kinder interessieren und Anteil nehmen an den damit verbundenen Erwartungen. Sie sehen ihr Kind, und im Vordergrund steht, ob es dem Kind gut geht. Allerdings gibt es auch Eltern, die Zuhause Nachhilfelehrer ersetzen und zum verlängerten Arm der Lehrer werden. Sie setzen den Druck, dem die Kinder in der Schule ausgesetzt sind, fort. Ein kreativer Zwischenweg wäre für mich die Lösung. Ein erster Schritt wäre es, mehr über das Lernen an sich zu erfahren.

Überall da, wo sich die Schullandschaft verändert, wo neue Schulformen initiiert werden, findet man Eltern, denen das Lernen ihrer Kinder nicht egal ist, die sich einsetzen, nach neuen Wegen suchen und diese mitgestalten.

Nun, darum soll es in den nächsten Kapiteln zunächst einmal gehen. Wie funktioniert Lernen und was können wir tun, damit Lernen ohne Stress und Druck abläuft? Was ist die absolute Basis für erfolgreiches Lernen? Wie lassen sich Bewegung, Kreativität und Spaß ins Lernen integrieren? Der Weg zu einem Bildungssystem, das stark macht und auf die Qualitäten der Kinder vertraut, mag lang und steinig sein, doch je mehr wir wissen, wie Lernen entspannt funktioniert und dafür unsere Wahrnehmung schärfen, desto größer ist die Chance auf Veränderung.

# 2

## Lernen ohne Grenzen

Wir Menschen kommen als Lernwesen auf die Welt. Lernen ist ein lebenslanger Prozess, bei dem wir körperliche, geistige und soziale Kenntnisse und Fähigkeiten erwerben. Durch neu erworbenes Wissen verändert sich unsere individuelle Welt täglich aufs Neue. Jede neue Erfahrung beeinflusst unser Verhalten, unser Denken und Fühlen. Wir gewinnen neue Einsichten und ein neues Verständnis. Die Fähigkeit zu lernen ist eine Grundvoraussetzung. Ohne die Fähigkeit zu lernen wären wir Menschen nicht in der Lage, uns den Gegebenheiten des Lebens und der Umwelt anpassen zu können. Wir verbinden neue Erkenntnisse mit bisher gemachten Erfahrungen, wir erinnern uns, rufen bereits gewonnenes Wissen wieder ab und erkennen Regelmäßigkeiten. Dabei hängt die Art und Weise, wie wir lernen, auch von angeborenen Eigenschaften und Ausprägungen ab, denn wir kommen nicht als unbeschriebenes Blatt auf die Welt. Wenn wir Menschen alle so unterschiedlich sind und das individuelle Lernen aus so vielen Aspekten besteht, gibt es dann den optimalen Lernzustand?

Durchaus, den gibt es. Denn:

»Der entspannte Zustand ist der optimale Lernzustand.«

Dies fasst meiner Meinung nach die Basis für das Lernen gut zusammen. Dieser Satz, den jeder engagierte Pädagoge sicher unterstreichen wird, ist durch die Gehirnforschung bestätigt. Man weiß aus dieser, dass in einem bestimmten Frequenzbereich das Gehirn am besten in der Lage ist, neue Informationen aufzunehmen und bereits vorhandene Informationen miteinander zu verknüpfen. Um das zu erreichen, brauchen wir den optimalen Lernzustand, einen entspannten Zustand. In diesem Zustand sind wir sehr wach und aufmerksam, die Gedanken können frei fließen, wir sind sozusagen im Fluss. Im Hier und Jetzt! Wenn sie kleine Kinder beobachten, die absolut in ein Spiel vertieft sind oder etwas wieder und wieder ausprobieren, ist das der entspannte Zustand mit einer hohen Wachheit, von dem ich hier spreche. In diesem Zustand sind wir motiviert und interessiert, eben ganz bei der Sache.

Es gibt übrigens gerade bei Jugendlichen einen scheinbar entspannten Zustand. Das sollten Sie nicht verwechseln. Sich irgendwohin lümmeln und eine »mir doch egal Stimmung« auszustrahlen oder einfach nur »abzuhängen« ist ein anderer Zustand, dem der Teil der hohen inneren Wachheit fehlt.

Wer schon mal gejoggt ist, wird nachvollziehen können, was ich meine. Als ich die ersten Male gejoggt bin, musste ich mich aufraffen, es kostete mich enorme Anstrengung, meinen inneren Schweinehund zu überwinden. Der nämlich hatte etwas Anderes mit mir vor. Er wollte mich überreden, im Bett liegen zu bleiben oder lieber fernzusehen oder, oder, oder ... Wenn ich mich dann trotzdem aufmachte, war es anfangs immer noch schwer und der Sog aufzuhören war ab und zu spürbar. Nach und nach fand ich beim Joggen mein eigenes Tempo, bei dem ich gut atmen und mich sogar noch unterhalten konnte. Und dann war da irgendwann der Moment, an dem ich einfach lief. Eine innere Antriebskraft, die ich verspürte, ließ mich einfach weiterlaufen. Ich hatte mich zwar angestrengt, bin aber nicht bis in die Anspannung gegangen, denn Muskelkater hatte ich nie. Dabei war ich hellwach und nahm eine Menge um mich herum wahr. Gleichzeitig fühlte ich mich in einem sehr kreativen Zustand. Die Gedanken und Ideen, die mir beim Laufen kamen, inspirierten mich. Manchmal fielen mir dabei überraschend Lösungen ein für ein Problem, das ich in meinem Kopf schon eine Weile hin und her gedreht hatte. Jetzt kam die Lösung mit Leichtigkeit und zeigte sich unverhofft. Und genau das passiert, wenn wir in einem entspannten Zustand sind.

Sowohl in Lernzeiten oder Hausaufgabenzeiten, ob in der Schule oder Zuhause, ist genau dies manchmal nur sehr schwer im Alltag umzusetzen und gelingt bei weitem nicht immer. Da kommt das Kind aus der Schule, um 15.00 Uhr steht ein Zahnarztbesuch an, oder Ihr Sohn will zum Fußballspielen, Ihre Tochter zum Chor, oder eine andere Aktivität ist geplant. Dann klingelt auch noch das Telefon, weil sich ein Schulfreund Ihres Kindes mit Ihrem Kind verabreden will.

Und dann sind da ja auch noch die Hausaufgaben, die zu den täglichen »Pflichten« eines jeden Schulkindes gehören. Sie wollen zügig erledigt sein, aber das Kind bummelt, schaut verträumt aus dem Fenster, fängt erst gar nicht an oder steht alle fünf Minuten hinter Ihnen: »Du musst mir helfen!«

Oder: Das Kind kommt aus dem Offenen Ganztag, und normalerweise sollten die Hausaufgaben in der Lernzeit erledigt worden sein. Sie schauen in die Hefte und schütteln nur mit dem Kopf. Es wimmelt vor Fehlern, unsauberer Schrift, unfertigen Arbeitsblättern …..

Diese oder ähnliche Situationen kennen viele Eltern, aber auch Pädagogen im schulischen Kontext. Mitunter reagieren wir Erwachsenen in diesen Augenblicken ungeduldig, gereizt oder sogar verärgert. Im ungünstigsten Fall schaukelt sich die Situation hoch. Dann passiert es: Es wird laut, es kommt zu Auseinandersetzungen … manchmal fließen sogar Tränen…

Von einem entspannten Zustand kann dann wirklich keine Rede mehr sein. Übrigens: Wer hat hier eigentlich zuerst den entspannten Zustand verlassen? Das Kind oder wir Erwachsenen?

Eltern, aber auch Pädagogen, die solche Erfahrungen wiederkehrend täglich mit Kindern bei den Hausaufgaben erleben, äußern sich oft so:

- »Sie konzentriert sich nur nicht genug, sonst würde sie das schaffen.«
- »Er ist mit seiner Aufmerksamkeit überall, nur nicht da, wo er sein soll.«
- »Eigentlich kann sie das, aber sie konzentriert sich nicht genug.«
- »Manchmal kann er es, und dann wieder scheint alles wie weggeblasen ...«
- »Wenn er wollte, dann könnte er das alles.«
- »Sie ist nur zu faul, und wenn ich dann Druck mache oder ihr was verbiete, dann geht es plötzlich.«
- »Die Lehrerin sagt, es sei alles in Ordnung, aber ich habe ein anderes Gefühl. Ich sehe ja, wie sich mein Kind bei den Hausaufgaben quält und wie lange es dauert.«
- »Es gibt immer wieder Stress wegen der Hausaufgaben, und alleine bekommt er/sie gar nichts hin.«
- »Sie bemüht sich, aber es dauert immer Stunden.«
- »Wenn ihr niemand helfen würde, würde sie die Hausaufgaben nie fertigbekommen.«
- »Die haben das durchgenommen, aber er hat bestimmt wieder mal nicht aufgepasst.«

Aus vielen dieser Aussagen spricht die Sorge und die Wahrnehmung, dass es Kinder gibt, die sich schwer tun beim Lernen. Andere Aussagen wirken wie Kommunikationskiller, denn sie bewerten Kinder als faul oder als unmotiviert und richten damit großen Schaden an. Kommunikationskiller zu entlarven, wäre hier ein erster Schritt. Welches Kind hört sich schon gerne folgende Äußerungen an:

- »Jetzt konzentrier dich doch mal!«
- »Das hatten wir doch schon!«
- »Warum hörst du mir denn nicht zu?«
- »Wieso hast du noch nicht angefangen?«
- »Gib dir doch mal etwas Mühe!«
- »Immer das gleiche! Du passt ja gar nicht auf!«

Vorwürfe, Ironie, Schuldzuweisungen, Besserwisserei, negative Bewertungen etc. sind ein Hinweis darauf, dass wir unsere Haltung dem Kind gegenüber überprüfen und verändern müssen. Versteht man, warum Kinder so reagieren, wo sie stolpern, überfordert sind, abschweifen u. ä., fällt es erfahrungsgemäß auch leichter, die eigene Einschätzung und Haltung zu überdenken, das Kind mit einer wohlwollenderen Haltung beim entspannten Lernen zu unterstützen, dem Kind Wege in einen entspannten Lernzustand zu weisen, dem Kind und seinen Schwierigkeiten mit dem Lernstoff, aber auch dem eigenen inneren Schweinehund verständnisvoll entgegenzutreten ....

## Konzentration und Aufmerksamkeit

Stellen Sie sich vor, Sie würden morgen eine Japanisch-Vorlesung des vierten Semesters besuchen. Sie nehmen sich vor, aufmerksam und konzentriert die Vorlesung zu verfolgen. Was wird passieren? Ich nehme an, vorausgesetzt Sie können kein Japanisch, dass bei den meisten Folgendes passiert:

Nach einer kurzen Zeit schon geht Ihre Aufmerksamkeit zum ersten Mal weg. Sie folgen nicht mehr den Worten des Dozenten. Sie waren sozusagen mal kurz »mit den Gedanken woanders«. Sie bemerken dies und richten Ihre Aufmerksamkeit wieder auf die Sache. Aber nach einer kurzen Zeit sind Sie wieder unkonzentriert, und es passiert das Gleiche wie zuvor. Wieder ertappen Sie sich dabei, dass Ihre Gedanken weggehen.

Dies wiederholt sich mehrere Male. Dann aber passiert etwas Anderes. Es ist wie bei einem Topf, der zum Überlaufen voll ist. Nachdem Sie mehrfach Ihre Aufmerksamkeit zurückholen konnten, geht sie irgendwann komplett weg, und Sie merken es nicht einmal, das heißt, Sie können Ihre Aufmerksamkeit auch nicht mehr bewusst zurückholen. Stattdessen sind Sie mit Ihren Gedanken ganz woanders.

Was mag dabei gerade in Ihrem Kopf vorgehen? Vielleicht planen Sie Ihren morgigen Tag, denken darüber nach, dass Sie am Wochenende zu einem Geburtstag eingeladen sind und noch ein Geschenk zu besorgen haben. Oder Sie überlegen, was Sie morgen kochen und ob Sie alle Zutaten dafür im Haus haben. Oder aber Sie führen in Gedanken einen Dialog mit jemandem.

Während Sie all dies tun, läuft die Zeit. 20 Minuten später ertönt ein Gong, der Dozent beendet die Vorlesung. Sie zucken erschrocken zusammen, der Gong hat Sie in die Gegenwart zurückgeholt. Erschrocken stellen Sie fest, wie viel Zeit inzwischen verstrichen ist: 20 Minuten. Upps!

Machen Sie sich bewusst, dass dieser Mechanismus für sich gesehen ganz normal ist. Er funktioniert bei Erwachsenen ebenso wie bei Kindern. Jeder Lehrer kann das im Unterricht beobachten. Ein Schüler wird angesprochen, war mit seinen Gedanken ganz woanders, und als er seinen Namen hört, kann man förmlich sehen, wie er zusammenzuckt und der Geist wieder in den Körper fährt.

Die meisten Erwachsenen erinnern sich an ähnliche Situationen aus ihrer eigenen Schulzeit. Die Folge dieses »mit den Gedanken weggehen« ist in der Regel, dass Sie die Frage des Lehrers nicht beantworten konnten. Wie auch? Entweder haben Sie die Frage gar nicht mitbekommen oder Ihr Unterbewusstsein hat sie nur weit in der Ferne vernommen, aber da sich Ihre Gedanken noch an einem anderen Platz befanden, konnten Sie nicht so schnell zurückkommen und die Antwort abrufen. Außerdem sind Sie durch den Schreck alles andere als entspannt.

Wenn in ähnlichen Situationen den Kindern das Lernen nicht so leicht fällt, wenn sie störend auffallen im Unterricht, unruhig und impulsiv sind, sich leicht ablenken lassen, nicht alles mitbekommen, für anscheinend einfache Aufgaben Stunden brauchen, erst gar nicht anfangen usw. sind die meistgenannten Worte in diesem Zusammenhang die Wörter »Konzentration« und »Aufmerksamkeit«.

Konzentration und Aufmerksamkeit sind zwei Begriffe, die häufig gleiche oder ähnliche Zustände beschreiben. Eine eindeutige, verbindliche Definition gibt es nicht. Deswegen beschränke ich mich hier auf einen Aspekt der Unterscheidung, den ich für hilfreich erachte: *Aufmerksamkeit* bedeutet demnach, uns bewusst und fokussiert einer Sache zuwenden zu können. Wir sind bereit, auf Reize oder Informationen aus unserer Umwelt zu reagieren.

Können wir mit unserer Aufmerksamkeit dann bei einer konkreten Sache bleiben, wirken wir konzentriert. Konzentration bedeutet also, dass wir in der Lage sind, bei einem Gedanken oder einer Sache zu bleiben, ihr zu folgen. Wir lassen uns nicht ablenken.

Im Umkehrschluss bedeutet mangelnde Konzentration, dass wir den Faden verlieren, uns ablenken lassen, unsere Gedanken woanders »hinwandern« und wir uns Sachverhalte nicht merken können. Wenn wir uns nicht so gut konzentrieren können, heißt das auch, dass wir nicht aufmerksam bei einer Sache sind.

Mit einem Bild gesprochen gleicht die Konzentration dem Schein einer Taschenlampe, die Sie in der Dunkelheit benutzen, um vorwärts zu kommen. Sie richten den Schein automatisch auf die vor Ihnen liegenden Meter. Je gezielter und andauernder Sie dies tun, desto schneller kommen Sie vorwärts.

Allerdings gibt es da noch ein weiteres Phänomen, was durchaus seine Berechtigung hat und sich auf die Konzentration übertragen lässt. Denn werden Sie auf Ihrem Weg durch ein Geräusch oder etwas anderes abgelenkt, halten Sie im Gehen automatisch inne und richten den Schein der Taschenlampe in Richtung Geräusch. Sie werden für einen Moment von ihrem eigentlichen Vorhaben abgelenkt. Dieser Mechanismus erscheint sicher jedem einleuchtend.

Je nachdem, wodurch das Geräusch verursacht wurde oder was Sie abgelenkt hat, werden Sie intuitiv eine Entscheidung treffen, ob Sie mit Ihrer Aufmerksamkeit zurückkehren auf den Weg oder ob Sie Ihre Aufmerksamkeit der neuen Sache zuwenden. Die Frage ist also: Was erscheint Ihnen in dem Moment wichtiger?

Dass dieses Verhalten nicht nur allzu menschlich, sondern sogar evolutionsgeschichtlich von großer Bedeutung ist, können Sie leicht nachvollziehen, wenn Sie sich Menschen in der Urzeit z. B. beim Jagen vorstellen. Ein Mann mit einem Speer bewaffnet verfolgt eine Tierspur. Er hofft auf Beute, um sich und seine Familie damit zu ernähren. Seine ganze Aufmerksamkeit gilt den vor ihm liegenden Spuren. Plötzlich hört er auf seiner rechten Seite ein Geräusch. Er stoppt sofort und wendet seine Aufmerksamkeit einem neuen Geräusch zu. Bedeutet das Geräusch vielleicht Gefahr? Er weicht zwei bis drei Meter von seiner Fährte ab, schaut sich um und entdeckt ein grasendes Jungwild im Dickicht, keine hundert Meter entfernt. Jetzt muss er sich neu entscheiden. Verfolgt er die bisherige Fährte oder erscheint es ihm sinnvoller, das grasende Jungwild zu erbeuten?

Sie sehen also, dass es durchaus gute Gründe dafür gibt, dass wir Menschen gelernt haben, unsere Aufmerksamkeit je nach den Umständen schnell auf andere Dinge lenken zu können und dass dies zunächst einmal eine grundlegende Fähigkeit von manchmal entscheidender Wichtigkeit ist.

Wenn ich im weiteren Verlauf von solchen Momenten beim Lernen spreche, verwende ich gerne den Begriff »Auslöser«. Ein Auslöser ist der Grund bzw. die Ursache dafür, dass wir unsere Aufmerksamkeit von einer Sache abwenden und sie auf eine andere Sache lenken.

Um Ihnen zu verdeutlichen, was dies für Kinder in Lernsituationen bedeutet, möchte ich Ihnen eine Situation schildern, wie ich sie häufig in Lernberatungen erlebe.

> Christian sitzt mir am Tisch gegenüber, und wir gehen seine Mathematikkenntnisse durch, um herauszubekommen, wo seine Schwierigkeiten in Mathematik ihren Ursprung haben. In dem Raum, in dem wir sitzen, befindet sich ein Fenster zur Einfahrt. Plötzlich nimmt Christian ein Geräusch wahr, ein Mann (Postbote) nähert sich dem Haus. Er hört ein weiteres Geräusch (Einwurf in den Briefkasten) und sein Blick geht automatisch Richtung Fenster. Für einen kurzen Moment ist er abgelenkt und richtet seine Aufmerksamkeit auf die Geräusche draußen.

In solchen oder ähnlichen Situationen können in der Folge die Reaktionen sehr unterschiedlich aussehen:

- Seine Mutter, die bei der Beratung anwesend ist, bemerkt sein Abschweifen, und er hört aus dem Hintergrund ermahnende Worte: »Christian, konzentrier dich! Pass auf!« oder nur »Christian!«
- Oder aber: Christians Aufmerksamkeit geht nach draußen, er kann das Geräusch sofort zuordnen, ordnet es als unwichtig ein und kehrt mit seiner Aufmerksamkeit von alleine zu unserem Gespräch und den Mathematikaufgaben zurück.
- Oder: Christian findet den Briefträger sehr interessant und nutzt die Gelegenheit, mir mitzuteilen, dass ich gerade Post bekommen habe, kurz, es ist ihm eine willkommene Ablenkung.
- Oder: Ich nehme wahr, dass Christian durch das Geräusch abgelenkt wird, benenne den Grund (das ist der Briefträger, der gerade die Post bringt, und sage ihm, dass ich sie später aus dem Briefkasten holen werde, da er jetzt wichtiger ist). Christian lächelt und kehrt mit seiner Aufmerksamkeit zu unserem Gespräch zurück.

Es mag durchaus noch mehr Möglichkeiten geben. Was ich hiermit verdeutlichen möchte, ist Folgendes: Der Prozess, der sich hier abspielt, ist

## I Grundlagen des Lernens

zum einen für alle Menschen völlig normal, zum anderen gibt es verschiedene Möglichkeiten, darauf zu reagieren. Der denkbar ungünstigste ist jedoch, Kinder einfach immer wieder nur zu ermahnen und ihnen das Gefühl zu vermitteln, sie würden nicht richtig funktionieren.

Jeder Mensch hat zunächst einmal individuelle Veranlagungen. So gibt es nun einmal Menschen, die leichter durch Geräusche ablenkbar sind, während andere eher durch Gegenstände oder Bewegungen im Außen abgelenkt werden.

Meine Erfahrung hat mich gelehrt, dass der erste Schritt in Richtung Veränderung oder Lösung darin besteht, dass wir das, was wir wahrnehmen, wertfrei benennen. Wenn es bewusst gemacht wird, kann man auch bewusst nach Lösungen suchen.

Übrigens gibt es keine eindeutig richtige Wahl bei den oben aufgezählten Möglichkeiten.

Würde ich im Verlauf einer Beratungsstunde feststellen, dass Christian sich häufiger durch Geräusche oder Bewegungen ablenken lässt, würde ich die folgende Möglichkeit wählen:

- Ich benenne den Grund der Ablenkung und frage ihn, ob ihm solche Situationen bei den Hausaufgaben oder aus der Zeit in der Schule bekannt vorkommen, spreche mit ihm durch, was mögliche Ablenkungen sind, wie er darauf reagiert und welche Konsequenzen dies in Hausaufgabensituationen oder auch im Schulalltag für ihn hat.

Würde ich feststellen, dass die Mutter sehr vorschnell und wiederholt nur ermahnende Worte äußert, wäre eine weitere Möglichkeit, dies zu thematisieren.

- Hier wäre der erste Schritt, die Mutter zu bitten, sich bewusst zu machen, dass ihr Sohn sich durch Geräusche leicht ablenken lässt, und nach Alternativen für die ermahnenden Worte zu suchen. Denn ständige Ermahnungen hinterlassen kein gutes Gefühl und führen in der Regel nicht zu einer Verhaltensänderung. Es erschwert oft auch das Suchen nach einer gemeinsamen Lösung.

Schafft Christian es selbst, seine Aufmerksamkeit sofort zurückzuholen, könnte ich dies positiv verstärken:

- Ich benenne den Grund der Ablenkung und beschreibe ihm, dass ich sehr wohl wahrgenommen habe, dass er kurz auf die Geräusche reagiert hat, es ihm aber dann gelungen ist, seine Aufmerksamkeit sofort wieder auf die Aufgaben zu richten. Ziel ist es, ihm diesen Prozess bewusst zu machen, der da in seinem Kopf passiert, wenn er abgelenkt ist. Nur dann wird er ihn auch eigenständig unterbrechen können.

Neben einfachen Geräuschen und Bewegungen im Außen wie im Beispiel von Christian können uns auch emotionale Geschehnisse so in Anspruch nehmen, dass wir das, was im Außen passiert, ausblenden, d. h. wir richten unsere Aufmerksamkeit auf Dinge, die uns im Inneren beschäftigen. Nach außen wirken wir dadurch unkonzentriert, nicht bei der Sache.

Mal ist es das kranke Kaninchen, mal der Streit mit dem besten Freund, ein Krankheitsfall in der Familie, die Trennung der Eltern uvm. Auslöser gibt es unzählige und jeder kennt sie. Sorgen, Probleme und Ängste sind ein Teil unseres Lebens. Sie gehören zum Alltag einer jeden Familie dazu. Je nachdem, wie sensibel Kinder sind, reagieren sie unterschiedlich darauf.

Wenn Kinder sich gefühlsmäßig überfordert fühlen, wenn sie unter Druck geraten oder ungerecht behandelt werden, sich erwischt fühlen und ein schlechtes Gewissen haben, funktioniert dieser Prozess oft sehr ähnlich.

Wenn Sie schon mal mit einem Kind laut geschimpft haben (ich meine diese Momente, in denen wir als Eltern so richtig in Fahrt sind) oder wenn Sie Ihre Kinder anhaltend belehren, ihnen Vorträge halten oder Jugendliche »zutexten«, dann verstehen Sie, was ich meine. Sie reden und reden, aber Ihr Gegenüber hat sich schon längst verabschiedet, nicht körperlich, aber innerlich. Wenn Sie die Mimik und Gestik Ihres Gegenübers beobachten, können Sie dies genau sehen. In der Regel reagieren Kinder auf Schimpfen mit einer angespannten Körperhaltung, die Augen sind fest auf Sie oder gen Boden gerichtet und die Stirn legt sich in Falten. Andere Kinder versuchen, aus der Situation zu flüchten. Es wird ihnen zu viel. Sie laufen weg mit Worten wie »Lass mich!«

Bei Kindern, die nicht weglaufen, können Sie bei genauer Beobachtung den Moment feststellen, in dem sie »ihren Körper verlassen« und sich innerlich wegbegeben. Sie gehen mit ihrer Aufmerksamkeit weg und nehmen das, was im Außen passiert, nicht mehr wahr. Oder sie lassen es über sich ergehen.

Vor einiger Zeit war ich bei einer Freundin in Süddeutschland zu Besuch. Als wir an einem Morgen vom Joggen zurückkamen, war Folgendes passiert. Ihr dreijähriger Sohn hatte im Badezimmer gespielt und dabei das gesamte Badezimmer geflutet. Der ältere Bruder kam uns an der

I Grundlagen des Lernens

Haustür schon aufgeregt entgegen, um seiner Mutter das Malheur vorab zu berichten. Mit einem schuldbewussten Blick stand der kleinere Bruder hinter ihm. Dann passierte Folgendes: Die Mutter nahm sich den Dreijährigen, setzte ihn auf die zweitunterste Stufe der Treppe, baute sich vor ihm auf, begann laut zu schimpfen und hielt ihm einen Vortrag. Die Augen des Kleinen waren weit aufgerissen, seine ganze Körperhaltung war in »Hab-Acht-Stellung«. Ich stand daneben, beobachtete die Situation und konnte genau den Moment wahrnehmen, in dem der Junge mental »seinen Körper verließ«. Seine Gesichtszüge entspannten sich, die Anspannung wich aus seinem Körper, während die Mutter weiterhin in Hochspannung schimpfte.

> Nachdem die Mutter den ersten Redeschwall beendet hatte und Luft holen musste, um fortzufahren, kam der Junge wieder mental ins Hier und Jetzt zurück und fragte mit einer seelenruhigen Stimme: »Kann ich gleich die Sesamstraße gucken?«

Wenn Sie um dieses Phänomen wissen, haben Sie beim nächsten Mal eine neue Wahl! Sie haben das Gefühl, das Kind oder der Jugendliche hört nicht mehr zu, hat sich innerlich wegbegeben? Ganz einfach: Hören Sie auf zu reden. Sie reden sowieso gegen eine Wand.

Machen Sie eine Pause. Atmen Sie durch. Überlegen Sie genau, was Sie wirklich sagen wollen. Finden Sie klare, knappe Worte. Oder stellen Sie sich selbst die Frage: Was würde ich in dieser Situation an der Stelle meines Kindes gerne hören? Wie soll mit mir umgegangen werden, wenn ich mich so verhalten hätte?

Es geht mir hier nicht darum, Dinge unter den Teppich zu kehren. Was benannt werden muss, soll auch benannt werden. Leider schmücken wir das Ganze häufig unnötig mit Verallgemeinerungen aus (»Das ist typisch, du hörst nie auf mich!«), mit Vergleichen (»Guck dir mal deinen Bruder an, der kann das doch auch!«) oder Vorwürfen (»Wie oft hab' ich dir das schon gesagt!?«). Dabei erheben wir bedrohlich unsere Stimme, reden schneller und nehmen vielleicht noch eine übermächtig wirkende Körperhaltung an. Solche Signale aber versetzen jeden Menschen in einen Angstzustand oder in einen Zustand, der überfordert. Früher oder später wird dann zwangsläufig »dicht gemacht«.

Aus meiner eigenen Schulzeit kann ich mich sehr gut daran erinnern, dass mir viele Fragen durch den Kopf gingen, die mit dem Schulstoff überhaupt nichts zu tun hatten, für mich aber in dem Moment viel wichtiger waren als das, was der Lehrer oder die Lehrerin da vorne erzählten. Bei mir waren es oft Fragen, die mit meiner persönlichen Geschichte zusammenhingen, da ich bei Pflegeeltern aufwuchs. Besonders in der Pubertät führte dies dazu, dass ich die meiste Zeit in der Schule nur körperlich anwesend war, meinen Gedanken nachhing und so Lücken im Schulstoff entstanden. Natürlich gab es auch andere Gründe dafür, warum ich so manches im Unterricht nicht verstand, doch dieser Aspekt nahm einen erheblichen Teil der Zeit in Anspruch. Und so gehörte auch ich zu jenen Kindern, über die nach erfolgreicher IQ-Testung und Vorstellung bei einer Schulpsychologin geurteilt wurde: Eigentlich müsste sie das alles schaffen!

Da ich viele Kinder kennengelernt habe, die ungünstige familiäre Bedingungen erlebt haben oder erleben, möchte ich an dieser Stelle noch etwas sehr Grundlegendes zu bedenken geben, was für das Lernen allgemein entscheidend ist.

Ganz grundsätzlich gilt, dass es absolut wichtig ist, dass zunächst einmal unsere Grundbedürfnisse des Überlebens gesichert sind, um uns dann auf geistige Dinge konzentrieren oder aufmerksam einer Sache folgen zu können. Wir brauchen frische Luft zum Atmen, genügend Essen und Trinken, ausreichend Schlaf, körperliche Bewegung, Pausen, Energie für die Verdauung und vor allem das Gefühl von menschlicher Nähe, Zuwendung und Sicherheit.

Sicher kennen Sie die Redewendung: »Ein voller Bauch studiert nicht gern!« Im Umkehrschluss sei auch gesagt: »Ein leerer Bauch studiert auch nicht gern!«

Wie wichtig Schlaf, Bewegung und genügend Sauerstoff sind, kann man schon durch weniger dramatische Ereignisse leicht nachvollziehen. Es reicht ein Arbeitstag nach einer kurzen Nacht, um zu wissen, dass mangelnder Schlaf unsere Aufmerksamkeit beeinträchtigt. Und dass Bewegung, besonders an der frischen Luft unsere geistige Aktivität anregt, hat sicher jeder schon mal erfahren.

Zu den Grundbedürfnissen eines jeden Menschen gehört auch eine sichere Umgebung, in der man sich angenommen fühlt. Gerade durch die Arbeit mit Pflegekindern und Kindern aus dem Heimbereich ist mir sehr bewusst geworden, wie stark unser Lernen von einer sicheren Umgebung abhängt. Kinder, die in den so wichtigen ersten Lebensjahren ständig Angst hatten, unterversorgt waren, unberechenbaren Ausbrüchen bis hin zu körperlichen Übergriffen Erwachsener ausgesetzt waren, werden ihr Lernen vorwiegend auf Strategien richten, die sie schützen. Bedeutet: Sie werden sich mit großer Wahrscheinlichkeit in Überforderungs-situationen entweder »innerlich wegbegeben«, um sich zu schützen, oder in den Angriffsmodus gehen, um sich zu verteidigen. Die Ausprägung beginnt schon sehr früh und hat langanhaltende Folgen.

Natürliches Lernen, das uns wachsen lässt, setzt eine sichere, angstfreie Umgebung voraus, in der wir uns ganz und gar auf eine Sache einlassen können, die unsere Aufmerksamkeit gerade erfordert. Manche Kinder benötigen aufgrund ihrer Geschichte deutlich mehr Zeit, um vor allem auch bei Lerninhalten Sicherheit zu gewinnen.

**Gedichte eines 15-jährigen Legasthenikers und Schulverweigerers (anonym)**

Schuld

Mann kann nicht erwarten
den mann wirt verraten

danach noch geschlagen
ich kanns nicht ertragen
man qüalt sich herum
und es macht doch wider bum
bin ich schuld?
nein meine eltern haben nur keine gedult.

Ankst

Man bekomt ankst wenn man nach hause kommt
und trotzdem geht man zurück
wenn man reinkommt hat man glück
mein gott was soll ich tun
soll alles aufsich beruhn.
nein ich schweige nicht mer
früher viel es mir schwer
aber heute nicht mer.

Fröhlich

Früher kante ich dieses word
heute ist es einfach ford
das word benutze ich manchmal
doch jest ist alles egal
der schmerz die trauer die sind da
das ist mir schon mein ganzes leben klar.

Kinder, die extreme Erfahrungen machen mussten, waren permanent emotional überfordert und verwirrt. Nur war es nicht wie in dem Beispiel mit der Japanisch-Vorlesung eine Überforderung durch einen theoretischen Unterrichtsstoff. Nein, hier handelt es sich, viel schlimmer, um eine gefühlsmäßige Überforderung bzw. Verwirrung. Sich innerlich mit der Aufmerksamkeit wegzubegeben, war für diese Kinder ein überlebensnotwendiger Schutzmechanismus, um Hunger, Schmerzen, lautes Schreien, körperliche Gewalt usw. aushalten zu können. Ich stelle immer wieder fest, dass es Kinder gibt, die aufgrund ihrer Geschichte anscheinend mehr Übung darin haben, schneller mit ihrer Aufmerksamkeit wegzugehen, als sie zu halten, sich zu konzentrieren. Da auch hier gilt: »Übung macht den Meister!« wenden sie diese oft trainierte Fähigkeit des Abschweifens vermehrt auch in der Schule an und es entstehen Lücken und weitere Defizite.

Die folgende Begebenheit aus meiner Arbeit mit Schulverweigerern in einem Krisenhaus für Jungen ist mir sehr gut in Erinnerung geblieben.

## I Grundlagen des Lernens

Steffen ist 14 Jahre alt. Immer wieder hat er die Schule geschwänzt, tagelang, manchmal war er sogar ganze Wochen nicht anwesend. Hausaufgaben hat er so gut wie nie gemacht und selbst dann, wenn er in der Schule saß, rauschten die Inhalte an ihm vorbei und er war die meiste Zeit geistig abwesend. Entsprechend groß waren seine Defizite in allen Fächern. Der Hintergrund seiner Schulproblematik war seine familiäre Situation. Er lebte mit seiner alkoholabhängigen Mutter und zwei jüngeren Geschwistern in einer engen 3-Zimmer-Wohnung. Er fühlte sich sehr verantwortlich für seine jüngeren Geschwister, musste sie häufig versorgen und war gleichzeitig den unkontrollierten Gefühlsausbrüchen seiner Mutter ausgesetzt, auf die er ebenso heftig reagierte. Seine Schulverweigerung und die Tatsache, dass auch seine jüngeren Geschwister häufig in der Schule fehlten, führte letztendlich dazu, dass das Jugendamt eingeschaltet wurde und Steffen ins Krisenhaus umzog, um ihm eine neue Perspektive zu ermöglichen. Als ich ihn kennenlerne, ist er davon überzeugt, dass er in der Schule versagt hat, weil er zu dumm ist. Aber wie kann er lernen, wenn sein Kopf für schulische Inhalte gar nicht frei ist? Seine ganzen Sorgen und Gefühle sowie die ständig unberechenbare Situation mit einer alkoholabhängigen Mutter verursachen ein ständiges Chaos in seinem Kopf. Darüber hinaus ist er selbst noch halb ein Kind. Als Kind oder Heranwachsender braucht er wie jeder Anerkennung, Liebe und Sicherheit.

Nachdem er sich im Krisenhaus eingelebt hat, beginnen wir seine schulischen Schwierigkeiten zu beleuchten, und ich bereite die erste Unterrichtsstunde vor. Thema: Bruchrechnen.

Schon als er das Thema hört, kommt seine gewohnte Denkweise wieder zum Vorschein: »Das kann ich sowieso nicht! Hab' ich nie kapiert. Dafür bin ich zu dumm!« – »Wenn ich dich für zu dumm halten würde«, antworte ich, »hätte ich es nicht extra für dich vorbereitet. Ich traue dir durchaus zu, Bruchrechnen zu verstehen!«

Er schaut mich ernsthaft an und sagt dann sehr betont etwas, das mich sehr betroffen macht. »Mir hat noch nie jemand gesagt, dass er mir was zutraut!« Es entsteht eine Pause. Dann – nach einem Moment – fährt er fort: »Ich kann es ja mal versuchen!«

Nach zwei Stunden hat er die Grundregeln des Bruchrechnens verstanden, und dann ist da plötzlich eine Erkenntnis. Ein Strahlen geht über sein Gesicht. »Jetzt weiß ich endlich, warum der Pudding, den ich für meinen Bruder und meine Schwester kochen wollte, nichts geworden ist. Da stand auf der Packung ½ Liter Milch, und ich habe eine ganze Tüte, also einen ganzen Liter hinein gekippt. Es war nur eine dünne Suppe, aber kein Pudding.«

Das ist der berühmte Aha-Effekt! In solchen Momenten, in denen sich uns eine neue Erkenntnis erschließt, verändert sich sofort unser Gesichtsausdruck. Wir werden entspannter, und es macht »Klick« in unserem Kopf. Meistens huscht dabei ein Lächeln über unser Gesicht. Solche Erkenntnisse sind die beste Motivation.

Wir alle kennen aber auch die Momente, in denen wir uns nicht auf eine Sache konzentrieren können, weil wir immer wieder weggetragen werden von unseren Gedanken. Zu unseren Liebsten Zuhause oder zu einem Problem, das uns gerade beschäftigt. Diese Momente bei Kindern wahrzunehmen als etwas, was wir selbst doch auch kennen, heißt nichts anderes, als Mitgefühl zu zeigen, statt vorschnell Ratschläge zu erteilen, zu beurteilen oder es besser zu wissen. Verständnis ist die Basis, um gemeinsam nach Lösungen zu suchen.

Fragt man Kinder, die Konzentrations- und Aufmerksamkeitsprobleme haben, ob sie glauben, dass ihre Eltern derartige Momente auch kennen, antworten die meisten Kinder erschreckenderweise mit einem überzeugten »Nein!« Befragen Sie dann ihre Eltern dazu, entsteht oft ein ehrlicher Dialog darüber, dass auch Eltern tatsächlich gelegentlich nicht mehr »bei der Sache« sind.

Wenn Sie dann die Überraschung und Erleichterung auf den Gesichtern mancher Kinder sehen könnten, wüssten Sie, was ich meine. Es entsteht eine neue Verbindung zwischen Eltern und Kindern, es ist die Basis für Mitgefühl. Von hier aus können wir unsere Kinder begleiten und neu nach Hilfen und Lösungen zu suchen. Trauen Sie ihnen eine Lösung oder einen Beitrag zur Lösung zu. Zwei Personen finden schneller eine Lösung als nur eine Person. Und eine selbst – alleine oder gemeinsam – gefundene Lösung wird lieber umgesetzt als eine von außen aufgesetzte.

## Was stört beim Lernen

Oft sind ganz konkrete Lerninhalte, die Art der Erklärung oder das Verständnis der Lerninhalte Auslöser bzw. der Grund für Unaufmerksamkeit und Unkonzentriertheit bei Kindern.

Wenn Eltern sich telefonisch bei mir melden, höre ich immer wieder die Aussage: »Mein Kind hat Probleme sich zu konzentrieren!« In vielen Fällen stellt sich schon während des Telefonates heraus, dass das Kind dieses Problem aber gar nicht in allen Fächern hat, sondern sich dieses

Problem in einem Lernbereich oder Schulfach ausgeprägter zeigt als in anderen. D. h. hinter dem übergeordneten Problem der »Konzentration« verbirgt sich ein anderes sehr spezielles Problem. Hier handelt es sich um konkrete Lernschwierigkeiten, die erkannt und bearbeitet werden können. Viele konkrete Beispiele finden Sie in den nachfolgenden Kapiteln beschrieben.

Sicher kennen Sie aus Ihrer Schulzeit oder aus den Lernsituationen mit Kindern den folgenden Satz: »Jetzt konzentrier dich mal!« oder »Du musst dich nur richtig konzentrieren!« oder »Überleg doch mal!« Was bedeutet dieser Satz für ein Kind? Da starrt ein Kind auf ein Wort, das es nicht lesen kann, oder sitzt vor einer Aufgabe, versteht aber die Aufgabenstellung nicht und bekommt zu hören: »Jetzt konzentrier dich mal!«

Ja, aber genau das versucht es doch die ganze Zeit! Nur dass es nicht klappt. Wenn ich Kinder frage, was dieser Satz bedeutet, bekomme ich in der Regel zu hören »Mama will, dass ich das jetzt mache.« Was aber, wenn das Kind es gar nicht kann?

Bevor Sie jetzt weiterlesen, stellen Sie sich vor, der nächste Satz sei nur an Sie gerichtet. Lesen Sie ihn laut und lassen Sie ihn auf sich wirken!

Konzentrieren Sie sich jetzt mal!

Fühlen Sie sich jetzt motivierter weiterzulesen? Oder geht es Ihnen vielmehr so, dass Sie sich fragen: »Was soll das denn jetzt?« Wenn ich so einen Satz gesagt bekomme, fühle ich mich nicht motivierter. Ich würde daraus eher ableiten, dass ich etwas tun soll, was ich angeblich nicht tue. Und das macht mir kein gutes Gefühl. Warum verzichten wir dann nicht einfach auf solche Sätze und ersetzen sie durch konstruktive Fragen?! Ja, das bedarf anfangs einiger Übung, wird sich aber auf jeden Fall lohnen.

Beispiele für konstruktive Fragen sind etwa:

- »Hast du eine Idee, was damit gemeint sein könnte?«
- »Was genau verstehst du nicht?«
- »Gibt es in der Aufgabenstellung ein Wort oder einen Begriff, den du nicht verstehst?«
- »Weißt du, was mit ... gemeint ist?«
- »Wie bist du gestern bei diesen Aufgaben vorgegangen?«

Konstruktive bzw. clevere Fragen zu stellen, bedeutet nach Lösungen suchen, anstatt nur auf die Probleme zu schauen.

In einem Telefonat erzählte mir eine Mutter folgende Begebenheit: Ihre Tochter Simone, 13 Jahre alt, saß am Küchentisch und ärgerte sich über die Hausaufgaben in Erdkunde.

Simone schimpfte laut vor sich hin über die »beknackte« Aufgabe, den Lehrer und das Fach »Erdkunde«. Dabei nahm sie kein Blatt vor den Mund, eben ganz so wie 13-jährige Pubertierende schon mal daherreden. Entsprechend reagierte die Mutter. Sie maßregelte ihre Tochter für die unflätigen Ausdrücke, wiederholte aber konsequent und gebetsmühlenartig die Notwendigkeit, die Hausaufgaben erledigen zu müssen. Das alles natürlich im Ton einer inzwischen genervten und aufgebrachten Mutter. Die Situation, so berichtete die Mutter, sei mehr und mehr eskaliert. »Am Ende schrien wir uns nur noch an, und meine Tochter sagte stur: Ich mach die Aufgaben einfach nicht!«

Plötzlich erinnerte sich die Mutter, dass es für eine solche eskalierende Situation einen Auslöser geben müsste. Sie atmete tief durch, überlegte einen Moment, ging zu ihrer Tochter und fragte schon deutlich ruhiger: »Wie heißt denn die Aufgabe?« Etwas mürrisch antwortete die Tochter: »Welche Nachteile hatten die landwirtschaftlichen Methoden von vor 100 Jahren?«

Nachdem sie die Aufgabenstellung gehört hatte, fragte die Mutter ihre Tochter: »Sag mal, weißt du denn, was ›Nachteile‹ sind?« Die Arme verschränkt, mit verschlossenem Blick kam ein kurzes »Nein!« als Antwort. Die Mutter erklärte den Begriff, selbst überrascht darüber, dass ihre Tochter diesen nicht richtig einordnen konnte. Dann fragte sie weiter: »Gibt es ein anderes Wort, das du nicht kennst?« Im gleichen Tonfall wie zuvor kam die Antwort: »Methoden!«. Wieder erklärte die Mutter das Wort und war über die nun folgende Reaktion der Tochter, wie sie mir berichtete, mehr als überrascht.

Simone nahm ihr Erdkundeheft und ihr Etui, stand auf und sagte schon deutlich gemäßigter: »Na gut, dann mach ich die Aufgabe eben!« und ging in ihr Zimmer.

In diesem Beispiel hat das Mädchen zwar seine Aufmerksamkeit auf die Aufgabenstellung gelenkt, aber sofort gespürt, dass sie diese nicht lösen kann. In der Folge hat sie die Aufgabe verweigert und versucht, ihre Verweigerung zu rechtfertigen. Ich gebe zu, nicht sehr sachlich, aber damit ist sie sicher kein Einzelfall. Bekanntlich laufen diese Prozesse ja unbewusst ab.

Das Mädchen im nächsten Beispiel wendet eine komplett andere Strategie an, obwohl sie viele Aufgaben nicht versteht und dem Unterrichtsgeschehen oft nicht folgen kann.

I Grundlagen des Lernens

> Während des Unterrichts schaut Tanja sehr interessiert und aufmerksam nach vorne. Dabei lächelt sie aufmerksam, bei allerdings gleichzeitiger »innerer Abwesenheit«. Nach Außen macht sie einen sehr aufgeweckten Eindruck und ist für ihre 17 Jahre eine ausgesprochen hübsche junge Frau. D. h., auf die meisten Lehrer macht sie den Eindruck einer wachen und interessierten Schülerin, die unauffällig dem Unterricht folgt. Der Lehrer lenkt somit seine Aufmerksamkeit naturgemäß zunächst einmal auf andere, auffälligere Schüler. Tanja selbst drückte es so aus: »Ich weiß, dass ich nach vorne gucken und immer freundlich lächeln muss, dann werde ich meistens nicht drangenommen. Sie denken dann, ich wüsste es.«
>
> Durch ihre sehr hilfsbereite, offene Art im Umgang mit ihren Mitschülern war sie sehr beliebt, und es fand sich fast immer jemand, der bereit war, sie bei Arbeiten abschreiben zu lassen. Auch hier hatte sie ihre Strategien absolut perfektioniert. Hausaufgaben hatte sie dank der intensiven Unterstützung der Mutter regelmäßig und immer penibel ordentlich. Dass Tanja dennoch dem Unterrichtsgeschehen häufig inhaltlich nicht folgen konnte und durch ihre »Strategie« immer größere Lücken entstanden sind, fiel somit zwangsläufig erst sehr spät auf. Damit aber blieb auch ihre eigene Wissenserweiterung auf der Strecke. An ihrer eingeschränkten Merkfähigkeit wurde nicht mehr gearbeitet, auch hatte sie keine für sie anwendbaren Lernstrategien entwickelt.

Dieses Mädchen gab sich aufmerksam und konzentriert, aber in Wirklichkeit war auch sie mehr mit Hilfsstrategien beschäftigt, die ihr auf Dauer nur einen sehr geringen Lernzuwachs garantierten, bei dem die Lücken immer größer wurden. Gerade um diesen Prozess zu unterbrechen, lohnt es sich immer, vorwurfsfrei und ohne Druck sehr genau hinzusehen, wo ein Kind »wirklich steht«.

Hier zwei Hinweise, die in der Kommunikation mit Kindern hilfreich sind:

Der passive Wortschatz ist normalerweise deutlich größer als der aktive Wortschatz. Wenn Sie eine Fremdsprache beherrschen, werden Sie dieses Phänomen kennen. Sie verstehen immer deutlich mehr, als Sie aktiv sprechen können. Die Kinder benötigen oft noch Hilfe, um ihre Gedanken in Sprache umzuwandeln.

Sätze in indirekter Sprache, wie »Das hättest du mir doch sagen können!« oder »Wieso sagst du denn nichts?« sind daher nicht hilfreich. Stattdessen sprechen Sie einfach ganz konkret den Satz vor, den das Kind in seinen aktiven Wortschatz übernehmen kann: »Du hättest sagen können: ›Mama/Papa, ich brauche deine Hilfe!‹«

Bei Fragen gilt das Gleiche: Statt Aufforderungen auszusprechen, wie z. B. »Wieso hast du mich nicht gefragt?« oder »Ich hab' dir doch gesagt, du kannst immer fragen, wenn du was nicht verstanden hast!« ist es hilfreicher, die gewünschten Fragen direkt vorzusprechen. Beispiel: »Es wäre schön, wenn du mich fragst. Du könntest sagen: ›Ich weiß nicht, was das Wort bedeutet!‹ oder ›Frau S. ... Kannst du mir die Aufgabe erklären?‹«

Zu oft wird davon ausgegangen, dass Kinder Fragestellungen sicher beherrschen und sie in vielen Situationen auch anwenden. Das setzt aber voraus, dass im elterlichen Haus zunächst einmal sehr wohlwollend mit Fragen umgegangen wurde und ich als Kind ermutigt wurde, Fragen zu stellen. Wenn dies nicht oder weniger geschehen ist, brauchen Kinder hier mehr Übungsfelder und Ermutigung.

> Ich bin auf einer Tagung mit Eltern, und wir erforschen gemeinsam die unterschiedlichen Frageformen, die man im Alltag mit Kindern so verwendet. In der Sammlung enthalten sind u. a. Wissensfragen (»Wie geht das?« oder »Wie funktioniert das?«), Befindlichkeitsfragen (»Wie war dein Tag heute?« oder »Was hast du erlebt?«), aber auch Sinnfragen (»Warum sterben Menschen?« oder »Warum war ich nicht in deinem Bauch?«). Aber die mit Abstand häufigste Frageform im Zusammenleben mit Kindern ist eine noch andere Frageform, und das sollte uns zu denken geben. Es sind Kontrollfragen und Abfragen! (»Hast du dir die Zähne geputzt?« »Wo sind denn die Zettel?« »Hast du deine Hausaufgaben fertig?«)

Je mehr wir Erwachsene unter Stress stehen, der äußere Rahmen uns unter Druck setzt, desto mehr erwarten wir von den Kindern, dass sie funktionieren. In solchen Momenten häufen sich leider diese Kontrollfragen. Und, seien wir doch ehrlich: Wer mag schon Kontrollfragen? Als Erwachsene würden wir auf Dauer auf ähnliche Fragen ebenso genervt reagieren wie viele Kinder es tun.

Es wäre also ein großer Gewinn für alle Beteiligten, wenn wir bewusst im Alltag für einen Ausgleich verschiedener Fragensorten sorgen und auf Kinderfragen grundsätzlich zunächst einmal offen, wertfrei und mit ehrlichem Interesse reagieren, egal wie häufig eine Frage eines Kindes wiederholt wird und egal wie lapidar oder unverständlich uns diese zunächst erscheinen mag.

I Grundlagen des Lernens

## Überforderung und Unterforderung

Wann sprechen wir von Überforderung?
Ich fühle mich überfordert, wenn eine Leistung von mir erwartet wird, die über meine Fertigkeiten, Fähigkeiten, meine Kräfte oder Kenntnisse hinausgeht. Meine Wahrnehmung funktioniert in solchen Momenten recht gut, und ich kann erkennen, dass eine Aufgabe mich überfordert und ich eben nicht über die ausreichenden Fähigkeiten und Kenntnisse verfüge. Solche Situationen kommen bei vielen nicht nur in der Schule vor, sondern selbstverständlich ebenso im Alltag. Wir benutzen dann häufig Redewendungen, die unsere Überforderung zum Ausdruck bringen: »Wie soll ich das alles schaffen?«, »Das ist mir zu viel!«, »Das kann ich gar nicht!« Oder aber wir versuchen tunlichst, die Aufgabe nicht erledigen zu müssen. Da funktionieren wir genau wie die Kinder.

Wie aber sieht es nun bei Kindern aus, die beim schulischen Lernen überfordert sind? Was gilt es da zu berücksichtigen? Zunächst einmal ist es so, dass ständige Überforderungssituationen bedeuten, dass ich dem aktuellen Stoff nicht folgen kann. Die Lücken im Bereich des Lernens werden, vor allem wenn Grundkenntnisse fehlen und es sich um aufbauenden Stoff handelt, zu immer größeren Lücken führen.

Dies hat wiederum zur Folge, dass Kinder und Jugendliche Schwierigkeiten mit Konzentration und Aufmerksamkeit haben. Da sie sich aber bemühen, werden sie auch immer häufiger verwirrt sein und erleben diesen Zustand als unangenehm. Sie stecken fest in einem Teufelskreis. Hier gibt es häufig keinen anderen Weg, als diese Lücken zu schließen. Darum muss man im Lernstoff zunächst soweit zurückgehen, bis das Kind problemlos den Lerninhalten folgen kann. Oft ist es so, dass Eltern und Kinder zwar einsichtig sind, der Schulalltag jedoch seine Anforderungen mit sich bringt. Schließlich geht das Unterrichtsgeschehen weiter und neuer Stoff kommt hinzu. Das bedeutet einen zusätzlichen Zeitaufwand, um sich neben den täglich anfallenden Hausaufgaben auch noch mit entstandenen Lernlücken beschäftigen zu können. Je nachdem, wie groß die Lücken sind, sollten Eltern sich professionelle Hilfe holen und einen Rahmen finden, der für das Kind überschaubar ist. Schließlich brauchen Kinder auch Freizeit, denn das tägliche Miteinander ist umfassender in seinen Anforderungen als nur das schulische Lernen.

Kinder beim Lernen aufmerksam zu begleiten, heißt für uns Erwachsene u. a., dass wir genau erforschen, wo die Auslöser für Unaufmerksamkeit und Unkonzentriertheit exakt liegen. Wo und wann ist mein Kind überfordert und in der Folge oft unkonzentriert?

Verständnisvolle Sätze sind dabei hilfreicher als Ermahnungen. Sätze wie »Das ist ganz schön kompliziert!« – »Ich verstehe dich!« – »Ich kenne das auch, dass mir jemand etwas erklären will und ich verstehe nichts!« helfen Kindern mehr als vorschnelle Vorschläge. Und – natürlich kennen wir das selbst wirklich. Oder haben Sie noch nie die Seite eines Buches gelesen und, unten auf der Seite angekommen, festgestellt, dass Sie nicht mehr wussten, was Sie da wirklich gelesen haben? Haben Sie noch nie in einem Gespräch zustimmend genickt, aber mit den Gedanken waren Sie schon ganz woanders? Kennen Sie nicht die Situation, dass Ihnen jemand etwas erklärt hat und Sie nur vorgeben, es verstanden zu haben?

Fragen Sie deshalb die Kinder, ob sie bei einer Aufgabe etwas durcheinander bringt, ob sie ein Wort nicht wissen, ob sie eine Idee haben, wie man vorgehen könnte, ob sie so etwas Ähnliches in der Schule schon einmal hatten! Fragen Sie – ohne Vorwürfe und ohne, dass es sich um Kontrollfragen handelt. Fragen Sie, um Stolpersteine gemeinsam aus dem Weg zu räumen!

Ich gebe zu, dass es etwas Übung erfordert, konstruktive Fragen zu finden. Manchmal scheint es schneller zu gehen, eine Lösung vorzugeben oder die Kinder aufzufordern, einfach unseren Ratschlägen zu folgen. »Du brauchst das doch nur so und so zu machen« oder »Mach das doch einfach so« oder »Ich hab' dir doch gesagt, wie du das machen sollst.« Das Geheimnis des dauerhaften Erfolgs liegt jedoch darin, selbst Lösungen zu finden oder sie gemeinsam zu entwickeln. Wenn Kinder lernen, dass jede Frage ihre Berechtigung hat, dass es keine dummen Fragen gibt, dann werden sie, wenn sie direkte Hinweise und Hilfestellung wünschen, danach fragen.

Ich weiß allerdings aus vielen Gesprächen mit Kindern, dass sie häufig Menschen begegnen, die auf wiederholte Fragen mit dummen Kommentaren reagieren, wie: »Wie oft muss ich das noch erklären?« – »Hast du mir nicht zugehört?« – »Wie dumm kann man eigentlich sein?« – »Das müsstest du aber eigentlich wissen!« – »Das hab ich dir doch schon tausend Mal erklärt!« – »Wie, das weißt du nicht? Das habt ihr doch bestimmt in der Schule durchgenommen. Hast du wieder nicht aufgepasst?«

Auch eine wiederholte Frage heißt nicht zwangsläufig, dass ein Kind nicht zugehört hat. Und wenn, dann ist es eben so. Hauptsache ist doch, sie trauen sich nachzufragen. Notfalls noch mal und noch mal. Wichtig ist, dass Kinder und Heranwachsende in ihrem direkten Umfeld Menschen kennen, die offen sind für Fragen, diese nicht durch abwertende Kommentare, ironische Bemerkungen, Schuldzuweisungen oder allgemeine Floskeln im Keim ersticken. Stellen wir uns einmal vor, uns würde auf der Arbeit jede Frage vorgehalten und wir würden als dumm abgestempelt werden. Wie furchtbar!

Beruhigend ist für mich in diesem Zusammenhang, dass die meisten Schüler und Schülerinnen, die ich kennengelernt habe, ein sicheres Gespür dafür haben, welche Menschen diese Bedingungen erfüllen, seien es Lehrer, Eltern oder andere Personen in ihrem Umfeld. Gott sei Dank funktioniert die Wahrnehmung bei den meisten jungen Menschen in diesem Bereich ausgezeichnet.

> Lukas ist ein aufgeweckter, neugieriger Junge, der als hyperaktiv diagnostiziert wurde. Im Unterricht wirkt er oft motorisch unruhig und ist mit seinen Augen und Ohren überall gleichzeitig. Dennoch bekommt er alles mit, und nimmt die Lehrerin ihn unvermittelt dran, weil sie glaubt, dass er nicht aufpasst, hat er dennoch sofort die richtige Antwort parat. Obwohl seine motorische Unruhe es nicht so erscheinen lässt, hat er alle wichtigen Informationen mitbekommen. Lukas aber beklagt sich bei mir, dass jedes Mal, wenn er nachfragt, die Lehrerin ihm unterstellt, er hätte nicht zugehört und mal wieder nicht aufgepasst. »Aber«, beschwert er sich, »ich habe es nur dann nicht verstanden, wenn ich frage.«
>
> Nachdem wir mehrere Situationen mit kleinen Figuren im Rollenspiel durchgespielt haben und ihm bewusst wird, dass die Lehrerin falsche Schlüsse aus seiner motorischen Unruhe zieht, kommt er auf die für ihn rettende Idee. Er mag seine Lehrerin und ist sich sicher, dass er ihr und sich selbst helfen könnte, wenn er seine Fragen anders formuliert. Statt z. B. zu sagen: »Wie geht das denn?« möchte er beim nächsten Mal Folgendes ausprobieren. Er nimmt sich vor, den Satz anders zu beginnen: »Frau K., ich habe gehört, was Sie gesagt haben, aber ich habe es trotzdem nicht verstanden. Können Sie es noch einmal anders erklären?«

Meines Erachtens war das eine beachtliche Leistung für einen Viertklässler.

> Andre besucht die 9. Klasse einer Förderschule Lernen. Es ist ihm sehr wichtig, vor seinen Mitschülern cool zu wirken. Er ist trotz seiner Beeinträchtigung sehr wissbegierig und hat viele Fragen. Eines Tages fragt er mich: »Kannst du mir den Unterschied zwischen ›Geschichte‹ und ›Erdkunde‹ erklären? Ich hab' das bis heute nicht kapiert, wo der Unterschied ist.« Nachdem ich ihm den Unterschied erklärt hatte, sagte er dann: »Weißt du, ich glaube, die anderen in meiner Klasse wissen das

> alle und wenn ich das meinen Lehrer frage, macht der sich nur lustig und sagt: ›Das ist doch nicht dein Ernst, dass du das immer noch nicht weißt.‹«

Andre kann sehr genau einschätzen, wen oder was er in der Schule fragen kann, vor allem ohne sich lächerlich zu machen.

Manchmal erlebe ich Eltern, die sich darauf versteifen und ihre Kinder immer wieder nur auffordern: »Das musst du den Lehrer fragen! Wofür gibt es die denn? Das soll der dir mal erklären!« Oder sich bei mir beklagen: »Die macht nur nicht den Mund auf! Wenn die sich trauen würde nachzufragen, würde sie …« Untermauert werden solche Sätze dann gerne mit Kommentaren wie: »Du bist bestimmt nicht die einzige, die das nicht verstanden hat.«

Das mag alles stimmen. All das setzt aber voraus, dass Fragen wohlwollend aufgenommen werden, dass Schüler ermutigt werden, Fragen zu stellen, dass wiederholte Fragen nicht gewertet werden als »vorher nicht aufgepasst« usw. Ermutigen Sie Kinder, Fragen zu stellen, beobachten Sie sich selbst, wie Sie generell auf Fragen von Kindern reagieren, und vertrauen Sie der Wahrnehmung der Kinder. Und wenn ein Kind bei einer Person ganz offensichtlich gehemmt ist zu fragen, zeigen Sie Verständnis! Jemanden, der ungehalten auf meine Fragen reagiert, einfach nicht mehr zu fragen, ist vollkommen nachvollziehbar.

> Als ich eines Tages meine Mails abrufe, finde ich eine Mail, in der sich Eltern für eine Beratung interessieren. In der Mail beschreiben sie die alltägliche Hausaufgabensituation: Sven wolle nie seine Hausaufgaben machen, er verweigere sich ständig, überhaupt wäre er einfach nur unmotiviert und faul. Er hätte einfach keine Lust am Lernen, dabei könne er die Sachen eigentlich. Auch zur Schule ginge er höchst ungern.
>
> Das erste, was mich stutzig machte, war das Alter des Jungen. Sven war gerade 8 Jahre alt geworden. Ein 8-jähriger fauler Schüler, der sich dem Lernen verweigert? Das zweite, was mich stutzig werden ließ, war, dass die Eltern mir erzählten, »eigentlich« könne er die Sachen. Was heißt denn »eigentlich«?
>
> Ich schlug den Eltern vor, mit Sven zu einer Beratungsstunde zu kommen. In dieser Stunde stellte sich heraus, dass sich Svens unmotiviertes Lernverhalten hauptsächlich auf die Mathematikhausaufgaben bezog. Bestimmte Strukturen in der Mathematik waren von ihm noch nicht verinnerlicht. Es lag bei ihm keine Rechenschwäche im eigentlichen Sinne vor. Vielmehr hatte er Lücken und benutzte falsche, kompli-

> zierte Rechenwege. Dies machte für ihn das Lernen sehr schwer. Wenn er die Hausaufgaben endlich mit viel Druck, Jammern und Hilfe hinter sich gebracht hatte, war seine Energie für andere Schularbeiten bereits verbraucht. Hinzu kam die vorwurfsvolle Haltung der Eltern, die ihn schuldig sprachen und ihm einredeten, er sei nur faul. Das wirkte sich natürlich zusätzlich auf sein Lernverhalten und seine Motivation aus.
>
> Als Sven verstanden hatte, wo die Lücken genau waren, und ich ihm einige spielerische Übungen gezeigt hatte, um diese zu schließen, schien er zufrieden zu sein. Doch richtig zufrieden war er erst, als ich sagte: »Und jetzt kommen wir zu den Aufgaben für deine Eltern.« Mit großen Augen verfolgte er, wie ich den Eltern erklärte, dass sie an ihrer Denkweise etwas ändern müssten. Sven sei nicht faul, und deshalb sollten sie auch auf derartige Aussagen verzichten. Ein Strahlen ging über Svens Gesicht und mit einem tiefen Seufzer sagte er: »Das find' ich richtig gut! Ich will das nämlich wohl alles können – ich wusste halt nur nicht wie.«

Ebenso wie durch Überforderung kann unsere Aufmerksamkeit und Konzentration jedoch auch durch Unterforderung beeinflusst werden.

> Lindas Lehrerin beschwert sich über Lindas fehlende mündliche Mitarbeit im Fach Englisch in der 8. Klasse. Hierzu gilt es zu wissen, dass Linda mit ihrer Familie regelmäßig in den USA ist und fließend Englisch spricht.
>
> Als Lindas Lehrerin bemängelt, Linda würde sich fast niemals melden, entgegnet Linda prompt: »Also, Sie wissen, dass ich es weiß und ich weiß, dass ich es weiß. Wieso soll ich dann die ganze Zeit den Arm hochhalten?«

Wer hört sich schon mit Begeisterung mehrmals das Gleiche an, wenn es doch schon sicher abgespeichert ist?! Dann schalten wir in der Regel einfach ab. Unser Gehirn möchte ja gerne Futter haben! Bekommt es immer wieder zu wenig Futter oder immer dasselbe, entsteht Langeweile, Desinteresse bis hin zu Müdigkeit. Um unserem Gehirn Abwechslung zu verschaffen, nutzen wir dann auch wieder unsere Phantasie. Im Außen kann das bedeuten, dass wir unaufmerksam werden und nicht mehr bei der Sache sind. Darüber hinwegzugehen und diese Tatsache nicht anzuerkennen, kann auch bei Unterforderung zu einer Verweigerungshaltung oder körperlichen Symptomen bei Schülern führen.

# 3

## Wer lernt wann, wie und wo?

Die Fähigkeiten des unglaublich leistungsfähigen Computers in unserem Kopf sind fast unbegrenzt. Damit die Millionen von Eindrücken, die täglich auf uns einströmen, uns nicht erschlagen, löscht das Ultra-Kurzzeit-Gedächtnis innerhalb von Sekunden Überflüssiges. Vieles nehmen wir also erst gar nicht wahr, und damit sorgt das Ultra-Kurzzeit-Gedächtnis dafür, dass wir uns leichter orientieren können. Was dabei als überflüssig empfunden und beurteilt wird, ist für jeden Menschen unterschiedlich.

Ein unbewusster Filter entscheidet in einer zweiten Stufe darüber, was von hier aus ins Kurzzeitgedächtnis gelangt. Dort bleiben die Informationen bis maximal 24 Stunden. Informationen werden nur so lange gespeichert, wie wir sie benötigen.

In Beratungsstunden erlebe ich immer wieder, dass Eltern mir Folgendes schildern: »Am Tag vor der Arbeit konnte mein Kind noch alles, aber während der Klassenarbeit war dann alles wieder weg.« Oder: »In der Klassenarbeit hat sie dann alles wieder durcheinander geschmissen.« Oder »Die Nachhilfelehrerin hat gesagt, er könne das alles, aber bei der Klassenarbeit kam dann Nichts bei raus!«

I Grundlagen des Lernens

Meiner Erfahrung nach ist es leider eben doch häufig so, dass die Informationen noch nicht im Langzeitgedächtnis abgespeichert wurden. Oft wurde der Lernstoff nur auswendig gelernt, nicht wirklich verstanden und nicht wiederholt, bis er sicher saß.

Ich vermute, dass einige Eltern mir jetzt innerlich widersprechen und behaupten: »Bei meinem Kind ist das aber anders. Der hatte nur eine Lernblockade.« Ich möchte Ihnen meine Annahme erläutern: Wenn das Wissen wirklich im Langzeitgedächtnis angekommen wäre, müsste es doch in einer entspannten Atmosphäre wieder abrufbar sein. Und genau das überprüfe ich nach solchen Aussagen von Müttern oder von Schülern. In solchen Gesprächen ist an der Sprache der Schüler allzu oft herauszuhören, dass der gelernte Stoff eben doch nicht sicher sitzt, dass es eben nicht langfristig abgespeichert wurde.

Die Erklärungen der Schüler klingen nämlich dann so: »Doch, so was haben wir gemacht! Ich bin *nicht mehr ganz sicher*. Ich *glaube*, da muss man jetzt die Zahl mal die Zahl nehmen und dann ... oder ... *nein, anders,* man muss unten die Zahlen ...«

Erst wenn Informationen in einer dritten Stufe den letzten Filter im Kopf durchlaufen haben, entscheidet sich, ob die Informationen wieder gelöscht werden oder endgültig im Langzeitgedächtnis abgespeichert werden. Auch hier gibt es mehrere Möglichkeiten:

Es gibt Informationen, die als so intensiv empfunden werden, dass Sie auf direktem Wege ins Langzeitgedächtnis gelangen. Andere Informationen werden sofort gespeichert, weil sie wirklich wichtig sind. Stellen Sie sich vor, Ihr Kind fällt nur mit einer kurzen Hose bekleidet in die Brennnesseln. Diese Information ist sozusagen von »brennendem Interesse« und dementsprechend wird sie direkt abgespeichert, sie geht sofort ohne Umwege ins Langzeitgedächtnis. Beim Anblick von Brennnesseln werden wir uns an diese Erfahrung sofort erinnern und den Kontakt von Haut mit Brennnesseln vermeiden. Wir haben diese Erfahrung abgespeichert und reagieren darauf. (Gut, ich gebe zu, dass es einige Kinder gibt, die auch hier eine Wiederholung benötigen. Das sind aber die wenigsten.)

Es gibt jedoch auch Momentaufnahmen bzw. Informationen, die abgespeichert werden, weil nur wir sie mit etwas Bekanntem oder für uns Wichtigem verbinden. Da dies auf den sehr individuellen Erfahrungen beruht, mögen das für Außenstehende völlig unbedeutende Dinge sein.

Besonders kostbar für das Lernen sind die Momente, in denen wir überraschenderweise einen Aha-Effekt erleben und unser Wissen sprunghaft erweitert wird oder wir Zusammenhänge plötzlich begreifen. »Ach so ist das!« oder »Ich hab's!« sind dann typische Äußerungen. Diese Momente

3 Wer lernt wann, wie und wo?

sind selbst nicht planbar und hängen von vielen Faktoren ab, wie beispielsweise unseren Erfahrungen und Vorkenntnissen, aber ebenso von unserem inneren Zustand, z. B. ob wir entspannt, aufnahmebereit, emotional beteiligt, gelassen sind.

Andererseits erlernen wir Menschen, wie in folgendem Beispiel verdeutlicht, viele Fähigkeiten auch unbewusst. Hierbei handelt es sich um Erfahrungswissen durch wiederholtes Üben.

Laura ist zwei Jahre alt. Hoch vom Fahrradsitz aus beobachtet sie neugierig ihre Umgebung. Laura denkt noch nicht darüber nach, ob sie selber Fahrrad fahren kann oder ob sie es erlernen möchte.

Zwei Jahre später, Laura ist 4 Jahre alt, möchte sie jetzt unbedingt Fahrrad fahren lernen. Jeden Tag übt sie. Irgendwann kann sie das Gleichgewicht und die Fahrtrichtung halten. Dabei ist sie noch sehr angestrengt und hoch konzentriert. Irgendwann aber kommt der Moment, an dem es von alleine klappt: Sie hat die nötigen Abläufe automatisiert und verinnerlicht. Heute fährt sie völlig sicher. Das Radfahren ist leicht geworden und vollzieht sich ohne jede Anstrengung, automatisch.

Was hier bei Laura geschehen ist, ist ein allgemeiner Lernprozess.

Mit 2 Jahren ist Laura noch nicht bewusst, dass es eine Fähigkeit gibt, die sie noch nicht beherrscht. Mit zunehmendem Alter verwandelt sich ihr unbewusstes Nichtkönnen (Stufe 1) in ein bewusstes Nichtkönnen (Stufe 2),

d. h. Laura, jetzt 4 Jahre alt, wird bewusst, dass sie noch nicht Radfahren kann. Somit macht sie den ersten Schritt: Sie lenkt ihre Aufmerksamkeit auf das Objekt Fahrrad, sie nimmt das Fahrradfahren als mögliche Tätigkeit wahr. Sie ist interessiert und begeistert davon, Fahrradfahren zu wollen. Wie alle Kinder verspürt sie aus einer angeborenen Neugierde heraus den natürlichen Impuls, lernen zu wollen.

Nun vollzieht sich der Übergang von der zweiten zur dritten Stufe. Laura beginnt zu üben, und nach wiederholten Versuchen klappt es endlich. Sie ist sehr konzentriert bei der Sache. Das Gleichgewicht halten, gleichzeitig die Pedale treten, richtig lenken und aufpassen, dass sie beim Absteigen nicht mit dem Rad umkippt. In dieser dritten Stufe erwerben wir ein bewusstes Können. Diese Stufe erfordert eine hohe Konzentration und auch die Bereitschaft, sich anzustrengen. Mit jedem Üben aber wird es leichter und leichter, und so schaffen wir endlich den entscheidenden Übergang zur vierten Stufe innerhalb eines Lernprozesses. Das Gelernte wird »automatisiert«. Der Ausspruch »Übung macht den Meister«, den viele kennen, bezieht sich genau auf diesen Aspekt. Für Laura hat sich das Üben gelohnt. Heute beherrscht Laura das Fahrradfahren sicher. Sie hat den Lernprozess erfolgreich gemeistert, es steht ihr als unbewusste Fähigkeit im Alltag zur Verfügung. Würde man sie fragen, welche Bewegungsabläufe sie genau nacheinander durchführen musste, um das zu lernen, könnte sie dies nicht beantworten.

Würde man sie jetzt jedoch fragen, ob Fahrrad fahren leicht oder schwer ist, würde sie mit Überzeugung sagen: Fahrradfahren ist ganz leicht. Für diese Art des Lernprozesses gilt also zunächst einmal, dass nach mehrmaligem Üben der Übergang zur Automatisierung stattfindet. Wir erreichen somit die vierte Stufe innerhalb des Lernprozesses.

Viele alltägliche Funktionen, wie das Laufen, das Zähneputzen, Schuhe zubinden usw., sind bereits automatisiert. Wir brauchen nicht mehr darüber nachzudenken, wir machen sie einfach nebenbei, d. h. wir benötigen hierfür kaum Energie. Der Vorteil dieser automatisierten Fähigkeiten ist, dass Sie sich schon gedanklich mit einer anderen Sache beschäftigen können. Der Körper vollzieht quasi die Handlung alleine, der Kopf ist frei.

Allerdings führt der Weg zur Meisterschaft, also der Übergang von der dritten zur vierten Stufe, keineswegs stetig bergauf. Beim Üben wechseln sich mehrere Phasen ab: Wir probieren etwas aus, sind aufmerksam und konzentriert bei einer Sache und plötzlich haben wir es geschafft. Wir machen einen deutlichen Lernfortschritt. Wir sind begeistert und erwarten, dass es nun mit jedem Mal so weitergeht. Aber weit gefehlt: Beim nächsten und übernächsten Mal scheint es wieder nicht zu funktionieren. Dann sagen wir: »Aber eben habe ich es gekonnt!« Und nach ein paar weiteren Versuchen klappt es dann wieder.

Um ein neues Verhaltensmuster zu integrieren oder ein altes zu ersetzen, bedarf es der wiederholten Übung. Dabei gibt es immer wieder Phasen, in denen es scheinbar kein Weiterkommen gibt. Das heißt, Lernen findet in Schüben statt.

Sie kennen alle den berühmten Vorführeffekt, der seinen Grund in den oben geschilderten Phasen hat:

> Lea übt seit Tagen mit drei Bällen zu jonglieren. Bisher wollte es ihr einfach nicht gelingen. Aber heute, endlich, hat sie es geschafft. Lea ist begeistert und läuft mit den Bällen zu ihrer Mutter. »Mama, Mama, guck mal, jetzt kann ich es!« ruft sie. Als sie es ihr stolz vormachen will, klappt es trotz wiederholter Versuche leider nicht.

Dieser Effekt ist bekannt und jeder kennt ihn aus dem kindlichen Lernen im Spiel.

Wie sieht es nun bei schulischen Lernprozessen aus?

Beim Schuleintritt sind Kinder von der Idee, Lesen und Schreiben zu lernen, meist noch begeistert. Sie wollen sich vollkommen darauf einlassen. Ab jetzt heißt das: üben, bis es klappt. Bis hierhin folgen Ihnen die Kinder in der Regel ohne Probleme. Sie geben sich Mühe, denn es ist ihnen ein Anliegen, das Lesen und Schreiben ebenso wie das Rechnen zu lernen. Sie üben und wiederholen, und dieser Teil des Lernens ist Kindern sehr vertraut. Sie lernen durch Nachahmung, durch Versuch und Irrtum. Zu üben, sich Mühe zu geben, ist somit ein natürlicher Bestandteil des Lernens.

Ob wir uns auf einen Lernprozess einlassen und wie weit wir ihn durchlaufen, hängt dabei von mehreren Faktoren ab. Die meisten Kinder durchlaufen die normalen Prozesse des Lesen-, Schreiben- und Rechnenlernens und automatisieren erfolgreich diese Grundfähigkeiten. Bei Kindern, denen dies nicht gelingt, ist es zunächst wichtig zu erkennen, dass bestimmte Lerninhalte sich nicht setzen und ggf. nicht automatisiert sind. Diese Lerninhalte können sich dabei teilweise inhaltlich noch im sehr grundlegenden Bereich befinden: So kann es etwa sein, dass ein Kind noch nicht alle Laute automatisiert hat, auch wenn es bereits in der dritten oder vierten Klasse ist. Anstelle von Druck sollte diesen Kindern zunächst einmal viel Verständnis und Wohlwollen entgegengebracht werden, so dass gemeinsam die noch vorhandenen Stolpersteine aus dem Weg geräumt werden können.

So wie Laura nicht beschreiben kann, was sie im Einzelnen bei den Bewegungsabläufen alles berücksichtigt hat, um Fahrradfahren zu können, so können Erwachsene auch nicht benennen, welche Einzelheiten dazu geführt haben, dass sie heute entspannt und ohne Anstrengung lesen können.

Sinnvoll ist es daher immer, Kindern zunächst einmal zu erzählen, dass sie unbewusst schon viel gelernt haben. Es ist spannend, mit einem Kind bewusst wahrzunehmen und zu entdecken, wie ein Lernprozess abläuft und dass sie diesen Prozess der Automatisierung schon viele Male bei anderen Tätigkeiten erlebt haben.

Um Kindern zu helfen, die hier Schwierigkeiten haben, müssen Lernprozesse, die bei uns zum Teil unbewusst stattgefunden haben, zerlegt werden in alle Einzelteile. Nur wenn ich um die Einzelteile weiß, kann ich erkennen, wo das Kind »steht«. Dafür ist auf der einen Seite eine differenzierte Sichtweise und das Wissen um die einzelnen Bausteine notwendig, aber auf der anderen Seite steht ein Kind, welches besser als jeder andere weiß, wo im Lernprozess es sich gerade befindet und was ein nächster Schritt sein kann. Der Weg kann also nur gemeinsam beschritten werden.

> Kevin tut sich schwer beim Lesen. Immer wieder muss er sich die Wörter mühevoll erlesen, während andere Kinder sie auf Anhieb wiedererkennen. Um einen Text zu erlesen, benötigt er dementsprechend sehr viel mehr Energie. Etliche Buchstaben kann er noch nicht schnell und sicher benennen. Viel schneller als die anderen wird er unkonzentriert und ist häufiger abwesend. Seine Energie ist einfach schneller verbraucht. Kevin kann sich nicht vorstellen, dass jemand freiwillig und auch noch gerne liest. Er vermeidet Lese-Situationen und drückt sich am liebsten davor.

Wird der Zustand der Automatisierung nicht erreicht, müssen die Kinder eine Unmenge mehr an Energie aufbringen, was sich in der Folge in mangelnder Konzentration, Unruhe, Verhaltensauffälligkeiten, Vermeidungsstrategien und Lustlosigkeit zeigt.

Als Erwachsene hängt unsere Entscheidung für neue Lernbereiche auch von unseren Vorlieben und Talenten, mitunter von äußeren Begebenheiten und Möglichkeiten, die uns geboten werden, ab. Ob wir uns als Erwachsene entscheiden, Spanisch zu lernen, Salsa zu tanzen, ein Instrument oder eine Sportart zu erlernen, die Möglichkeiten scheinen erst einmal unbegrenzt zu sein und wir haben viele Wahlfreiheiten.

Was aber könnte uns davon abhalten, so etwas Neues zu lernen? Die Motivation war nicht ausreichend, heißt, wir haben es versucht, doch es war nicht so einfach, wie gedacht. Oder es kommt Angst ins Spiel: Angst davor zu versagen, Angst aufgrund negativer Erfahrungen oder Angst vor ungerechten Vergleichen und Bewertungen. Egal was es ist, wichtig ist, sich klar zu machen, dass all diese Prozesse völlig normal sind und wir als Erwachsene nicht zulassen würden, dass Außenstehende uns dafür maßregeln oder verurteilen. Wir können eine Menge lernen, wählen aber für uns aus und entscheiden uns teils bewusst gegen das Lernen bestimmter Fähigkeiten. Wir sagen dann: »Wir müssen schließlich nicht alles können. Das überlasse ich lieber anderen.«

Schwierig ist dies für die Kinder, die sich in einem Bereich der Kulturtechniken, wie etwa dem Lesen, Schreiben und Rechnen, sehr schwertun und aufgrund ständiger Misserfolgserlebnisse entscheiden, dies nicht mehr lernen zu wollen. Die Entscheidung ist dabei genauso nachvollziehbar wie bei jedem anderen Bereich, der uns aufgrund fehlender Erfolge demotiviert. Doch haben Kinder, die sich im Bereich der Kulturtechniken schwertun, nicht die Möglichkeit, um diesen einfach einen großen Bogen zu machen. Denn ganz ohne Lesen, Schreiben und Rechnen geht es eben nicht.

Im schlimmsten Fall wird den Kindern hier wenig Verständnis entgegengebracht und, im Gegenteil, noch Druck erzeugt und Vorwürfe wegen der mangelnden Motivation gemacht. Umso wichtiger ist es, dass es andere Bereiche gibt, über die sie selbst bestimmen dürfen, die sie selbst wählen dürfen und in denen sie sich frei entfalten können. Für die Kulturtechniken benötigen sie inspirierende Lehrer und Lernbegleiter, die kreative Lösungen suchen. Die Grundlage dafür ist eine verständnisvolle gute Beziehung zu dem Kind.

Wie also sieht der Automatisierungsprozess zum Beispiel beim Lesen- und Schreibenlernen aus? Was müssen wir darüber wissen?

Zunächst einmal gilt, dass Automatisierung bedeutet, dass eine Aufgabe vom Kind mit Leichtigkeit beantwortet werden kann – ohne nachzudenken. Die Antwort kommt dann quasi »Wie aus der Pistole geschossen!«

Auf die Frage: »Was sind 3 + 3?« antwortet das Kind, ohne zu überlegen: »Natürlich 6!« Und auf die Frage: »Und, fandest du die Aufgabe schwer?«, würde das Kind antworten: »Ne, das war doch babyleicht!« Das bedeutet automatisiert!

Es gibt Lerninhalte, die *automatisiert* sein müssen, da sie die Basis bilden, um andere Fähigkeiten zu erlangen. Um Lesen und Schreiben zu können, müssen Kinder zum Beispiel die Buchstaben und Laute sicher beherrschen, um in einem zweiten Schritt dann Wortbilder schnell und sicher zu erkennen.

Automatisierung ist auch wichtig bei allen Plus- und Minusaufgaben unter 10. Wünschenswert wäre auch eine Automatisierung der 1 x 1 Aufgaben nach mehreren Jahren Schulbesuch, da es die Rechenart ist, die im Alltag am häufigsten benötigt wird.

Gibt es Antworten, die trotz häufiger Wiederholung immer noch nicht leicht abrufbar sind, so sind diese Informationen eben noch nicht automatisiert!

In der Schule erkennen Sie dieses Kramen und Suchen nach Antworten oft an den Augenbewegungen der Schüler. Ein Lehrer stellt eine Frage: Der Schüler weiß die Antwort, aber nicht auf Anhieb. Er überlegt, dabei schaut er nach links oben, er kramt und kramt und zwar im passiven Teil seines Langzeitgedächtnisses. Nach einem innerlichen »Was war noch gleich die Antwort?« und »Ach ja, ich hab's« hat er die Antwort gefunden. Übrigens schauen fast alle Menschen nach links oben, wenn sie sich »erinnern«. Nur bei einem geringen Prozentsatz der Menschen ist die Blickrichtung nach rechts oben, wenn sie sich »erinnern«. Für das Konstruieren einer Antwort, wenn wir uns also etwas ausdenken oder neu vorstellen, gilt die umgekehrte Blickrichtung.

In solchen Momenten lösen Sätze wie: »Die Antwort steht nicht unter der Decke. Guck mich gefälligst an, wenn ich dich was frage!« nur Stress aus. Verständnis und ein Hinweis: »Lass dir ruhig einen Moment Zeit!« und im Anschluss vielleicht: »Was kannst du tun, damit du beim nächsten Mal die Antwort schneller findest?« wären hier deutlich hilfreicher.

Auch Aussagen wie: »Wenn er einen guten Tag hat, dann kann er es!« Oder: »Gestern konnte er es noch, und am nächsten Tag ist alles wie weggeblasen!« sind ein Hinweis darauf, dass die Automatisierung noch nicht abgeschlossen ist. Dazu gehören auch Äußerungen von Erwachsenen, die mir sagen: »Das haben wir jetzt so oft wiederholt und durchgenommen, das muss er können!«

Das ist leider ein Trugschluss, denn wir sind nicht diejenigen, die festlegen, wann die Information im Kopf eines Kindes automatisiert abgerufen werden kann. Nicht wir entscheiden, wann die Information vom Kurzzeitspeicher des Gehirns in den Langzeitspeicher gelangt und dort verarbeitet wird.

Das entscheidet sich im Kopf eines Kindes. Und hier gibt es große Unterschiede. Es gibt Kinder, die 10 Wiederholungen benötigen, und dann speichern sie einen Buchstaben ab. Andere benötige 100 Wiederholungen, andere 1000 und wieder andere mehr als 10.000 Wiederholungen. Fakt ist, ich brauche die Buchstaben und Laute, um lesen zu können. Sind die einzelnen Informationseinheiten verinnerlicht, bedarf es nur eines Bruchteils der Anstrengung im Gehirn, die es bei nicht automatisierten Inhalten leisten muss.

Deshalb sollte viel Abwechslung (etwa in Form von Lernspielen) eingebaut werden. Außerdem sollten die Einheiten nicht zu lang sein. Übrigens können Kinder, ebenso wie wir Erwachsenen, Inhalte leichter abspeichern, wenn sie entspannt sind und Humor bzw. eine gewisse Leichtigkeit im Spiel ist.

Sind Inhalte automatisiert, so sind diese nicht tagesformabhängig einmal besser und einmal schlechter abrufbar, sondern *immer* da. Und das heißt, dass das *Lernen leichter wird*.

Erinnern Sie sich bitte einmal daran, wie Sie Autofahren gelernt haben. Versuchen Sie, sich an Ihre erste Fahrstunde zu erinnern. Wie viel Energie mussten Sie anfangs aufbringen, um die Abläufe abzuspeichern und umzusetzen? Aber Sie waren von der Idee, Auto fahren zu können, begeistert. Vielleicht haben Sie sich sogar ausgemalt, wie sehr Sie Ihren Radius erweitern würden, mit wem Sie gerne mal eine Spritztour machen würden. All dies hat Ihre Motivation, sich anzustrengen und sich dieser Herausforderung zu stellen, mit beeinflusst.

Und dann ging es los: Anschnallen – Motor starten – Innenspiegel – Außenspiegel – Gang einlegen – Gas geben, gleichzeitig die Kupplung kommen lassen ... Sie waren hochkonzentriert und angestrengt bei der Sache. Mit jeder Fahrstunde ging es dann ein wenig besser. Sie wurden immer sicherer. Ihr Gehirn hat die Abläufe nach und nach abgespeichert und automatisiert. Nach etwas Übung brauchten Sie nicht mehr an die einzelnen Schritte zu denken. Heute sind Sie im Autofahren ein »Meister«. Stellen Sie sich einmal vor, Sie müssten heute noch genauso viel Energie aufbringen wie damals! Würden Sie dann heute überhaupt Auto fahren? Ich nehme an, Sie antworten ebenso wie viele andere Erwachsene mit einem klaren »Nein!«

Ein Kind, das schon seit zwei Jahren versucht zu lesen, dem es aber noch immer extrem schwerfällt, liest im Grunde mit der Anstrengung der ersten Fahrstunde. Und das soll es wiederholt und wiederholt tun, denn die Erwachsenen sind der Meinung, irgendwann käme das schon von alleine. Dabei wächst der Umfang der Lesetexte, denn bei den anderen Kindern der Klasse hat die Automatisierung weitgehend ja schon stattgefunden. Je bewusster ich dies als Kind wahrnehme, desto frustrierender ist es.

Erinnern sie sich noch einmal, was in dem Prozess des ersten Autofahrens passiert ist.

Sie sind ganz bewusst in Reihenfolgen vorgegangen und mussten sich diese sehr bewusst machen: Innenspiegel, Außenspiegel, Zündung. Das bedeutete, alle Abläufe benötigten mehr Zeit und eine höhere willentliche Anstrengung und Konzentration war erforderlich. Die neuen Herausforderungen hat der Fahrlehrer für Sie gut portioniert. Zu viele neue Informationen und Aufgaben hätten Sie überfordert, denn die Aufnahmekapazität für neue Informationen ist nur begrenzt.

Sind Ihnen Fehler unterlaufen? Haben Sie den Motor abgewürgt oder beim Zurücksetzen schon mal die Bremse mit dem Gaspedal verwechselt? In der Regel passiert genau das. Solange Dinge noch nicht automatisiert sind, unterlaufen uns mehr Fehler. Auch benötigen wir mehr Zeit, d.h. die Geschwindigkeit ist langsamer. Mit der heutigen Sicherheit geht Einparken oder Zurücksetzen des Wagens deutlich leichter, aber auch schneller.

Waren Sie nach den ersten Fahrstunden froh, dass Sie es geschafft hatten, vielleicht sogar erschöpft? Und hätte der Fahrlehrer Ihnen angeboten, noch eine Stunde dranzuhängen? Viele hätten dann wahrscheinlich dankend abgelehnt! (Natürlich nicht die, die vorher schon mal heimlich geübt haben oder die sich die Abläufe sehr schnell merken konnten.)

Was wäre, wenn der Fahrlehrer Sie zwischendurch mit Anekdoten aus seinem Leben unterhalten hätte oder das Radio aufgedreht hätte, um seinen Lieblingssender zu hören, oder womöglich ans Handy gegangen wäre, um zu telefonieren? Sie wären vermutlich vollkommen zu Recht irritiert gewesen und hätten viele der Schritte nicht mehr sicher abrufen können.

Wenn wir diese Erfahrungen übertragen auf den Lernprozess des Lesens, kann man erkennen, was im Prozess der Automatisierung geschieht.

Solange wir Informationen noch mit dem Kurzzeitspeicher verarbeiten,

- ist die Aufnahmekapazität bei den Kindern eingeschränkt;
- benötigen sie mehr Zeit, weil die Geschwindigkeit gering ist;
- benötigen sie ihre volle Aufmerksamkeit und müssen sich bewusst anstrengen;
- unterlaufen ihnen mehr Fehler;
- ist es ihnen oft nicht möglich, parallel auf Inhalte zu achten.

Und all das geschieht nicht bewusst, sondern unbewusst.

Um eine Automatisierung sicherzustellen, muss also sehr genau geschaut werden, wie die benötigte Anzahl an Wiederholungen geschaffen wird. Denn erst, wenn Automatisierung eintritt, ist Folgendes möglich:

- Die Informationen gelangen ins Langzeitgedächtnis und können somit zu jeder Tageszeit unabhängig von der »Tagesform« sicher abgerufen werden.
- Man kann parallel andere Dinge tun (wie etwa beim Lesen den Inhalt eines Textes wahrnehmen).

- Man muss sich deutlich weniger konzentrieren und benötigt somit deutlich weniger Energie, um eine Aufgabe zu lösen. Es fühlt sich leicht und einfach an.
- Man wird deutlich schneller.
- Die Wahrnehmung wird schärfer, mehrere Informationen können auf einen Blick erfasst werden.
- Man muss bei Antworten nicht mehr lange überlegen und zögern, sie kommen sicher und direkt.

Insbesondere Kinder, die eine Sprachentwicklungsverzögerung haben, aber auch Kinder, deren Muttersprache nicht Deutsch ist, zeigen häufig in bestimmten Bereichen Schwierigkeiten.
Diese Bereiche sind:

- akustische Differenzierung,
- Sicherung der Laute,
- akustisches Gedächtnis für Sätze,
- abstrakte Sprache,
- Handlungsanweisungen,
- Arbeitsanweisungen,
- Regelwerk,
- mathematische Sprache.

Speziell die drei folgenden Bereiche stellen für diese Kinder eine besondere Herausforderung dar: Der Bereich der akustischen Differenzierung, der Lautbildung sowie der des akustischen Gedächtnisses für Sätze.
Normalerweise erhalten Kinder in den ersten Lebensjahren durch enge Bezugspersonen die Möglichkeit, ausreichend angesprochen zu werden, ihnen wird vorgelesen, Fingerspiele und Abzählreime werden gespielt und die Bezugspersonen motivieren die Kinder durch Aufmerksamkeit und positives Feedback, Laute von sich zu geben und nach Geräuschen zu lauschen.
Fand in einem oder mehreren dieser drei Bereiche in den ersten Lebensjahren wenig Wiederholung, wenig Ansprache statt, so benötigen Kinder in der Regel eine höhere Anzahl an Wiederholungen, um diese Bereiche aufzuarbeiten und hier sicherer zu werden.
Betrachtet man den Bereich der abstrakten Sprache, beinhaltet dieser all die Begrifflichkeiten, die als »Fremdwörter« in der Schule auf die Kinder zukommen. Lateinische Begrifflichkeiten (»Subtraktion«, »Präsens«) ebenso wie abstrakte Ausdrücke (»Quintessenz«, »Moral«) sind für Kinder mit einer Sprachentwicklungsverzögerung besonders herausfordernd. Im

## I Grundlagen des Lernens

Idealfall erhalten sie die Möglichkeit, diese anhand bildhafter Eselsbrücken abzuspeichern, und haben ausreichend Zeit, sie selbst mehrfach anzuwenden (gemeint ist tatsächlich das Aussprechen dieser Wörter), so dass die Wörter ins Langzeitgedächtnis übergehen können.

Bei Handlungs- und Arbeitsanweisungen »stolpern« viele dieser Kinder, da sie häufig sehr bildhaft an diese herangehen und dadurch vieles *sehr* wörtlich nehmen. Werden sie etwa aufgefordert, sich »im Raum zu verteilen«, »die mathematischen Flächen zu benennen«, sind sie häufig unsicher: »Wie verteile ich mich denn selbst im Raum?« und »Soll ich den Flächen jetzt einfach irgendwelche Namen geben? So wie Tom oder Anne?«

Häufig ist deshalb für diese Kinder der erste Stolperstein bei einer Aufgabe bereits, bevor die eigentliche Aufgabe beginnt, die Formulierung dieser. Umso wichtiger ist es hier, immer zu schauen: »Welche clevere Frage kann ich mir stellen, wenn ich nicht weiß, was ich tun soll? Gibt es ein Wort, was ich nicht verstehe? Erinnert mich die Frage an etwas anderes?« usw.

Ermutigen Sie deshalb immer wieder die Kinder, Fragen zu stellen, diese ernst zu nehmen und nicht als unlogisch oder falsch abzustempeln. Die Grundregel lautet: Es gibt keine dummen Fragen!

Der Bereich des Regelwerks umfasst etwa alle Grammatikregeln. Kinder, die sich mit Sprache schwertun, neigen dazu, auch in weiterführenden Schulen noch eher auf die »Babyregeln« zurückzugreifen, die eigentlich für die »Startphase« der Schule gedacht sind. Nehmen wir als Beispiel einmal die Groß- und Kleinschreibung. Hier hieße die Babyregel »Ich schreibe alles groß, was ich sehen und anfassen kann.« Mit dieser Regel allein kommt man leider nur dazu, einen Bruchteil dessen, was im Deutschen tatsächlich großgeschrieben werden muss, abzudecken. Denn es gibt viele tausende Wörter, die man großschreibt, obwohl man sie weder sehen noch anfassen kann. Die »Profiregel«, die letztendlich alle Nomen abdeckt, hieße »Ich schreibe alles groß, wovor ich einen Artikel setzen kann.« Häufig kennen Kinder mit einer Sprachentwicklungsverzögerung eine Regel aus dem Unterricht und können diese auch zitieren (z. B. »He, she, it, das s muss mit«), doch wenn ich sie frage, ob sie mir erklären können, was diese Regel bedeutet, haben sie häufig überhaupt keine Idee. »Das weiß ich nicht, aber die klingt irgendwie lustig, die Regel. Meine Lehrerin sagt die auch immer«, ist mir schon häufig in ähnlicher Weise im Gespräch mit Schülern begegnet.

> Emil besucht die erste Klasse, und obwohl er jetzt schon fast das erste Schuljahr hinter sich hat, kann er Wörter nicht lesen, und bis auf drei Buchstaben will sich die Automatisierung der Buchstaben nicht einstel-

len. Er kann sich die Buchstaben bzw. die Laute einfach nicht merken. Wiederholt darf er die gleichen Arbeitsblätter bearbeiten, aber die Laute, die er da malt und malt, flüstern ihm nicht wiederholt zu, wie sie sich anhören. So sitzt er da und bemüht sich, die Aufgaben brav zu erledigen und kommt dabei oftmals an seine Grenzen. Immer wieder ruft er dazwischen, steht vom Tisch auf oder seine Augen wandern durch den Raum und ihm fällt dabei etwas Spannendes auf, was er laut kommentiert. Emil würde lieber spielen und sich bewegen, aber er möchte auch lesen können wie die anderen Kinder.

Als ich ihm erzähle, dass man die Buchstaben auch durch Spiele lernen kann, und ihn frage, ob er Lust hat, mit mir solche Spiele zu spielen, ist er sofort begeistert. Kurze Zeit später springt er durch den Raum mit einer Fliegenklatsche, haut begeistert auf die Karten mit Buchstaben und ruft diese. Auch eine Memoryvariante mit Buchstaben und ein Bingo Spiel begeistern ihn. Dann denken wir uns gemeinsam Spiele aus, u. a. verstecken wir Buchstaben in einem großen Sandberg und suchen nach den Buchstabenschätzen.

Dabei stellen wir uns vor, was wir finden: A für einen goldenen Armreif, G für Goldstücke, B für einen goldenen Becher und das E für einen Edelstein.

Wenn ich auf Fortbildungen dieses oder ähnliche Beispiele erzähle, ist der erste Einwand immer: Ja das hört sich ja schön an, aber wir haben keine Eins-Zu-Eins-Situation und wir haben auch gar keine Zeit dafür. Auf der anderen Seite gibt es jedoch auch Pädagogen, die mir bestätigen, dass sie in Förderstunden sehr wohl Zeit für solche Spiele hätten, solange die Spiele auf Kleingruppen übertragbar sind. Aber kreative Ideen und Spiele sind leider nicht Bestandteil eines Lehramtsstudiums. Dabei müssten besonders Lehrer der unteren Klassen eine Vielzahl von Spielen kennen und in der Lage sein, spontan zu unterschiedlichen Themen eine Stunde ohne Arbeitsblätter gestalten zu können.

Ich bin auf einer Fortbildung für Mitarbeiter/innen eines großen Trägers im Offenen Ganztag. Die Fortbildung geht über mehrere Tage und findet immer im Vormittagsbereich statt, so dass die Teilnehmer nachmittags ihrer Tätigkeit im Offenen Ganztag nachgehen können. Wir sprechen über den Leselernprozess, und ich fantasiere, wie ich mir eine spontane Stunde vorstellen könnte. Ich würde gemeinsam mit den Erstklässlern zunächst überlegen, wer von ihnen weiß, mit welchem Buchstaben sein Name beginnt, und würde die Anfangsbuchstaben nach der

Reihe nennen lassen. Anschließen würde sich die Frage, ob wohl alle Kinder ein Tier finden, das mit dem gleichen Buchstaben anfängt wie ihr Vorname. Und in einem nächsten Schritt würden wir auch etwas Leckeres zu essen finden, das ebenfalls mit dem gleichen Buchstaben anfängt: Z. B. Emil Elefant isst gerne Erdbeereis. Fällt einem Kind kein Tier ein, dürfen alle anderen Vorschläge machen, und das Kind entscheidet dann für sich.

Nachdem alle Kinder sich ihr Tier und etwas zu Essen ausgesucht haben, frage ich, was wir als nächstes suchen sollen. Vielleicht etwas, womit man gerne spielt, was es in der Schule oder Zuhause gibt, ein Spiel oder etwas zum Anziehen, das mit dem gleichen Laut anfängt: Und nach mehreren Runden dürfen sich immer zwei, drei oder vier Kinder zusammen tun und ein großes Bild zu einem Buchstaben, z. B. ein A, malen. Alle Tiere und Gegenstände, die ihnen zu diesem Buchstaben einfallen, werden dann auf das Blatt gemalt.

Zwei der Teilnehmerinnen kamen an dem darauffolgenden Tag zu mir und beide berichteten, dass sie meine Idee ausprobiert hätten und über die Wirkung erstaunt waren. Obwohl der Unterricht zu Ende war und auch die Lernzeit bereits beendet, kamen mehr und mehr Kinder zusammen, die alle mitraten wollten. »Ich war irgendwann umzingelt von über 20 Kindern«, erzählte die eine Teilnehmerin, »und die Kinder wollten gar nicht aufhören.«

## Der Lern-Akku

Kinder lernen ebenso wie wir Erwachsenen nicht nur während sie sich mit Inhalten beschäftigen, sondern sie lernen auch in den Pausen, in denen sie scheinbar nichts tun. Zu glauben, dass deswegen auch in unserem Gehirn ein Stillstand herrscht, ist ein großer Irrtum. Wir Menschen brauchen Pausen, damit unser Gehirn ganz in Ruhe alles neu ein- und zuordnen kann. Es gibt Kinder, die erschöpft und gähnend über ihren Aufgaben in der Schule sitzen, sobald sie aber nach draußen gehen dürfen und sich bewegen, ist wieder Energie da. Leider wird dies manchmal von Erwachsenen falsch gedeutet, und den Kindern wird unterstellt, dass sie darauf Einfluss nehmen könnten, wann und wofür sie wieviel Energie zur Verfügung hätten. Dies ist aber nicht der Fall.

Mit dem Akku eines Menschen verhält es sich ebenso wie mit allen anderen Akkus. Für die unterschiedlichen Lernbereiche stehen jeweils begrenzte Energien zur Verfügung. Es gibt Kinder, die schon bei vielen Kleinigkeiten im Schulalltag, einzelnen Buchstaben, Wörtern, Begriffen, Symbolen oder Rechenaufgaben wesentlich mehr Energie verbrauchen als ihre Mitschüler. Sie müssen nachdenken, herleiten, nach Verbindungen suchen, mühsam hochzählen. So entstehen zahlreiche kleine Momente, in denen sie ihre Gedanken ganz bewusst auf Details lenken müssen. Das kostet viel Energie!

Die Menge aber ist entscheidend, denn irgendwann ist der Akku leer. Auf Kinder, die in einem oder mehreren Lernfächern einen verhältnismäßig hohen Energieaufwand benötigen, treffen viele der nachfolgenden Punkte zu:

- Sie ermüden schneller.
- Sie sind unkonzentriert.
- Sie arbeiten langsam und schaffen nicht das gleiche Pensum wie ihre Mitschüler.
- Sie sind leichter ablenkbar.
- Sie wirken unruhig und/oder zappelig.
- Sie klagen zum Teil über Bauch- und Kopfschmerzen.
- Sie empfinden Hausaufgaben als Last.
- Sie sind leicht reizbar, wenn ihnen etwas erklärt wird.
- Sie benötigen Unterstützung, um überhaupt mit den Hausaufgaben zu beginnen.

An dieser Stelle meiner Erklärungen höre ich auf Vorträgen manchmal einen elterlichen Einwand, den ich Ihnen nicht vorenthalten möchte:

»Aber, wenn ich dann mal richtig laut werde oder meinem Sohn/meiner Tochter sage: ›Wenn du dich jetzt nicht dransetzt und die Hausaufgaben in zwanzig Minuten fertig hast, dann kannst du nicht...!‹ Und wissen Sie was? Dann geht es auf einmal!«

Stimmt! Ich gebe Ihnen Recht. Das kann durchaus funktionieren. Vielleicht nicht in jedem Fall, aber die Möglichkeit besteht! Allerdings gebe ich etwas zu bedenken, und beginnen möchte ich wieder mit einem Vergleich, den Sie als Erwachsene sicher wieder gut nachvollziehen können:

Stellen Sie sich vor, Sie haben einen sehr anstrengenden Arbeitstag hinter sich. Einer dieser Tage, an dem Sie das Gefühl haben, es reicht, Sie sind am Ende mit Ihren Kräften und freuen sich nur noch darauf, nichts mehr tun zu müssen. Das Schicksal hat jedoch anderes mit Ihnen vor: Etwas Unvorhergesehenes passiert! Etwas, das Ihre ganze Aufmerksamkeit und sehr viel Energie in Anspruch nimmt. Und wissen Sie was? Obwohl Sie zuvor das Gefühl hatten, mit Ihren Energien am Ende zu sein, können Sie erneut Energie mobilisieren, um z. B. ein krankes Kind zu versorgen oder noch einen Krankenbesuch zu absolvieren, zu Ihren Eltern zu fahren oder eine unumgängliche Reparatur vorzunehmen, jemanden abzuholen, der in einer Notsituation ist, einen Arbeitsauftrag doch noch zusätzlich zu erledigen oder, oder, oder ...

Sie können dies schaffen, weil wir Menschen immer noch über Energiereserven für Notfälle verfügen. Und das ist gut so! Man könnte es auch als ein Notstromaggregat bezeichnen, wenn die »normale Energiequelle«, die uns beständig zur Verfügung steht, ausfällt oder sich dem Ende neigt. Notfallenergien sind aber, wie der Name schon sagt, für den Notfall, und so ähnlich müssen Sie sich dies auch in dem vorhin beschriebenen Einwand der Eltern vorstellen. Natürlich können auch Kinder in Hausaufgabensituationen auf Notfallenergien zurückgreifen. Sie tun dies unter anderem, wenn Druck entsteht oder Drohungen ausgesprochen werden. Konkret ausgedrückt, wenn

- man Angst hat, sich nicht mehr verabreden zu können;
- man Angst hat, dass Mama oder Papa richtig sauer werden;
- man Angst hat, dass man ohne Hausaufgaben am nächsten Tag zur Schule geschickt wird;
- Lieblingsbeschäftigungen verboten werden;
- man an irgendetwas nicht teilnehmen darf.

Eine langfristig befriedigende Strategie ist dies in meinen Augen nicht und ganz sicher nicht das, was Eltern sich für ihre Kinder wünschen. Denn auf Dauer wünschen wir uns doch, dass unsere Kinder entspannt und selbstmotiviert lernen. Das heißt übrigens nicht, dass es keine Anstrengung geben darf. Eine gewisse Anstrengungsbereitschaft ist für das Lernen unumgänglich. Kinder mit Lernschwierigkeiten haben sich in der Regel jedoch wiederholt angestrengt und angestrengt, aber der Erfolg blieb leider aus bzw. das Verhältnis zwischen Anstrengung und Erfolg war nicht im Gleichgewicht. Dass diese Kinder dann irgendwann aufgeben, »das Handtuch werfen«, sollte für uns als Erwachsene vollkommen nachvollziehbar sein, denn wir kennen doch solche Situationen ebenso.

## Lernerfolg und Lerntempo

Um erfolgreich lernen zu können, brauchen wir Lernerfolge. Schon in dem Wort »Lernerfolg« steckt das Wort »folgen«, d. h. der erste Schritt besteht darin, dass wir einer Sache folgen können. Der erste Schritt bedeutet beim Lernen, dass wir unsere Aufmerksamkeit auf eine Sache lenken können.

»Folgen« bedeutet aber nicht nur, dass Informationen von außen aufgenommen werden. Es bedeutet weiter, sich Gehörtes oder Gelesenes anzueignen, zu verstehen, zu durchdringen und zu begreifen. Erst das stellt sicher, dass wir es als unser eigenes Wissen integrieren können.

Dabei hat jeder Mensch ein individuelles Lerntempo. Dieses individuelle Lerntempo zu berücksichtigen ist entscheidend. Nur wenn die Lernportionen dem jeweiligen individuellen Lerntempo angepasst werden, können Lernerfolge kontinuierlich stattfinden. Aber auch hier gilt: Je mehr Begeisterung im Spiel ist, je mehr emotionale Beteiligung, je spielerischer das Lernen gestaltet wird, desto eher stellen sich Lernerfolge ein.

Die am meisten gestellten Fragen von Eltern am Ende einer Beratungsstunde sind:

»Und wenn ich das jetzt mit meiner Tochter übe, wie lange dauert es, bis sie es kann?«

»Bis wann muss sie das denn können?«

Solche und ähnliche Fragen sind nicht unbedingt einfach zu beantworten.

Um Ihnen diese Situation zu verdeutlichen, stellen Sie sich noch einmal den Besuch einer Japanisch-Vorlesung vor: Sie sitzen inzwischen ein ganzes Semester lang in der Vorlesung eines 4. Semesters. Ohne Vorkenntnisse! Da Sie nichts verstehen, geht Ihre Aufmerksamkeit regelmäßig weg, Sie können sich einfach nicht auf das Gehörte konzentrieren. Vielleicht reimen Sie sich etwas zusammen, verstehen hier und da einzelne Teile und ziehen auch schon mal unbewusst falsche Schlüsse. Nach einem halben Jahr können Sie vielleicht einige Schriftzeichen, aber einen Zugang zur japanischen Sprache haben Sie nicht bekommen. Was wäre, wenn ich jetzt behaupten würde, es liegt daran, dass Sie sich schlecht konzentrieren können und zudem ein sehr langsames Lerntempo haben. Denn alle anderen Studenten haben im gleichen Zeitraum mehr hinzugelernt.

Sie würden wahrscheinlich vehement widersprechen und mich darauf aufmerksam machen, dass bestimmte Aspekte, z. B. dass Sie keine Vorkenntnisse hatten, nicht berücksichtigt wurden. Und natürlich hätten Sie Recht. Die Behauptung, es läge an Ihrem Lerntempo, entspräche nicht der Wahrheit.

Auch bei Kindern gibt es ähnliche Situationen, in denen entscheidende Dinge nicht berücksichtigt werden. Insofern sind allgemeine Aussagen über das Lerntempo eines Kindes erst dann sinnvoll, wenn überprüft wurde, auf welchem Wissensstand sich das jeweilige Kind wirklich befindet. Zudem müssen die Gründe oder Auslöser erforscht worden sein, die dazu führen oder geführt haben, dass das Kind den Lerninhalten nicht folgen kann. Wo oder an welcher Stelle ist das Kind ausgestiegen? Stumpfes wiederholtes Erklären ist hier nicht die Lösung und führt oft zu Aussagen wie: »Egal wie ich es erkläre, das Kind versteht es einfach nicht.«

> Auf einer Tagung sprach ich mit einer Mutter über das Thema »Auslöser« und sie erzählte von ihrem Sohn, der nur bei Matheaufgaben, bei denen es um Geldbeträge ging, Fehler machte. Ich empfahl ihr, bei ihrem Sohn nachzufragen, was ihn so verwirrte. »Das ist es nicht«, erwiderte sie. »Bestimmt nicht, er ist bei den Aufgaben nur unkonzentriert.« »Wenn es nur bei ganz bestimmten Aufgaben passiert«, so vermutete ich, »gibt es vielleicht einen Auslöser.« Vehement versicherte mir die Mutter, dass sie schon alles unternommen hatte, aber ohne Erfolg. Ich bat sie, es noch einmal zu versuchen, genau zu beobachten, wann ihr Sohn bei Aufgaben verwirrt wäre, und ihn dann direkt zu fragen: »Was irritiert dich?«, »Was bringt dich durcheinander?« Sie sollte nicht davon ausgehen, dass dort nichts sei.
> 
> Einige Wochen später war die gleiche Mutter auf einem Folgeseminar. Sie meldete sich sofort zu Beginn und sagte erleichtert: »Sie hatten recht, es gab etwas, das meinen Sohn verwirrt hat. Aber«, fügte sie hinzu, »darauf wäre ich nie gekommen.«
> 
> Und dann erzählte sie: »Alle Rechenaufgaben mit Geldbeträgen stellten für ihn kein Problem dar, solange es noch Centbeträge hinter dem Komma gab, die ausgeschrieben waren, z. B. 33,60 €. Ein anderer Geldbe-

trag aber war so geschrieben: 33,- €, d. h. die Nullen waren durch einen Querstrich ersetzt.

»Warum muss ich da Minus rechnen?«, war die Frage meines Sohnes.

Diese Geschichte verdeutlicht etwas, was mir in meiner Arbeit immer wieder begegnet. Der Junge hat mit dem Zeichen (Querstrich) etwas verbunden, das ihm bekannt war (Querstrich = Minus), die richtige Bedeutung in diesem Kontext fehlte ihm jedoch. Das führte dazu, dass er verwirrt war. Die Lösung lag darin, diesen Moment wahrzunehmen, nachzufragen und ggf. den Auslöser zu beseitigen.

Lässt man sich intensiv und ernsthaft darauf ein herauszufinden, was Kinder verwirrt, erlebt man überraschende Momente. So manches Mal habe ich in solchen Momenten dann ebenfalls gedacht: »Da wäre ich nie drauf gekommen.«

Immer dann, wenn Sie das Gefühl haben, ein Kind hat mit bestimmten Lerninhalten Schwierigkeiten, können Sie die folgenden Punkte überprüfen oder zu Hilfe nehmen.

## Die besten Strategien bei Lernschwierigkeiten

### Zerlegen des Lerninhalts in alle möglichen Einzelteile

Erfahrungsgemäß ist dieser Punkt für Erwachsene, wenn Kinder bestimmte Lerninhalte nicht verstehen, der schwierigste Schritt. In der Regel ist es ja so, dass die Kinder etwas nicht begreifen, was Sie selbst als Erwachsene sicher beherrschen, d. h., Sie haben dieses Wissen längst automatisiert. Wenn wir dann darüber nachdenken, wissen wir oft gar nicht mehr, wann und wie wir es gelernt haben. Wir können es eben und uns erscheint es daher einfach und logisch. Bei einigen Kindern aber scheint es mitunter so, als hätten sie das berühmte »Brett vor dem Kopf«. Sie scheinen vermeintlich einfachste Dinge trotz wiederholter Erklärungen nicht zu begreifen. Die Hilflosigkeit hört sich dann oftmals so an: »Ich hab' ihm das schon hundert Mal erklärt!« – »Ich weiß auch nicht mehr, wie ich es erklären soll!«   »Eigentlich muss er das doch nur auswendig lernen!« – »Ich hab' das Gefühl, sie hört mir gar nicht zu!« – »Der will das nur nicht verstehen!« – »Das ist doch eigentlich ganz einfach!«

Auf meinen Vorträgen verdeutliche ich den Prozess des Zerlegens in Einzelteile gerne durch ein einfaches Beispiel. Stellen Sie sich vor, ein Kind kann »rechts« und »links« nicht unterscheiden. Sie als Erwachsener wollen es ihm erklären.

Erstaunlicherweise fällt es den meisten Erwachsenen schwer, das Prinzip auf Anhieb zu benennen. Manchmal sitzen vor mir über 100 Eltern von Schulkindern, und ihre Antworten auf die Frage, woran wir Menschen denn festmachen, wo »rechts« und »links« ist, lauten so:

- »Ich habe ihm gesagt, dass die Hand, mit der er schreibt, die rechte Hand ist.«
- »Sie weiß, dass ihre Klingel am Fahrrad rechts ist.«
- »Er hat im rechten Ohr einen Ohrstecker! Das hat er sich gemerkt!«
- Manche Erwachsene erinnern sich an einen Satz aus ihrer Kindheit: »Rechts ist da, wo der Daumen links ist!«

Die richtige Erklärung scheint so schwer abrufbar zu sein, weil die meisten Erwachsenen dieses Wissen um »rechts« und »links« automatisiert haben. Das Problem der obigen Antworten ist, dass in keiner der Antworten das Prinzip von »rechts« und »links« erklärt wird. Es geht lediglich ums Merken und die Hoffnung, dass sie es auf diesem Wege verstehen.

Also noch einmal die Frage: »Woran machen wir Menschen fest, wo rechts und wo links ist?« An dieser Stelle möchte ich Ihnen eine Geschichte erzählen.

> Eine Bekannte, deren Tochter in die erste Klasse ging, zeigte mir die ersten Buchstabenbilder ihrer Tochter. Sie hatte den kleinen Buchstaben »a« konsequent seitenverkehrt geschrieben und meine Bekannte fragte mich, ob sie sich Sorgen machen müsste. Ich beruhigte sie und wies darauf hin, dass Linienverläufe ja erst trainiert werden müssten, bevor sie sicher sitzen. In dem Gespräch vermutete ich auch, dass die Unterscheidung zwischen »rechts« und »links« wahrscheinlich noch nicht gefestigt wäre, worauf meine Bekannte energisch widersprach: »Doch, das kann sie!« Ich schaute sie zweifelnd an. »Bist du sicher?« fragte ich. Zum Beweis rief sie ihre Tochter herbei. »Sabrina, komm mal bitte! Wo ist ›rechts‹?« Ohne zu zögern hob Sabrina den linken Arm.
> 
> Auf ein lautes empörtes »Sabrina!« seitens der Mutter reagierte Sabrina sofort und wechselte den Arm. »Eigentlich weiß sie das!« sagte die Mutter. Ich schmunzelte, dann stellte ich mich vor Sabrina, hob meinen rechten Arm und fragte sie: »Wenn das mein rechter Arm ist, wo ist dann dein rechter Arm?« Stolz hob Sabrina ihren linken Arm, so dass wir spiegelgleich die Arme hochhielten. Die Mutter schüttelte ungläubig

den Kopf. Ich fuhr mit einer letzten Frage fort: »Sag mal, Sabrina, wie ist das eigentlich? Haben alle Menschen den rechten Arm auf der gleichen Seite oder wie ist das?« Mit weit aufgerissenen Augen erwiderte sie ganz ernst: »Das ist bei allen Menschen unterschiedlich!«

Soviel zum Thema der Unterscheidung zwischen »rechts« und »links«. Dieses Beispiel macht eines deutlich. Es reicht nicht aus zu glauben, dass Kinder etwas verstanden haben, erst genaues Nachfragen ermöglicht uns eine realistische Einschätzung.

»Zerlegen« wir also das Ganze und schauen uns das dahinter liegende Prinzip an.

Um »rechts« und »links« bezogen auf unseren Köper benennen zu können, müssen wir uns unserer Körpermitte bewusst sein. Sie verläuft von oben nach unten. Dies ist der erste Schritt des Prinzips. Alles, was sich auf der einen Körperhälfte befindet, bezeichnen wir als »rechts«, d.h. wir haben uns als Menschen darauf geeinigt, dieses Wort dafür zu benutzen. Alles was sich auf der anderen Seite der Körpermitte befindet, bezeichnen wir als »links«. Der zweite wesentliche Schritt, auf dem das Prinzip beruht, ist die Richtung, in die wir schauen. Die Richtung gemeinsam mit unserer Körpermitte legt fest, ob wir etwas als »rechts« oder »links« bezeichnen.

Beziehen wir uns auf Räume und Gegenstände, übertragen wir diese Mittellinie. Z.B. sagen wir: »Das Buch liegt ›rechts‹ auf dem Tisch!« oder »›Links‹ im Raum stehen viele Stühle.« Unsere Blickrichtung ist hier wieder ausschlaggebend. Hätten Sie das auf Anhieb gewusst? Wahrscheinlich nicht, aber jetzt, wo Sie es gelesen haben, denken Sie: »Natürlich, das wusste ich schon.« Es erscheint Ihnen logisch.

Nun zurück zu Sabrina und der Lösung ihres Problems. Ich stelle mich neben Sabrina, und wir ziehen beide gedanklich die Mittellinie an unserem Körper von oben nach unten. Anschließend erkläre ich ihr, dass wir Menschen uns für jede der Seiten ein Wort überlegt haben. Alles, was auf der einen Seite der Mittellinie ist, nennen wir »rechts«, alles, was auf der anderen Seite der Mittellinie liegt, nennen wir »links«.

Nachdem wir dann ausführlich alle Körperteile durchgegangen und sie als »rechts« oder »links« zugeordnet haben, komme ich zum wichtigsten Schritt. Ich stelle mich neben Sabrina mit der gleichen Blickrichtung, und wir strecken beide unseren rechten Arm aus. »Sabrina, wir lassen jetzt mal den rechten Arm ausgestreckt und dann drehen wir uns langsam zueinander um.« Als wir uns umgedreht haben, den Arm immer noch ausgestreckt, sagt sie verwundert: »Jetzt ist der Arm ja auf der anderen Seite!« Mit diesem verwunderten Kommentar nähert Sabrina sich einer wesentlichen Erkenntnis. Soweit die Geschichte von Sabrina.

Wie gesagt, es geht darum, Dinge zu zerlegen und die Teile zunächst einzeln zu üben (hier: Mittellinie, Körpermitte, Blickrichtung, rechts, links). Erst im zweiten Schritt geht es um das Behalten, das Merken. Dafür kann nun bei der Unterscheidung von »rechts« und »links« die Schreibhand (»Du schreibst mit rechts!«), der Ohrstecker oder die Fahrradklingel durchaus behilflich sein.

Wie wichtig das Zerlegen des Lerninhalts in alle möglichen Einzelteile für die Grundfähigkeiten des Lesens, Schreibens und des Rechnens ist, finden Sie in den entsprechenden Kapiteln weiter hinten im Buch. Sie werden nach dem Lesen dieser Kapitel nachvollziehen können, warum ich generellen Aussagen wie:

- »Das Einmaleins muss man doch nur auswendig lernen.«
- »Wenn er mehr lesen würde, dann würde es auch besser klappen.«
- »Sie hat nur nicht genug geübt!«
- »Sie ist nur nicht motiviert.«
- »Er hat sich die Sachen nur nicht richtig angeguckt!«

sehr skeptisch gegenüberstehe.

## Einzelteile automatisieren und sichern

Die einzelnen Lerninhalte sollten so oft wiederholt werden, bis sie sicher abgespeichert und automatisiert sind, d. h. die richtige Antwort sollte leichtfallen. Wiederholung ist hier das Schlüsselwort. Es reicht nicht aus, sich mit einer einzelnen, richtigen Antwort zufrieden zu geben. Denn im Zweifelsfall ist das Gelernte dann am nächsten Tag wieder vergessen. Werden die Antworten hingegen leicht und sicher abgerufen, steigert dies die Lernmotivation und die langfristige Abspeicherung im Gehirn.

Kinder, denen das Lernen leichtfällt, wiederholen das Gelernte ganz von alleine, wieder und wieder, so wie sie es vom spielerischen Lernen so vieler Dinge gewohnt sind. Sie sind stolz darauf, durch das Wiederholen immer schneller und besser zu werden. Kinder mit Lernschwierigkeiten hingegen wiederholen erfahrungsgemäß ungern. Sie zeigen oft ein sehr vielschichtiges Vermeidungsverhalten. Auch für die erwachsenen Beteiligten ist das wiederholende Üben mit diesen Kindern oft eine große Herausforderung. Verständlicherweise, denn die gleiche Übung über Tage oder gar Wochen zu machen, ist für die Erwachsenen, die den Stoff ja beherrschen, eben eher langweilig.

> Kevin ist 12 Jahre alt. Lesen und Schreiben will ihm noch immer nicht gelingen. Er besucht eine Förderschule, und es stellt sich heraus, dass er noch immer nicht alle Laute beherrscht, u. a. den Laut »eu«, der aus zwei Buchstaben besteht. Aus Gesprächen mit Kevin weiß ich, dass er Fußballfan ist. Sein Lieblingsfußballer ist Torwart Manuel Neuer. Was ihm nicht bewusst war ist, dass in dem Namen »Neuer« das »eu« enthalten ist. Also lasse ich Kevin raten. Wir suchen einen berühmten Mann, wenn wir seinen Namen schreiben wollen, brauchen wir unbedingt das »eu«. Wer könnte das sein? Kevins Interesse ist geweckt, und er beginnt zu fragen. Da ihm auch das Fragenstellen schwer fällt, übt er dies auch noch so ganz nebenbei, denn er ist neugierig geworden. Ich gebe ihm etwas Hilfestellung, indem ich ihm Vorschläge mache: Du könntest mich fragen: »Ist es jemand, den ich persönlich kenne?« oder »Ist es jemand, den ich schon einmal im Fernsehen gesehen habe?«, »Ist es ein Sänger oder eine berühmte Person?« oder »Ist es ein Sportler?« Und nach einigen Runden fragen, hat er die Antwort gefunden und freut sich. Jetzt schauen wir uns den Namen an und vor allem das »eu«, das sich in dem Namen versteckt.
> 
> Und wenn er den Namen des Torwartes lesen und schreiben kann, versteckt sich darin schon ein weiteres Wort, nämlich das Wort »neu«,

und einen Moment später entdecken wir gemeinsam, dass sich der Name »Neuer« durch das Tauschen von nur einem Buchstaben in das Wort »Feuer« verwandeln lässt.

Wie bei Kevin ist besonders dann Kreativität gefragt, wenn Inhalte zur Abspeicherung und Automatisierung viele Wiederholungen benötigen. Kevins Begeisterung und emotionale Beteiligung war durch das Ratespiel deutlich erhöht.

**Unsichtbares ins Bewusstsein holen**

Manche Dinge müssen wir erst in unser Bewusstsein holen, damit wir sie sicher abspeichern können. Das folgende Beispiel eines Schülers verdeutlicht, was damit gemeint ist.

Hendriks Aufmerksamkeit beim Lesen ist nicht konstant. Auffällig ist, dass er besonders die kleinen, bildlosen Wörter gerne abändert, auswechselt oder auslässt, während er lange, schwierige Wörter fast immer fehlerfrei liest. Auch schreibt er viele dieser kurzen Wörter falsch. So zum Beispiel das Wort »ob«, das er »op« schreibt.

»Du weißt doch sicher, was ein Flugzeug ist, Hendrik?«, frage ich. »Klar!«, antwortet er. Ich lasse mir von ihm beschreiben, wie ein Flugzeug in seiner Phantasie aussieht. Dann erkläre ich ihm, dass wir zu vielen Wörtern sofort Bilder im Kopf haben. Aufmerksam schaut er mich an und nickt. »Was passiert zum Beispiel, wenn ich das Wort ›Mauer‹ sage?«, frage ich ihn. Er lächelt. »Kann ich mir vorstellen!«, sagt er. Auch bei den Wörtern »Glas« und »Drache« beschreibt er mir sein genaues Bild.

»Was ist mit dem Wort ›ob‹?«, fahre ich fort. Hendrik sieht mich erstaunt an. »Was?«, fragt er stirnrunzelnd nach. Ich wiederhole das Wort. »Ob!« Er überlegt, dann platzt es aus ihm raus: »Das ist doch kein Wort. Das gibt's doch gar nicht!« »Bist du sicher?«, frage ich ihn. »Ich meine mich zu erinnern, dass das Wort in deinem letzten Lerndiktat vorkam.« Hendrik schüttelt den Kopf und wiederholt überzeugt: »Nee, das gibt's gar nicht!«

»Na, vielleicht habe ich mich ja vertan«, werfe ich ein. »Lass uns doch einfach nachsehen!«. Da er sich seiner Sache ganz sicher ist, willigt er ein, und – siehe da – zu seinem Erstaunen steht dieses Wort in seinem Lerndiktat. Ein Diktat, das er schon mehrfach abgeschrieben und wiederholt gelesen hat.

3 Wer lernt wann, wie und wo?

> Bis zu diesem Moment hatte er dieses Wort nicht bewusst wahrgenommen.
>
> Gemeinsam erarbeiten wir das Wort »ob«, indem wir damit beginnen, uns abwechselnd Sätze einfallen zu lassen, in denen das Wort »ob« enthalten ist. (»Ob ich heute Mittag Spaghetti esse, weiß ich noch nicht.«) Und irgendwann sagt er fast erleichtert: »Ach, das Wort kenn ich doch, das sage ich sogar öfter!« So nähern wir uns langsam der Bedeutung des kleinen, unscheinbaren Wortes und holen es ins Bewusstsein.

Obwohl Hendrik das Wort »ob« mehrfach gehört und sogar geschrieben hatte, war es von ihm nicht bewusst wahrgenommen worden. Wenn es dann in einem Diktat auftauchte, schrieb er nach dem, was er hörte, nämlich »op«.

### Ähnlichkeiten beim Lernen vermeiden

Stellen Sie sich vor, ich würde Ihnen nun die japanischen Schriftzeichen beibringen. Und ich würde beginnen mit den Schriftzeichen, die sich am ähnlichsten sehen, die jedoch vollkommen unterschiedliche Bedeutungen haben. Diese würde ich Sie immer wieder durcheinander abfragen. Halten

I Grundlagen des Lernens

Sie das für eine gute Idee? Sicher nicht, denn Sie wären dadurch verwirrt, und es würde Ihnen das Lernen erschweren.

Der Psychologe Ranschburg wies 1905 nach, dass das Gedächtnis bei der Wiedergabe von ähnlichen Lerninhalten gehemmt ist. Man nennt dies das Ranschburg-Phänomen oder spricht von der Ähnlichkeitshemmung. In verständlicher Sprache gesprochen kennt es jeder: Es sollen zwei Dinge gelernt werden, die sich gleichen und der Kopf schmeißt alles durcheinander.

> Rene kam zusammen mit seinen Eltern zur Beratung. Die angeblich zunehmenden Schwierigkeiten in der Rechtschreibung bereiteten den Eltern Sorgen. Der Vater berichtete, wie sie beim Üben der Diktate und der dazugehörigen Lernwörter vorgegangen sind. »Je mehr wir üben«, sagte er, »desto mehr Fehler macht Rene.« »Wie gehen sie beim Üben denn vor?« fragte ich ihn. Daraufhin zog er einen Zettel aus der Tasche, hielt ihn mir hin und sagte: »Wir üben nur die schweren Worte, am Schluss waren es nur noch diese zehn Wörter.« Damit zeigte er auf den Zettel: »Aber gestern hat er nur noch eins richtig geschrieben.« Als ich auf den Zettel schaute, musste ich schmunzeln, denn da stehen folgende Wörter:
> Füller, Pflanze, fiel, fertig, versetzen, pflücken, Pfeffer, pfeifen, vorbei, Ferkel
> 
> Und so hatte Rene sie geschrieben:
> Pfüller, Flanze, viel, vertig, fersetzen, flücken, *Pfeffer*, feifen, forbei, Pferkel

Als ich anschließend das Phänomen der Ähnlichkeitshemmung erklärte, wurde deutlich, dass das Lernen dieser sehr ähnlich geschriebenen Wörter Rene völlig verwirrt hatte.

Betrachtet man das Fach Deutsch, stellt man schnell fest, dass es eine Menge an Materialien gibt, die die Ähnlichkeitshemmungen nicht berücksichtigen. So unter anderem auch Übungen und Diktate, in denen gleichzeitig Wörter mit »s«, »ss« und »ß« geübt werden. Die Anwendung der Rechtschreibregeln, die in diesem Zusammenhang erklärt werden, empfinden einige Kinder als Stütze, andere erleben sie als sehr mühsam und wieder andere werden durch die Regeln zusätzlich verwirrt.

Auch im Englischunterricht taucht dieses Problem gelegentlich auf. Da gibt es Wörter, bei denen es kaum möglich ist, nicht verwirrt zu sein. Heißt es nun »their« oder »there« oder »much« oder »many«? Und leicht zu verwechseln sind die beiden Fragewörter »who« (= wer) und »where« (= wo).

Sie sehen also: Es gibt endlos viele Beispiele für immense Verwirrungsquellen. Doch was ist nun die Lösung in dieser Misere? Nun, an sich ist es ganz einfach. Ziel beim Lernen ist es, keine Zweifel mehr entstehen zu lassen. Wenn einander ähnliche Dinge gelernt werden müssen, dürfen diese nicht nebeneinander dargestellt werden. Beherrscht der Schüler die eine Information absolut sicher und wurde diese ausreichend gefestigt, dann kann man sich mit etwas zeitlichem Abstand auch den ähnlichen Inhalt anschauen. Ein gemischtes Abfragen beider Lerninhalte ist erst erlaubt, wenn beide Einzelinhalte automatisiert sind und klar voneinander unterschieden werden können. Haben wir beispielsweise die Wörter mit »ss« gelernt, sollten diese erst sicher abgespeichert sein, bevor Wörter mit einem »s« ebenfalls einzeln gelernt werden.

Erinnern Sie sich nun einmal an die Geschichte von Sabrina, bei der es um die Unterscheidung von »rechts« und »links« ging. Das Prinzip von »rechts« und »links« kindgerecht zu erklären, es auszuprobieren, steht am Anfang. Nachdem Sabrina das Prinzip verstanden hat, sollte nun der Fokus darauf liegen, erstmal einige Tage nur »rechts« zu üben. Weiß sie dann sicher, welches die rechte Seite ist, wird sie irgendwann automatisch wissen, dass links die andere Seite ist.

Abschließend ist hier noch anzumerken, dass es auch Ähnlichkeiten gibt, die sich auf den Inhalt und auf einen ähnlichen Klang beziehen. So fiel es mir lange Zeit schwer, mir zu merken, ob der Klavierlehrer meines Sohnes Herr Sommer oder Herr Sonntag hieß. Unbewusst hatte ich gespeichert, dass der Name etwas mit dem Kalendersystem zu tun hatte. Und schon war ich verwirrt. Hieß er nun Sonntag oder Sommer? Als ich ihn dann einmal tatsächlich mit falschem Namen ansprach, mich aber sofort verbesserte, kommentierte er dies lachend: »Sie glauben gar nicht, wie oft mir das passiert. Ich reagiere inzwischen auf beide Namen.« Auch hier sieht man wieder, dass Verwirrungsprozesse bei uns Erwachsenen ebenso vorkommen.

**Vom Großen zum Kleinen und vom Langsamen zum Schnellen**

Dieses Prinzip gilt es besonders beim Lesenlernen und beim Lernen von Linienverläufen zu berücksichtigen. Die Schrift der Lesetexte sollte anfangs entsprechend groß sein, die Zeilenabstände ebenso. Natürlich werden dabei zunächst einfache Texte gewählt.

Das Erlernen der Linienverläufe muss zunächst groß- mit der Hand in der Luft, im Sand, mit dem Finger in Rasierschaum, auf dem Rücken, an der Tafel etc. geübt werden, bevor es auch in engen Linien wie in einem Heft gelingen kann.

Das Prinzip »Vom Langsamen zum Schnellen« kann vor allem durch den Einsatz von Spielen unterstützt werden. Kann ein Kind beispielsweise die Laute/Buchstaben nicht sicher abrufen, kann ich Karten mit Lauten in Form eines Memoryspieles nutzen.

Das Arbeiten mit Karten hat viele Vorteile gegenüber Arbeitsblättern:

- Die meisten Kinder verbinden mit Karten eher etwas Spielerisches als mit Arbeitsblättern. Dies gilt vor allem für Kinder, die ungern schreiben.
- Es ist leicht ohne größeren Aufwand möglich, die Anzahl zu reduzieren, auszusortieren und eine Auswahl zu treffen.
- Es ist leicht, das Tempo zu variieren.
- Beim Spiel mit Karten ist es leichter zu beobachten, wo und wie viel Kinder noch »stolpern«.

Was ich damit meine, ist Folgendes: Sie können über Ihre Füße stolpern, Sie können aber auch »im Kopf stolpern«. Wenn Sie darüber nachdenken, kennen Sie dieses »Stolpern« natürlich. Kinder mögen es sehr, wenn ich zunächst anhand von Beispielen erläutere, was ich mit dem »Stolpern im Kopf« meine. Z.B. wollen Sie ein Kind mit Namen rufen, aber zuerst rutscht Ihnen ein falscher Name heraus.

Wenn Kinder im Kopf stolpern, kann man dies an der Mimik, Sprache und Gestik sehen. Dies zeigt sich durch

- Stirnrunzeln,
- versprechen und sich korrigieren müssen,
- hochgucken und überlegen,

- Gesicht verziehen,
- das Schaffen künstlicher Pausen, indem zum Beispiel die Aufgabenstellung bewusst wiederholt wird, um Zeit zu gewinnen,
- an den Kopf fassen, bis hin zum Schlagen an den Kopf, begleitet von Aussprüchen wie: »Warte! Nicht sagen!« oder »Ich weiß das ... ähm.«

Kinder mit Lernschwierigkeiten haben aufgrund vieler Misserfolge oft ein geringeres Selbstwertgefühl. Dies gilt es zu bedenken, und entsprechend groß sollte der Anteil der Herausforderungen auch im Spiel sein, bei denen es nicht mehr stolpert, sondern bereits Sicherheit hat und erfolgreich ist. Denn Sicherheit begünstigt die Lernmotivation, und ein Spiel verliert seinen Reiz, wenn ich als Kind in die Überforderung komme.

**Spielerisch lernen**

Generell lässt sich sagen, dass alles, was Kinder spielerisch oder experimentell lernen, eher ihre Begeisterung findet. Deswegen an dieser Stelle einige Gedanken zu den benutzen Begriffen: Spiel, Übung, spielerisches Üben.

Es gibt Dinge, die Sie spielend üben können. D. h. es werden Spielmaterialien, wie Klötze, Karten, Männchen o. ä., genommen, aber es wird etwas damit geübt. Es mag aufgelockert sein, aber es dient der Übung. Also verkaufen Sie es nicht als Spiel! Es ist eine Übung mit spielerischem Material. Dieser Unterschied ist wichtig. Denn Kinder haben ein sicheres Gespür dafür, wenn das Üben eines unliebsamen Inhaltes als Spiel verpackt wird.

Beim spielerischen Üben sind Sie als Erwachsene in vielen Fällen im Vorteil, Sie müssen sich zurücknehmen, da Sie in der Regel besser sind und sonst jedes Mal gewinnen würden.

Jüngere Kinder durchschauen diesen Prozess häufig noch nicht und sind deswegen bei diesen Spielen durchaus begeisterungsfähig. Bei lernschwachen, älteren Kindern wird dies oft überstrapaziert. Wenn die Kinder bemerken, dass Sie sie einfach nur zwischendurch gewinnen lassen, verlieren sie die Lust am Spiel. »Du hast mich einfach nur gewinnen lassen...!« oder »Du tust ja nur so ...!« sind dann typische Äußerungen der Kinder. Sie können sicher sein, Kinder haben einen guten Riecher für aufgesetzte Pädagogik.

Um uns messen zu können, wünschen wir uns einen ungefähr gleichstarken Partner, sonst verlieren wir nur allzu schnell die Lust. Ich kann mich gut erinnern, dass ich mit meinen Kindern oft Memory gespielt habe. Mit der zunehmenden Erkenntnis, dass die Kinder jedes Mal gewinnen und ich nie eine Chance habe, verlor ich die Lust an diesem Spiel. »Sollen wir nicht mal etwas anderes spielen?«, war dann mein Kommentar. Unbewusst hatte ich die Lust an dem Spiel verloren und versuchte, die Kinder zu einer Alternative zu überreden. Wenn ich mich dann doch zum wiederholten Male auf das Memory-Spiel einließ, geschah dies aus einer mütterlichen Einsicht in den pädagogischen Wert des Spieles.

Ein sinnvolles Lernspiel bietet deshalb für alle Spieler gleiche Gewinnchancen, unabhängig von Alter und Lernstand der Spieler. Der Trick sind jegliche Formen von Jokern, die per Zufall entscheiden, wer gewinnt. Gewinnt hingegen bei einem Spiel immer der schnellere Rechner oder bessere Leser, sinkt bei einer der spielenden Personen schnell die Motivation – entweder weil sie immer den Kürzeren zieht und keine Chance sieht zu gewinnen, oder aber weil sie gelangweilt immer gewinnt, oder aber weil man als Erwachsener so tut, als sei man weniger stark im Spiel, so dass man selbst wenig Spaß hat. Die Kinder merken dann häufig, dass man sie als Spielgegner nicht ernst nimmt.

Ein gutes Lernspiel selbst zu gestalten kann dabei ganz einfach sein. Blanko-Bierdeckel etwa bieten eine tolle Basis für Lernspiele sämtlicher Fächer. Beispielsweise können die Blanko-Bierdeckel mit Anlauten beschriftet werde, wobei auf jeden Bierdeckel ein Anlaut geschrieben wird. Dann wird wie beim Memory abwechselnd ein Bierdeckel aufgedeckt. Mit dem aufgedeckten Laut muss ein Wort gebildet werden. Dann erhält man den Deckel als Punkt. Den Deckel bekommt man immer – egal ob man bei der Wortsuche Hilfe benötigt oder nicht. Wer gewinnt, entscheiden dabei jene Bierdeckel, die zusätzlich zu den Anlaut-Bierdeckeln untergemischt werden. Auf diesen Bierdeckeln sind Smileys aufgemalt, und wer einen Smiley aufdeckt, bekommt ihn als Extrapunkt und darf noch einen Bierdeckel aufdecken, oder aber es gilt, wer von diesen Smileys am Ende am meisten gesammelt hat, ist Sieger. Das macht den Glücksfaktor aus!

Lernspiele sollten kurzweilig, schnell erklärt und leicht aufgebaut sein. Im Idealfall bieten sie vielfältige Nutzungsmöglichkeiten und sind bei einem hohen Spaßfaktor trotzdem effektiv.

Viele bekannte Spiele lassen sich auch wunderbar in Lernspiele umwandeln. So wird aus dem klassischen »Mensch-ärgere-dich-nicht« schnell ein effektives Lernspiel für die »verliebten Zahlen« (zur 8 gehört die 2, weil sie zusammen 10 ergeben, deshalb sind sie verliebt. Zur 4 gehört die 6, weil sie zusammen 10 ergeben, deshalb sind sie verliebt usw.), indem man immer die verliebte Zahl der gewürfelten Zahl setzen darf. Würfle ich also eine 3, darf ich 7 Felder vorsetzen, weil die 7 die verliebte Zahl der 3 ist. Die Spielvorgehensweise ist ansonsten gleich der Originalversion von »Mensch-ärgere-dich-nicht«.

Alternativ kann auch das Einmaleins trainiert werden, indem man sich vor Beginn des Spiels auf eine der kleinen Einmaleins-Reihen einigt und dann immer die gewürfelte Augenzahl mit der Einmaleins-Reihe multipliziert. Würfle ich also eine 4 (und wir haben uns zuvor auf die 3-er-Reihe des Einmaleins geeinigt), so darf ich 4 × 3 also 12 Felder vorgehen. Auf diese Art lassen sich diverse Würfelspiele umwandeln.

Das Spiel »Stadt-Land-Fluss« lässt sich ebenfalls umfunktionieren, indem die Kategorien geändert werden. Statt »Stadt«, »Land« und »Fluss« sollen nun »Nomen«, »Verben« und »Adjektive« gesucht werden. Aber Vorsicht, denn natürlich gibt es die Kinder, die länger brauchen, um auf die entsprechenden Worte zu kommen. Deswegen empfehle ich, dass die drei Kategorien erweitert werden. Dabei dürfen die Kinder wählen, welche Kategorie sie gut beherrschen, in denen sie deutlich besser sind als etwa die Erwachsenen oder andere wortstarke Mitspieler z. B. Fußballspieler, Hunde- oder Pferderassen oder sogar Namen von Mitschülern.

Für die gute Wahl eines Lernspieles ist es notwendig, den Lernstand des Kindes richtig einzuschätzen. Ein Spiel, bei dem ein Kind überfordert wird, macht einfach keinen Spaß. Sätze wie: »Überleg noch mal!«, »Guck mal, du kannst aber doch ...« oder häufige Hinweise an das Kind, was es als nächstes tun soll, sprechen nicht für eine entspannte Spielsituation. Hier sollte die Wahl des Spieles überprüft werden.

## Wie unsere Wahrnehmung funktioniert

Unsere Wahrnehmung, unser ganzes Denken, Fühlen und Handeln beruhen auf den Erfahrungen, die wir in unserem Leben gemacht haben. Wir sehen, hören, riechen, schmecken, fühlen und verbinden diese Eindrücke mit all unseren bisherigen Erinnerungen. Dazu gehören unsere durchlebten Gefühle, Veranlagungen und Interessen ebenso wie der Glauben und die Werte, die uns vermittelt wurden. Auch wird unsere Wahrnehmung von unseren Bewertungen und Urteilen, unseren Vorannahmen und Erwartungen geprägt. Alles, was wir wahrnehmen, wird abgeglichen, neu verknüpft, eingeordnet und abgespeichert. Weiterhin filtern wir unsere Eindrücke, tilgen unbewusst Dinge, fügen – oft ohne es zu merken – Neues hinzu, verzerren aufgenommene Eindrücke oder generalisieren, also verallgemeinern, unser Wahrgenommenes.

Diese Vorgänge bei der Wahrnehmung laufen bei allen Menschen gleich ab.

Der Erfahrungshintergrund und die individuelle Wahrnehmung lassen auch Kinder Situationen unterschiedlich bewerten, wie in der folgenden Geschichte deutlich wird.

> **Treppengeländer**
>
> Max ist mit der Note unter seinem Aufsatz überhaupt nicht zufrieden. Er hat mehr als nur eine 4 erwartet. Dabei hatte er sich solche Mühe gegeben. Und jetzt steht da unter seinem Aufsatz: »Du hast den Schluss nicht richtig verstanden! Sonst ganz ordentlich.«
>
> In der Schule sollte eine Bildergeschichte geschrieben werden. Vorgegeben waren vier aufeinanderfolgende Bilder, auf denen ein Junge zu sehen ist, der als erster den Klassenraum verlässt. Der Junge hat es sehr eilig, rennt zum Treppengeländer und rutscht hinunter. Dabei übersieht er die Putzfrau, die ihren Wischeimer direkt unten an der Treppe unterhalb des Treppengeländers abgestellt hat. Der Junge rutscht also das Geländer hinunter und – wie könnte es anders sein – landet mit seinem Hintern und einem entsetzten Aufschrei direkt im Wischeimer. Die Erwartung der Lehrerin lag darin, dass die Kinder die Moral der Geschichte, nämlich, dass man so etwas nicht machen soll, erkennen und beschreiben.
>
> Max aber schilderte das Erlebnis so, als sei es ihm selbst passiert. (Es ist dabei zu erwähnen, dass Max eines der Kinder ist, die man als hyperaktiv bezeichnet. Er ist motorisch sehr lebhaft und hat, was bei ihm sehr auffällig ist, eine hohe Schmerzunempfindlichkeit. Passieren ihm Situationen, in denen andere Kinder weinen, dann lacht er, da er sich völlig anders wahrnimmt.) Max letzte Sätze der Geschichte lesen sich demnach so: »Er rannte zur Treppe. Er rutschte das Treppengeländer runter. Oh, der Eimer. Max knallte in den Eimer und lachte sich kaputt. Dann kippte der Eimer um. Und das Wasser spritzte. Das war ein Riesenspaß für Max.«

Max hat nichts anderes getan, als die Bildergeschichte auf dem Hintergrund seiner eigenen Wahrnehmung zu schildern. Da seine Wahrnehmung aber nicht ist wie bei vielen anderen Kindern, war sein Schluss für die Lehrerin unverständlich.

Durch unsere Erfahrungen, Erlebnisse und Einschätzungen schaffen wir uns eine sehr individuelle »Sichtweise der Welt«. Vielleicht kennen Sie den Spruch: »Die Welt ist so, wie du sie siehst!« Die wirkliche Welt aber ist immer vielfältiger, aufregender und reicher als das, was wir von ihr wahrnehmen und über sie denken. Unsere ureigenste Sichtweise der Welt ist unsere ganz persönliche Note, die uns als Individuum ausmacht.

Jedes Mal, wenn neue Informationen und Eindrücke aus der Außenwelt auf uns einströmen, versuchen wir sie gemäß unseren Erfahrungen einzuordnen bzw. zu verknüpfen.

I Grundlagen des Lernens

Nehmen Sie zum Beispiel ein Kind, das im ländlichen Afrika geboren wurde. Schon in den ersten Lebensmonaten erlebt es über die Sinnesorgane eine vollkommen andere Welt als ein europäisches Kind. Es erfährt andere Temperaturen, andere Nahrung, der Klang der Sprache ist anders, vielleicht wird es über Monate bei allen Tätigkeiten auf dem Rücken getragen.

Es wächst heran und lernt sprechen. Jetzt beginnt das Kind, seine Erfahrungen zu benennen und anderen mitzuteilen. Mit zunehmendem Alter lernt das Kind, was in seinem Kulturkreis und familiären Umfeld als richtig und falsch, als gut und weniger gut bewertet wird. Es erfährt, wie andere Menschen auf sein Verhalten oder das seiner Umwelt reagieren. Seine individuelle Landkarte wird so ständig erweitert und verändert.

Wir filtern tausende von kleinen und auch größeren Informationseinheiten sofort heraus. Dieses Filtern ist überlebenswichtig. Täten wir es nicht, würden wir erschlagen von der Menge an Informationen. Das Filtern dient unter anderem dazu, Wichtiges von Unwichtigem, Sinnvolles von Sinnlosem, Wertvolles von Wertlosem zu unterscheiden. Wir lassen Dinge weg, d. h. wir

- tilgen Informationen oder Eindrücke,
- wir fügen etwas hinzu,
- wir verzerren Sachverhalte
- oder verallgemeinern.

Die Filter, durch die wir wahrnehmen, entscheiden mit darüber, wie wir die Welt sehen.

Das *Tilgen* führt dabei dazu, dass nicht alles, was wir im Außen erleben, von uns auch wirklich bewusst wahrgenommen wird. Vor allem kann aufgrund des Tilgens nicht alles abgerufen, also erinnert werden.

Die Wahrnehmungsprozesse, so auch das *Tilgen*, laufen unbewusst ab und sind von vielen Faktoren abhängig: Wie wichtig mir eine Sache ist, in welcher Lebensphase ich mich befinde, wie vertraut mir etwas ist, wo meine Gedanken gerade sind, welchen äußeren Impuls ich bekommen habe usw. Solche Beispiele kennt jeder!

> Seit ich selbst Oma bin und kleine Enkel habe, nehme ich überall um mich herum junge schwangere Frauen wahr. Vor 3 Jahren war dies ganz anders. Wenn ich durch die Stadt ging, schien es keine Schwangeren zu geben, nirgendwo nahm ich sie bewusst wahr. Auch andere Dinge, die ich heute wahrnehme, habe ich früher nicht registriert. So ist mir bisher die Automarke, die ich nun seit 4 Jahren fahre, vorher im Verkehr nie aufgefallen. Seit ich aber ein Auto dieser Marke besitze, stelle ich immer wieder überrascht fest, dass tatsächlich noch eine ganze Menge anderer Menschen ein solches Auto fahren.

Ein anderer Grund, Dinge aus unserer Wahrnehmung zu tilgen, kann unserem inneren Wunsch entspringen, gut vor anderen und uns selbst dazustehen. Auch schützt uns Tilgen vor einer erlebten, unangenehmen Wahrheit, die uns schmerzt oder ein schlechtes Gewissen macht.

Diese Mechanismen unserer Wahrnehmungsverarbeitung funktionieren bei Menschen gleich. Es müssen nicht immer extreme Situationen sein. Manchmal werden Informationen auch nur getilgt, weil sie von uns als unwichtig gewertet werden. Aber vergessen Sie nie: In den meisten Situationen geschieht dies unbewusst!

Dieses *Tilgen*, was Ihnen sicher aus vielen alltäglichen Situationen bekannt vorkommt, ist auch im Lernalltag von Kindern zu beobachten.

> Katrin (9 Jahre) und ihre Mutter kamen zur mir in die Beratungsstunde und brachten Katrins Mathematiklehrerin mit. Als ich Katrin während der Stunde fragte: »Benutzt deine Lehrerin manchmal beim Rechnen denn auch die Wörter ›Addition‹ oder ›addieren‹?«, schüttelt Katrin energisch und voller Überzeugung den Kopf. »Nein! Sowas hat die noch nie gesagt!« Im Hintergrund sehe ich die irritierten Blicke von Mutter und Lehrerin, die heftig mit den Köpfen nicken.

Obwohl diese Begriffe offiziell eingeführt waren und sie auch schon damit rechnen musste, hat Katrin sie nie bewusst wahrgenommen und abgespeichert. Im Gegenteil, sie hatte sie getilgt, weil sie sie nicht sicher zuordnen konnte und mit diesen Fremdwörtern überfordert war. Die Aufforderung mehr aufzupassen allein hätte auch hier nicht ausgereicht.

> Nachmittags bei den Schulaufgaben fragt die Mutter ihren Sohn Nils: »Welche Wörter sollt ihr euch für das Diktat morgen denn noch einmal ansehen?« Nils ist felsenfest davon überzeugt, dass die Lehrerin nichts erwähnt hat, deswegen antwortet er: »Die hat nichts gesagt von Üben!« »Das kann nicht sein!«, kontert die Mutter. Doch Nils ist sich absolut sicher. Als die Mutter eine Klassenkameradin von Nils anruft, kann diese sich sehr wohl erinnern, dass die Lehrerin etwas zu den Lernwörtern für das Diktat gesagt hat. Nils ehrlicher Kommentar dazu: »Wann hat die das denn gesagt? Da war ich bestimmt nicht dabei.«

An dieser Stelle sei noch einmal gesagt: Wir funktionieren hier genau wie Kinder und Heranwachsende! Auch wir tilgen bewusst und unbewusst Dinge, die wir nicht kannten oder die uns unwichtig erschienen. Bei Kindern erlebt man häufig – insbesondere mit Blick auf Lerninhalte –, dass ihnen dieser vollkommen normale Prozess vorgeworfen wird.

Wenn wir uns klarmachen, dass dieses *Tilgen* unbewusst bei uns allen geschieht, wird deutlich, warum ermahnende Worte »Du hast mal wieder nicht aufgepasst!« oder »Du musst dich besser konzentrieren und zuhören!« wenig bewirken und im Gegenteil eher zu Frust führen, weil sie einen Vorwurf beinhalten. Was kann man alternativ tun?

Nun, sollten bei Nils ähnliche Situationen wiederholt auftreten, in denen er sich an Lerninhalte nicht erinnern kann, sind weitere Überlegungen vielleicht hilfreich, um herauszufinden, weshalb er inhaltlich einiges nicht mitbekommt.

- Kannte er sicher alle Begrifflichkeiten und konnte er der Arbeitsanweisung sprachlich folgen und diese inhaltlich umsetzen?
- Wie sehr war er in dem Moment vielleicht schon damit beschäftigt, seinen Bewegungsdrang zu unterdrücken und nur auf die ersehnte Pause zu warten?
- Wie motiviert ist er überhaupt, richtig schreiben zu lernen?
- Wie oft und wo genau geht Nils häufiger mit seiner Aufmerksamkeit weg und bekommt wichtige Informationen nicht mit?
- Gibt es Stellen, an denen er oft überfordert oder irritiert ist?

- Wie lang sind seine Aufmerksamkeitsphasen?
- War er durch andere Dinge abgelenkt?

Vielleicht hätte Nils in seiner Lernzeit einiges mehr benötigt an Bewegung, spielerischem Tun und spannenden Momenten. Oder sein kleiner Kopf hätte sich lieber mit anderen Dingen beschäftigt und gerne gespielt. All das wäre in Ordnung und bedarf keines Vorwurfs! Auch wenn wir gar nicht genau wissen, was dazu geführt hat, dass Nils das Wissen nicht abrufen kann oder nicht abgespeichert hat! Wenn wir als Erwachsene uns bewusst machen, dass es völlig normal ist, Dinge auszublenden und mit den Gedanken »wegzugehen«, dann können wir Kindern in der Kommunikation mehr Mitgefühl und Verständnis entgegenbringen, und das hört sich dann wohlwollender an. Und in dem Moment sehe ich das individuelle Kind mit seiner ganzen Persönlichkeit.

Der Lösungsweg führt deshalb immer über clevere Fragen und gemeinsames vorwurfsfreies Nachforschen nach inhaltlichen Stolpersteinen, um diese ggf. aus dem Weg zu räumen.

Was ebenfalls in unserer Wahrnehmung eine wichtige Rolle spielt, ist das *Hinzufügen*. Wer kennt das als Erwachsener nicht, dass wir eine Kleinigkeit hinzufügen, um einer Sache mehr Gewicht zu geben? Es wird ein Wörtchen eingefügt, und schon verändert sich die Aussage: von »Pia geht es schlecht« zu »Pia geht es *sehr* schlecht« zu »Ich glaube, Pia geht es schon seit Tagen schlecht«. Dabei hatte Pia sich nur den Zeh gestoßen und deswegen einen kurzen Moment mit einem zusammengezogenen Gesichtsausdruck am Fenster gestanden. Eine kleine Begebenheit, die möglicherweise dazu führt, dass sich mehrere Personen Gedanken um die arme Pia machen.

Immer wieder kommt es vor, dass Erlebnisse von uns nachträglich verfälscht, beschönigt, erweitert oder neu eingefügt werden. So meinen wir manchmal, uns an Dinge zu erinnern, die jedoch nie stattgefunden haben. Wie heißt es doch so schön: Je häufiger Sie von einem Fang beim Angeln erzählen, desto größer wird der Fisch. Seltsamerweise können wir dieser Täuschung nicht einmal widerstehen, wenn wir darum wissen.

Wir sind als Erwachsene ebenso erfinderisch und fügen unseren Erzählungen Details hinzu wie unsere Kinder. Noch einmal zur Erinnerung: Diese Prozesse laufen meist unbewusst und somit nicht mit böser Absicht ab. In meiner Arbeit habe ich festgestellt, dass besonders Kinder mit einem sehr geringen Selbstwertgefühl und Kinder, die in ihrem Leben schwer traumatische Erfahrungen gemacht haben, dazu neigen, Dinge zu erfinden und hinzuzufügen, die so niemals stattgefunden haben. Wie beim *Tilgen* kann ein möglicher Grund sein, gut dastehen zu wollen – vor sich selbst und anderen.

> Sandra lebt in einem Kinderheim, und obwohl sie schon 12 Jahre alt ist, will ihr das Lesen nicht so recht gelingen. Sandra ist ein schwer traumatisiertes Kind und war über Jahre hinweg Gewalt und Missbrauch ausgesetzt. Sie besucht eine Förderschule, und immer wieder gibt es Schwierigkeiten. Sie gerät in Konflikt mit anderen Kindern, verweigert die Aufgaben und boykottiert die Mitarbeit. Aber auf der anderen Seite kann man erkennen, dass sie darunter leidet, nicht lesen zu können. Nicht, dass sie dies direkt sagt, meistens tut sie so, als ob sie es könne, es aber nicht nötig hätte, dies jemandem zu zeigen. Obwohl sie die meisten Buchstaben kann, passiert beim Lesen folgendes: Ihre Augenbewegungen gleiten über maximal drei Wörter, die sie recht flüssig liest, und dann »springen« ihre Augenbewegungen. Parallel merkt man ihr an, dass sie innerlich unter Druck gerät. Sie schaut auf, verliert den Punkt, an dem sie war, und es wirkt so, als wenn sie ab jetzt die Buchstaben der nächsten Worte nicht mehr erkennt oder wahrnimmt. Ruhige fließende Augenbewegungen von links nach rechts, so wie sie zum Lesen notwendig sind, hält sie nicht aus. Dies ist aber nicht nur beim Lesen so. Wenn ich Sandra auffordern würde, mir länger in die Augen zu schauen, würde sie regelrecht ausrasten und anfangen zu schreien: »Guck mich nicht so an!«, oder aber sie würde aufstehen und eine mächtige Überreaktion wäre zu beobachten.
> Es ist, als wenn sie dann die Kontrolle verliert, und wahrscheinlich ist dies auch aufgrund ihrer Erfahrungen eine ihrer größten Ängste. Immer wieder erzählt sie mir von Geschenken, die ihr Vater oder Onkel ihr gemacht hätten. So etwa einen kleinen Hund, ein Pony, eine Kette etc. Leider weiß ich, dass dies sicher nicht geschehen ist, sondern dass, ganz im Gegenteil, diese Männer ihr gegenüber übergriffig waren. Ein Richtigstellen der Aussagen würde nur noch »Öl ins Feuer gießen.« Ich lasse die Aussagen daher unkommentiert stehen.
> Mit ganz viel Geduld und spielerischen Elementen schaffen wir es schließlich, die Aufmerksamkeitsphasen zu verlängern, die sie zum Lesen benötigt. Sie kann ihre Erfolge wahrnehmen, doch die Stunden mit ihr sind sehr anstrengend, da ich sehr genau beobachten muss, wann ihr innerer Stresspegel ansteigt, und dann sofort reagieren muss. D. h. in ihrem Fall: Sofort eine Pause machen, am besten lasse ich sie einen Moment allein, beobachte, wie lange sie benötigt, um sich wieder zu beruhigen, und gebe ihr diese Zeit. Manches Mal versuche ich, die Aufgabe

oder Anforderung humorvoll zu entschärfen. »Komische Aufgabe! Na, wer sich die Aufgabe wohl ausgedacht hat?«

In dem folgenden Beispiel handelt es sich nicht um ein traumatisiertes Kind.

Henning erzählt auf mein Nachfragen begeistert von seinen Wochenend-Erlebnissen. Dabei flunkert er mächtig. Beim Zuhören vermute ich, dass so einiges von dem, was er da erzählt, mehr seinen Wünschen als der Realität entspricht. Henning hat es nicht leicht, denn aufgrund einer Erkrankung ist er in vielen Bereichen eingeschränkt. Er ist ein zartgebauter Junge und körperlich nicht sehr belastbar. Aber reden kann er, und er hat eine ausgefallene Phantasie, wie ich an diesem Tag mal wieder feststellen darf. Er steigert sich in seine Erzählungen immer mehr hinein, und immer deutlicher wird mir, dass da seine Phantasie mit ihm durchgeht.

Am Ende seiner Erzählung schmunzele ich und sage: »Jetzt bin ich etwas verwirrt.« Auf seine Nachfrage hin sage ich sinngemäß: »Na ja, ich habe den Eindruck, dass mir gerade zwei Hennings etwas erzählt haben. Einmal der Phantasie-Henning und dann der wirkliche Henning. Ich weiß jetzt gar nicht, wer von den beiden was erzählt hat.«

Grinsend schaut Henning mich an, überlegt kurz und sagt dann: »Stimmt! Aber ich kann dir ganz genau sagen, was welcher von beiden erzählt hat.« Und dann legt er erneut los!

Bei Lerninhalten funktioniert das *Hinzufügen* oft automatisch und unbewusst.

Neben dem *Tilgen* und dem *Hinzufügen* kann es auch zu *Verzerrungen* kommen. Aufgrund unserer ganz individuellen Bewertungen und Erfahrungen können zwei Personen gemeinsam erlebte Situationen vollkommen unterschiedlich wahrnehmen und gänzlich unterschiedliche Schlussfolgerungen daraus ziehen.

Die meisten Erwachsenen kennen das: Zwei Kinder streiten sich, und wenn sie sich nacheinander beide Versionen der Beteiligten anhören, werden Sie feststellen, dass die Schilderungen voneinander so abweichen, dass es kaum vorstellbar ist, dass beide Kinder die gleiche Situation beschreiben.

Dieses entspricht einem Mechanismus, den die meisten Erwachsenen gut von sich selbst kennen: Gerüchte, Klatsch und Tratsch leben von *Verzerrungen*.

I Grundlagen des Lernens

In unserer Stadt ging z.B. das Gerücht um, am helllichten Tag habe eine versuchte Kindesentführung stattgefunden. Ein Mann habe versucht, ein Kind in sein Auto zu zerren. Zum Glück sei die Polizei rechtzeitig benachrichtigt worden, so dass die Entführung verhindert werden konnte. Soweit das Gerücht!

Am nächsten Tag stellte sich heraus, dass tatsächlich die Polizei gerufen worden war. Allerdings hatte es sich dabei nicht um die Entführung eines Kindes gehandelt. Vielmehr habe eine Frau versucht, den betrunkenen Ehemann in ihr Auto zu zerren. Aufgrund der Lautstärke und der zu beobachtenden Handgreiflichkeiten bei der Auseinandersetzung wurde die Polizei zu Hilfe gerufen.

Wenn wir vom Phänomen der *Verzerrung* wissen, sind wir im Vorteil: Das Bewusstsein darum lässt uns neue Wege gehen. Vielleicht ergreifen wir in mancher Situation nicht sofort Partei für die eine oder andere Seite. Dieses Wissen lehrt uns, genauer hinzuhören, einen Schritt zurückzutreten, nachzufragen und Situationen nicht so schnell zu bewerten.

So ein Verhalten hilft uns wiederum bei der Beurteilung von Lernsituationen. Denn auch hier sind die Dinge nicht immer so, wie sie zu sein scheinen.

Leo kommt aus der Schule nach Hause. Seine Mutter erkundigt sich, wie es im Deutschunterricht lief, denn sie weiß, dass sich Leo hier noch

> schwertut. »Wir mussten vorlesen«, berichtet Leo. »Und meine Lehrerin hat gesagt, ich hätte am besten von allen Kindern gelesen.«
> Leos Mutter stutzt. Sie weiß, wie unsicher ihr Sohn liest. Dass er der Beste im Lesen gewesen sein soll, kann sie sich kaum vorstellen.
> Was war passiert? Leo brauchte dringend ein wenig Zuspruch, vielleicht einen kleinen Schub Selbstvertrauen oder wollte einfach, dass seine Mutter stolz auf ihn ist. So hat er ein wenig die Wahrheit »verzerrt«.

Auch hier funktionieren wir genau wie die Kinder. Wer hat nach einer 22-minütigen Joggingrunde noch nie behauptet »heute locker eine halbe Stunde« gelaufen zu sein? Wer hat also noch nie die eigenen Leistungen ein klein wenig geschönt, um vor anderen besser dazustehen? Wir machen das genau wie die Kinder. Mit dem kleinen Unterschied, dass vielen Kindern genau dieses Verhalten häufiger vorgeworfen wird als uns. Solange sich ein solches »Verzerren« im Rahmen hält, brechen wir uns keinen Zacken aus der Krone, es wissend hinzunehmend und unserem Kind den Moment des kleinen Ruhmes zu gönnen – mag er auch ein wenig erschummelt sein.

*Generalisieren*, also verallgemeinern zu können, basiert auf der Fähigkeit, Unterschiede wahrzunehmen, zu vergleichen, zu bewerten und auszusortieren. Wir erkennen Strukturen und sind in der Lage, Rückschlüsse zu ziehen. Unser Unterscheidungsvermögen wächst in dem Maße, in dem wir auf die kleinen, feinen Unterschiede achten und diese mit berücksichtigen.

Generalisierungen gibt es dabei sowohl im Positiven wie auch im Negativen. Schauen wir uns zunächst einmal die positiven an, die wir in unserem Denken anwenden.

Sätze wie …

- »Schön, wie du dich immer um deine kleine Schwester kümmerst!«
- »Super, dass du immer schaust, dass du alles im Ranzen hast, was du für den nächsten Schultag brauchst.«
- »Ich finde es sehr beeindruckend, dass du dich vor den Arbeiten immer eigenständig vorbereitest!«
- »Auf dich kann man sich einfach gut verlassen.«

Solche Sätze tun gut und helfen, positive Grundannahmen über uns selbst und andere zu festigen und zu einem positiven Grundbild zu gelangen. Leider lassen sich im Alltag mit Kindern und Heranwachsenden besonders negative Generalisierungen beobachten.

Vergessen Sie beim Lesen der folgenden Sätze nicht, sich den passenden vorwurfsvollen Unterton vorzustellen, der hier nur zwischen den Zeilen

## I Grundlagen des Lernens

rauszuhören ist. Die folgenden Sätze beziehen sich eher auf das häusliche Umfeld.

- »*Immer* muss ich hier alles alleine machen.«
- »*Keiner* sieht, was ich alles tue.«
- »*Nie* darf ich tun was ich will!«
- »*Nie* hilfst du mit!«
- »*Alle* anderen dürfen das, nur ich nicht.«
- »Typisch, die benehmen sich *alle* so!«
- »*Alle* anderen Eltern erlauben das!«
- »*Immer* muss ich dir alles tausendmal sagen!«
- »Du bist *immer* der Letzte!«
- »Mein Gott, du bist *wie* dein Vater/deine Mutter!«
- »Die ärgern mich *immer*!«

Je öfter Kinder solche Sätze zu hören bekommen oder sich diese selbst vorsagen, desto mehr setzen sie sich im Unterbewusstsein fest. Oft wirken sie dann wie eine sich selbst erfüllende Prophezeiung. Dies geschieht meist unwissentlich und sicher nicht mit einer schlechten Absicht.

Bezogen auf Lernsituationen können Generalisierungen auch so lauten:

- »Du bist mal wieder *der Einzige*, der um diese Zeit noch nicht fertig ist.«
- »War ja klar, dass du *wieder* störst!«
- »Mathe und du, ihr werdet wohl *nie* Freunde!«
- Das liegt ihm einfach *nicht*.«
- »Physik wird der wohl nie begreifen. Das liegt *in der Familie*.«
- »Bei *uns* konnte noch keiner Mathe.«
- *Alle* anderen schaffen das doch auch!«

Negative Verallgemeinerungen, die Kinder und Jugendliche wiederholt hören, bergen eine große Gefahr, denn sie können das Bild, das sie mit der Zeit von sich selbst, ihren Fähigkeiten und Qualitäten haben, in hohem Maße negativ beeinflussen.

Aus unseren geäußerten Verallgemeinerungen ist herauszuhören, was wir über uns selbst denken. Natürlich gilt das sowohl im positiven als auch im negativen Sinne.

Negative Glaubenssätze können so klingen:

- »Ich bin einfach kein Sprachentyp. Da brauche ich es mit Spanisch gar nicht erst zu versuchen.«

- »Ich kann mich nie richtig konzentrieren.«
- »Ich bin genau wie mein Vater. Der konnte auch nie Mathe«.

Im positiven Fall klingt ein Glaubenssatz so:

- »Ich bin ein kreativer Typ!«
- »Ich kann gut auf mich aufpassen.«
- »Ich bin hilfsbereit.«
- »Mir fällt immer eine Lösung ein.«

Die Gefahr von wiederholten negativen Generalisierungen bezogen auf das Lernen liegt auf der Hand. Wenn Sie als Kind ständig gehört haben, dass Sie etwas nicht können, sind Sie entweder auch als Erwachsener noch immer davon überzeugt, dass Sie es nicht können, oder aber Sie haben sich bewusst von diesem Glaubenssatz verabschiedet. Dann aber wissen Sie auch, wie schwer das ist, solch einen Glaubenssatz zu »knacken«. Oft schleppen wir ihn jahrelang mit, nicht selten ohne es zu merken, da diese Sätze im Unterbewussten sitzen und wir sie nicht bewusst wahrnehmen. Unser Unterbewusstsein beeinflusst uns jedoch zu einem weitaus größeren Teil als unser Bewusstsein und somit auch unser Verhalten.

In meiner Arbeit mit Schülern habe ich etliche Glaubenssätze hinsichtlich ihrer schulischen Schwächen gehört, die nicht auf wirklichen Lernschwierigkeiten beruhen.

> Felix ist 13 Jahre alt und überzeugt davon, dass er Mathematik nicht kann und bei ihm eine Rechenschwäche vorliegt. Auffällig ist, dass er die Grundrechenarten sicher beherrscht. Er ist ein sehr ruhiger, besonnener Schüler, der sich dem mathematischen Denken immer mehr verschlossen hat, da er ja glaubt, er könne es sowieso nicht. Sein Glaubenssatz hindert ihn daran, sich mit Interesse der Mathematik zu widmen.
>
> Zurzeit steht bei ihm in der Schule das Thema »Flächenberechnung« an. Auch hier stellt sich heraus, wie stark sein Glaubenssatz sein Handeln geprägt hat. Felix Eltern hatten gerade zuvor ein Haus gebaut, aber als ich ihm einen Zollstock hinhalte, weiß er nicht einmal, wie der sich auseinanderfalten lässt. Er hatte sich angewöhnt, alles zu meiden, was nach Mathematik aussieht. Nach und nach gewinnt er jedoch in der Stunde Interesse und stellt irgendwann beim Blick aus dem Fenster staunend fest: »Wenn jedes Fenster, jede Tür, also jedes Haus aus Flächen besteht und sogar die Natur eine Ordnung hat, dann ist Mathematik ja überall.«

Drei Tage später klingelt es, und Felix steht wieder vor der Tür. Als ich öffne, bricht er in schallendes Gelächter aus. Ich bin sehr neugierig, und er versucht immer wieder, mir den Grund zu erklären, aber seine Lachanfälle hindern ihn an seinem Vorhaben. Dann endlich schafft er es doch, mir den Grund zu erzählen:

Er hatte am Abend zuvor im Fernsehen einen Kabarettisten gesehen, der sein WG-Leben in einer 3 qm großen Besenkammer pointiert schilderte. Felix kriegt sich nicht wieder ein: »Mensch«, prustet er los, »stell dir das mal vor, 3 qm, das ist ja richtig wenig!« Wieder muss er lachen, und dann fügt er hinzu: »Ich wusste gar nicht, dass man Witze versteht, wenn man Mathe kann.«

Glaubenssätze zu durchbrechen ist nicht immer so einfach wie in dem beschriebenen Beispiel. Manchmal ist es ein mühevoller Prozess, der viel Anstrengung erfordert, bis der Zugang zu dem eigentlichen Potenzial geschaffen ist. Denn diese inneren Sätze bauen sich nicht unbedingt logisch auf, sondern sind punktuelle Schlussfolgerungen, die aufgrund von Wertungen anderer und unserer eigenen Erfahrungen entstehen. Heißt konkret: Viele Glaubenssätze haben mit der Realität gar nicht unbedingt etwas zu tun, sondern sind von uns selbst oder anderen fehlinterpretierte Annahmen, die sich im eigenen Kopf festsetzen.

Entscheidend aber ist: Negative Generalisierungen verletzen und haben mit einer wohlwollenden Sichtweise und Beziehung zu dem Kind nichts mehr zu tun. Ganz im Gegenteil, wir stecken sie dadurch in eine Schublade und geben ein feststehendes Urteil über sie ab. Wenn ich jedoch bewusst wahrnehme, dass ich Kindern gegenüber solche Urteile abgebe, habe ich die Wahl, mich anders zu entscheiden. Sobald wir diese geäußerten Generalisierungen bemerken, haben wir auch die Möglichkeit, sie richtigzustellen. Das heißt, ich kann mich korrigieren, indem ich einen Satz nachschiebe. Es klingt doch gleich ganz anders, wenn ich sage: »Das stimmt eigentlich gar nicht, dass du *nie* mitarbeitest, ich habe es ja schon erlebt.«

Wenn Sie die ernsthafte Absicht haben, weniger Verallgemeinerungen zu benutzen, dann will ich Ihnen an dieser Stelle einen Trick verraten, der sicher funktioniert und Sie schneller zum Ziel führt.

Das Beste ist, Sie erklären Ihren Kindern, was Generalisierungen sind und welche Sie ab heute nicht mehr gebrauchen wollen. Sie laufen dann allerdings auch Gefahr, dass Ihre Kinder diese erkennen werden. Dann müssen Sie damit rechnen, dass sie sich gegen Ihre Sprüche wehren. Bei meinen Kindern klingt das dann so: »Auf dem Vortrag sagst du immer ›nicht generalisieren‹ – und was war das gerade wieder?«

Das ist der Preis, den wir dann zahlen, und darüber sollten wir uns im Klaren sein. Aber ist dieses Feedback der Kinder nicht wertvoll? Es hilft uns, aufmerksamer mit unserer Sprache umzugehen, und ermöglicht einen Dialog darüber mit den Kindern.

Unsere Wahrnehmung wird also durch Tilgen, Verzerren, Hinzufügen und Generalisieren bis zu einem gewissen Grad immer verfälscht und ist vollkommen subjektiv.

Grundsätzlich ist es deshalb so, dass wir nicht immer sicher sein können, dass das, was wir glauben wahrzunehmen, immer auch der Wahrheit entspricht. Dies gilt auch für Menschen wie mich, die sich schon viel mit dem Thema »Wahrnehmung« beschäftigt haben, wie die folgende Begebenheit zeigt. Es geschieht eben doch vieles unbewusst.

I Grundlagen des Lernens

> Vor einigen Wochen ging ich ins Fitnessstudio, das ich schon seit Jahren regelmäßig besuche, stand vorne am Tresen und mein Blick fiel auf das Schild über mir, auf dem zu lesen war: »Herzlich willkommen im Fitnessstudio«. Ganz selbstsicher sagte ich zu der jungen Frau hinter dem Tresen: »Aha, Sie haben ein neues Schild!« »Nein«, erwiderte sie, »das hängt schon seit der Eröffnung vor 4 Jahren dort.« Neben mir stand mein 19-jähriger Sohn, der mich schon oft auf meinen Vorträgen begleitet hatte und mit meinen Ausführungen gut vertraut ist. Grinsend und hämisch raunte er mir zu: »Und so viel zum Thema ›Wahrnehmung‹.«
> Damit aber noch nicht genug. Mein nächster Blick fiel auf ein Sparschwein, das auf dem Tresen stand, und prompt behauptete ich wieder: »Aha, aber daran kann ich mich genau erinnern, das steht immer da!« Daraufhin sagt die junge Dame: »Nein, das ist ganz neu, das haben wir heute Morgen erst aufgestellt.«

## Die Falle

Hier möchte ich Ihnen von einem Phänomen erzählen, das mir in den letzten Jahren immer wieder begegnet ist. Ich nenne es »die Falle«. In dem Beispiel, das ich dazu gerne erzähle, geht es zwar um Eltern, doch meiner Erfahrung nach tappen auch viele Lehrer und Pädagogen, die Kinder beim Lernen begleiten, in diese Falle.

Nicht selten erzählen mir Eltern, wie sie Zuhause intensiv mit einem Kind geübt haben, und enden dann mit dem Satz: »Eigentlich kann er das! Zuhause haben wir das Gleiche gemacht, und er konnte alles, aber in der Schule ist er dann total blockiert.« Diese Sätze hören auch Lehrer auf Elternsprechtagen oft. An dieser Stelle erzähle ich von der Falle und bitte jeden zunächst einmal zu überprüfen, ob er die Falle kennt und womöglich in diese hineingetappt ist.

Es ist doch so, dass wir die Kinder unterstützen wollen. Wir meinen es gut mit ihnen und wollen ihnen Erfolgserlebnisse verschaffen. Also üben wir mit ihnen. Nehmen wir z. B Lernwörter, die für ein Diktat geübt werden sollen. Bei Eltern könnte das so aussehen: Zunächst einmal wird dafür gesorgt, dass alle Störfaktoren ausgeschaltet werden.

Als Eltern üben wir mit dem Kind in einer Situation, in der es ruhig ist, das Kind nicht abgelenkt wird, wir wenden uns dem Kind beim Sprechen zu und reden laut und deutlich. Wir sprechen betont langsam, artikulieren überdeutlich, damit sich das Kind an die besondere Schreibweise der Wörter erinnert. Sehen wir, dass es unsicher wird und über die Schreibweise grübelt, sind wir gerne bereit eine »kleine« Unterstützung zu geben. Z. B.: »Überleg doch mal! Was tut der Bäcker?« Antwort: »Backen!« – »Na klar, dann schreibt man Bäcker mit ›ä‹ und nicht mit ›e‹.«

Und noch eins gilt es zu bedenken: In solchen Momenten funktioniert die Wahrnehmung der Kinder hervorragend. Wenn Erwachsene beim Diktieren oder Abfragen die Augen verdrehen, die Stimmlage verändern, unruhig werden, stöhnen, seufzen, sich entnervt abwenden oder sonstige Unruhe und Nervositäten zeigen, ist dem Kind doch sehr schnell klar, dass ein Fehler vorliegen muss. Also denk es sich: »Oh, die Mama zuckt. Dann hab' ich das letzte Wort wohl falsch geschrieben. Dann nehme ich die andere Schreibweise, die ich auch noch im Kopf habe.« Kinder reagieren dann schlicht auf Sie als Erwachsene. Mit sicherem Wissen, was die richtige Schreibweise angeht, hat das beim Kind jedoch leider nichts zu tun.

Wir müssen an dieser Stelle wissen, dass Kinder bei vielen kleinen Wörtern, mit denen sie sich schwertun, zwei Schreibvarianten im Kopf haben. Natürlich gibt es auch schwierigere Wörter, bei denen Kinder schon mal drei Schreibweisen im Kopf haben, doch in den meisten Fällen haben sie zwei Möglichkeiten zur Auswahl.

Zucken wir als Erwachsene also bei dem Wort »hate« zusammen und sagen: »Überleg doch mal!«, dann weiß das Kind doch, dass die andere Variante, nämlich die mit Doppel-t, die richtige gewesen wäre. Stöhnt Papa bei dem Wort »hir«, dann schließe ich daraus, dass ich besser meine zweite Vorstellung mit »ie« genommen hätte.

Was in der Konsequenz passiert, ist folgendes: Das Kind wird immer besser darin, die kleinen Zeichen seiner Erwachsenen zu lesen, die sie bei falschgeschriebenen Wörtern von sich geben, merkt sich allerdings deshalb noch lange nicht die richtige Schreibweise eines Wortes. In der Schule beim Diktat sitzt dann kein sich räuspernder augenverdrehender Erwachsener daneben. Das Kind soll ganz allein ohne Hilfestellung plötzlich wissen, wie die Wörter geschrieben werden. Das ist, als würde man Zuhause ein Kind mit Krücke laufen lassen und ihm kurz vor der Schule immer die Krücke mit dem Kommentar »Du schaffst das schon so!« wegnehmen.

Die Intention der Hilfestellungen der Erwachsenen ist hier sicher eine großartige, allerdings für den Lernerfolg des Kindes vollkommen kontraproduktiv.

Was also können wir tun?

I Grundlagen des Lernens

Wir sollten unser Pokerface aufsetzen! Egal, ob das Kind ein Wort richtig oder falsch schreibt, sie dürfen es uns nicht schon an der Nasenspitze ansehen. Reagiert ein Kind auf ein »Bist du dir sicher?« unsicher und sagt »Ach nee, dann schreib ich das doch anders«, dann ist es nicht sicher. Das heißt, wir haben ein unsicheres Wort gefunden, bei dem wir dafür sorgen müssen, dass es sicher im »Fotoalbum« (dem so genannten »Wortbildspeicher«) im Kopf landet. Es geht hier niemals darum, ein Kind auflaufen zu lassen, sondern darum, sicherzustellen, dass es in einer Prüfungssituation ohne uns an seiner Seite auch alleine sicher ist. (Es lohnt sich übrigens durchaus, die Frage »Bist du dir sicher?« auch bei richtig geschriebenen Wörtern zu stellen.)

Auch Pädagogen tappen übrigens in diese Falle.

> Einige Tage nach einem Vortrag erhalte ich einen Anruf eines Realschullehrers. »Ich war auf Ihrem Vortrag, und Sie haben von der Falle erzählt. Mir war nicht bewusst, wie oft ich in die Falle tappe. Ich wundere mich immer, dass es Schüler gibt, die bei den Mathearbeiten die Formeln verwechseln«, sagt er. »Zum Beispiel die Formel für den Umfang und für die Fläche eines Rechteckes. Im Unterricht wussten die Schüler es. Das dachte ich zumindest«, lacht er. »Aber tatsächlich war es so, dass sie auf mich so wirkten, als wenn sie überlegen mussten. Dabei haben sie mich genau beobachtet und bei dem kleinsten Anzeichen meinerseits, sich für die andere Formel entschieden. Heute haben sie sich bei mir beschwert und wortwörtlich gesagt: ›Herr S., Sie geben ja gar keine Hinweise mehr! Woher sollen wir denn dann wissen, was richtig ist?‹« Er lacht wieder und ergänzt: »Aber ich weiß, dass ich mir jetzt etwas einfallen lassen muss, um die Sicherheit auf der Seite der Schüler zu erhöhen.«

> Eine Nachhilfelehrerin kommt mit ihrem Schüler, weil die Eltern überhaupt keine Fortschritte sehen. Ob mit oder ohne Nachhilfe, von der 5 in Englisch kommt der Junge nicht weg. Ein hübscher strahlender 6 Klässler sitzt vor mir. Auf dem Sofa eine junge Studentin. Man spürt gleich, dass die beiden eine gute Beziehung haben. Der Junge richtet seinen Stuhl direkt so aus, dass er immer auch die Studentin ansehen kann. Bei meinen Fragen, ob er denn die Zeit »Present Tense« kenne und mir sagen könne, welche Zeit das sei und wie man sie bildet, schaut er immer zuerst zu der Studentin und haucht dann einen Anfangsbuchstaben der vermeintlichen Zeit unsicher in den Raum. »V ...« (wie Vergangenheit) oder »G ...« (wie Gegenwart). Sofort reagiert die Studentin

> durch ein heftiges Nicken oder ein Kopfschütteln. Manchmal haucht auch sie einen Anfangsbuchstaben in die Luft und gibt ihrem Schüler permanent überdeutliche Hinweise. Ich erzähle den beiden von der Falle und bitte die Studentin, die Zeichen zu unterlassen, um sicherzustellen, an welchen Stellen ihr Schüler nur die Antwort an der Nachhilfekraft abliest und was er wirklich sicher weiß.

## Intelligenzbereiche

Gehören Sie zu den Menschen, die sich besonders gut ausdrücken können? Die sich gerne mit Sprache beschäftigen? Oder sind Sie sehr einfühlsam im Umgang mit anderen Menschen? Oder spielen Sie mit Begeisterung ein Instrument, sind Sie sportlich oder eher der Organisationstyp, der ein Unternehmen oder eine Familie durchplant? Was können Sie ausgesprochen gut?

Jeder Mensch hat besondere Begabungen, Stärken und Fähigkeiten. Wenn wir jedoch den Begriff »Intelligenz« benutzen, beziehen wir das in der Regel mehr auf Bereiche wie Wortgewandtheit oder analytisches Denken, also mehr auf die »messbaren« intellektuellen Fähigkeiten.

Was bedeutet für Sie Intelligenz? Würden Sie die Fähigkeiten, die ein Bauarbeiter benötigt, um die Planung eines Hauses in die Realität umzusetzen, als intellektuelle Leistung bezeichnen? Oder die Fähigkeit einer Krankenschwester, sich jeden Tag unermüdlich und einfühlsam um Patienten zu kümmern? Ich habe lange Zeit geglaubt, von Intelligenz dürfe man nur sprechen, wenn besondere intellektuelle Fähigkeiten nachweisbar seien. Wenn ich mir danach meine Zeugnisse anschaute oder mich an meine Schulzeit erinnerte, kam ich mir nicht sonderlich intelligent vor. In meinem Kopf hatte sich ein Bild davon festgesetzt, was allgemeingültig als intelligent gilt: Jemand, der in der Schule gute Noten schreibt, der später studiert und generell natürlich zu einer bestimmten Berufsgruppe gehört, wie Arzt, Jurist, Therapeut, Naturwissenschaftler etc.

Wenn es dann Situationen gab, in denen ich mit Menschen dieser Berufsgruppen zusammenkam, erschien ich mir im Vergleich weniger intelligent, fühlte mich nicht mehr so wohl, manchmal sogar minderwertig, obwohl ich die Menschen, mit denen ich mich verglich, gar nicht kannte.

Es gibt viele Kinder, die dieses Gefühl in der Schule erleben. Sie werden, so wie ich, durch Vergleiche von »besser« und »schlechter« eher gelähmt.

I Grundlagen des Lernens

Beim schulischen Lernen werden besonders die ersten zwei Intelligenzbereiche, der sprachlich-linguistische und der logisch-mathematische, gefordert und bewertet. Menschen kommen jedoch mit sehr unterschiedlichen Begabungen auf die Welt und bringen Veranlagungen mit. So gibt es Menschen, die von Natur aus ein gutes Gefühl für die gesprochene und geschriebene Sprache haben, sie können Sprache gut für sich nutzen oder erlernen Fremdsprachen mühelos. Anderen Menschen fällt es leicht Probleme logisch zu analysieren, mathematische Operationen durchzuführen und wissenschaftliche Fragen logisch zu untersuchen. Wieder andere bringen schon eine musikalische Begabung mit. Begabung zum Spielen eines Instrumentes, zum Komponieren und ein Sinn für die musikalischen Prinzipien sind vorhanden.

Andere Intelligenzbereiche sind wesentlich für unser zwischenmenschliches Zusammenleben und beeinflussen auch unseren Erfolg im »Leben nach der Schule« maßgeblich. Jeder weiß im Grunde, dass es in unserer Gesellschaft Tausende von Menschen gibt, die trotz schlechter Noten in der Schule im Leben sehr erfolgreich sind. Dass die Schüler mit den besten Abschlusszeugnissen nicht unbedingt die sind, die im praktischen Leben am besten bestehen.

Wie hier deutlich wird, gibt es eine Vielzahl verschiedener Intelligenzen, die unser Schulsystem wenig oder gar nicht berücksichtigt. Deshalb möchte ich an dieser Stelle noch einmal Folgendes betonen: Es geht nicht nur um Noten! Es geht im Leben nicht nur darum, wer das beste Zeugnis hat! Es geht nicht nur um die perfekte Rechtschreibung und wer am schnellsten Kopfrechnen kann! Es gibt so viel mehr, was so viel wichtiger ist: Durchhaltevermögen, Kreativität, Zuverlässigkeit, Empathie, Verantwortungsbewusstsein, Hilfsbereitschaft, Begeisterungsfähigkeit, eigenständiges Denken, Selbstreflexion – das sind Dinge, die für das Leben wichtig sind! Was hätten Sie als Arbeitgeber lieber: Einen Angestellten mit Einserschnitt, der aber vollkommen demotiviert aus der Pause geschlufft kommt? Oder einen Angestellten mit weniger guten Noten, der aber zuverlässig und motiviert lernwillig vor Ihnen steht?

> Frida besucht eine Waldorfschule, und als ich sie kennen lerne, sehe ich eine lächelnde Siebzehnjährige, die auf den ersten Blick nicht erkennen lässt, dass es schulisch irgendwo Probleme geben könnte. Doch Fridas Merkfähigkeit ist sehr eingeschränkt. Ihre schulischen Erfolge verdankt sie ihrer freundlichen Art, der Unterstützung ihrer Mutter und der Tatsache, dass jeder Lehrer sie als sehr angenehm und höflich empfindet. Frida fällt im Unterricht nicht auf, hat immer alle Hausaufgaben erledigt

und versteht sich so gut mit ihren Mitschülern, dass diese sie auch gerne in Tests und Klassenarbeiten unauffällig abschreiben lassen.

Leider fällt mir im Laufe der ersten Stunde auf, dass Frida an vielen Stellen unsicher ist und vermeidlich einfache Informationen nicht abrufen kann.

Frida erzählt mir, dass sie vor einigen Tagen auf dem dörflichen Oktoberfest gewesen sei. »Interessant«, sage ich. »Du interessierst dich ja für Gastronomie und Hauswirtschaft.«

Ich frage sie, ob sie weiß, wo das große Oktoberfest immer stattfindet. Frida verneint. »In Bayern«, sage ich. »Hast du von Bayern schon einmal etwas gehört?« Wieder schüttelt Frida den Kopf. Sie wusste weder, dass Bayern ein Bundesland ist, noch hatte sie von dem Fußballverein schon einmal etwas gehört.

Diese Unsicherheit und dieses Unwissen ziehen sich leider durch eine Vielzahl von Bereichen. Durch ihre höfliche und freundlich lächelnde Art schafft es Frida jedoch, ihrem Gegenüber allzu oft das Gefühl zu vermitteln, sie könne die Information nur »in diesem Moment« nicht sicher abrufen.

Als Frida ihr dreiwöchiges Praktikum bei einem Catering Service beendet hat, ist der Inhaber des Unternehmens voll des Lobes. Noch nie habe er so eine zuverlässige und freundliche Praktikantin gehabt. Er schwärmt in den höchsten Tönen von Frida. Umsichtig, engagiert, pünktlich, und sie hatte wirklich tolle Ideen, so lobt er Fridas Qualitäten. Und er fügt hinzu, »Die würde ich als Auszubildende sofort einstellen, auch ohne dass ich ihr Zeugnis gesehen habe.«

Erschreckenderweise ist vielen Kinder nicht bewusst, dass Schule eben nicht alles ist, und dass sie viele tolle Qualitäten mitbringen, die sehr viel wichtiger sind. Ich habe so viele Kinder kennengelernt, die mir auf die Frage, was sie gut könnten, was sie für Stärken hätten, keine Antwort geben konnten, die unabhängig von einem Schulfach war.

Ich erinnere mich an eine Situation, die einige Jahre zurückliegt. Ich war für einen Unterrichtsbesuch bzw. eine Hospitation für ein Mädchen an einer Grundschule. In der Pause fiel mir auf, dass ein anderes Mädchen aus der Klasse sehr liebevoll mithalf, wenn die jüngeren Schüler ihre Winterjacken nicht richtig schließen konnten oder die Füße nicht in die dicken Stiefel hineinbekamen.

I Grundlagen des Lernens

> Fast im Vorbeigehen sagte ich zu ihr: »Ich finde das wirklich beeindruckend, wie hilfsbereit du bist.« Kurz danach war für mich der Tag an der Grundschule vorbei.
> 
> Fast eineinhalb Jahre später war ich noch einmal an derselben Schule. Wie überrascht war ich, als eben dieses Mädchen mich auf dem Schulhof bereits wiedererkannte und freudig auf mich zukam: »Ich weiß noch wer du bist. Du hast mir letztes Mal gesagt, dass ich richtig hilfsbereit bin!«

Für das Lernen, aber eben auch ganz allgemein für die Kommunikation mit Kindern, bedeutet dies: Wann immer es Ihnen möglich ist, loben Sie die Qualitäten der Kinder mehr als nur ihre Leistungen. Natürlich lassen sich Noten nicht allgemein als unwichtig abstempeln. Auch für die Kinder haben sie eine Bedeutung.

Doch Noten sind Momentaufnahmen. Sie geben nicht wieder, was für ein großartiges Potenzial sich in einem Kind verbirgt. Was sehr viel wichtiger ist als Resultate sind Qualitäten: Höflichkeit, Freundlichkeit, Zuverlässigkeit, Ordentlichkeit, Empathie, Organisationstalent, Hilfsbereitschaft, Kreativität – das sind die Dinge, die im späteren Leben ausschlaggebend sind.

Je häufiger wir den Kindern ganz deutlich vermitteln können, wo ihre Qualitäten liegen, desto größer ist die Chance, dass sie dies als positiven Glaubenssatz über sich selbst abspeichern und auf ihre Stärken in diesen Bereichen vertrauen.

# 4

## Lernen durch Denken und Erfahren

Unser Gehirn lässt sich nicht unabhängig von unserem Körper und den Erfahrungen, die wir in unserem Leben machen, betrachten. In einem Wechselspiel beeinflussen sie sich gegenseitig. Das Gehirn unterliegt dabei einem ständigen Veränderungsprozess, geprägt durch das, was wir sehen, hören, fühlen, erleben – egal, ob diese Erfahrungen positiv oder negativ geprägt sind.

Ich gehe an vielen Stellen dieses Buches auf die Frage ein, wie sich Lernerfahrungen, Lernorte, Lernumgebungen verändern müssten, damit Lernen leichter und auf natürliche Weise passieren kann. Vor diesem Hintergrund stellt sich die wichtige Frage: Was können wir tun, um Kinder darin zu begleiten, durch Erfahrungen ein Mehr an Wissen und Verständnis zu entwickeln? Wie können wir sie darin unterstützen, Dinge wirklich zu begreifen? Und hier besonders: Wie kann das Wissen über die Gehirnfunktionen auf diesem Weg hilfreich sein?

I Grundlagen des Lernens

## Das Gehirn

In einem sehr vereinfachten Bild besteht unser Gehirn aus zwei symmetrischen Hälften mit Millionen verschiedener Funktionen. Wenn ich mir unser Gehirn bildhaft vorstelle, erinnert es mich vom Aussehen her am ehesten an das Innere einer Walnuss. Nur, dass es wesentlich größer ist und wie eine weiche, glibberige Masse erscheint. Und dennoch verbirgt sich hinter dieser unscheinbaren, glibberigen Masse ein großes Geheimnis unseres Menschseins.

Das Bild von der rechten und linken Hirnhälfte (Hemisphäre) ist ein häufig benutztes Modell, wenn es darum geht zu erklären, wie unser Gehirn funktioniert. Vielen Lesern ist dieses Bild von der Grundidee her sicher bekannt. Wichtig ist mir hier zu betonen, dass die Prozesse im Gehirn sich nicht auf solch simple Weise einer zuständigen Gehirnhälfte zuordnen lassen. Die Abläufe und Verknüpfungen im Gehirn sind deutlich verworrener. Dennoch hilft eine etwas »heruntergebrochene« Darstellung der Hirnbereiche, die Prozesse, die man für das Lernen benötigt, besser zu verstehen.

Grundsätzlich ist es so, dass zwar beide Gehirnhälften gleichermaßen über Fähigkeiten in allen Bereichen verfügen, doch bei bestimmten Aktivitäten zum Teil die eine oder andere Gehirnhälfte bzw. ein bestimmter Bereich des Gehirns dominiert.

Beide Gehirnhälften sind dabei durch einen dicken Nervenstrang miteinander verbunden: dem Corpus Callosum. Diese Verbindung über das Corpus Callosum ermöglicht es uns, schnell auf die Kapazitäten der anderen Gehirnhälfte zuzugreifen.

Nehmen Sie das Beispiel eines Hauses oder einer Wohnung. Das Corpus Callosum ist quasi der Hausflur. Stellen Sie sich vor, obwohl Ihnen das ganze Haus gehört oder Sie die ganze Wohnung gemietet haben, würden Sie nur eine Hälfte bewohnen und nutzen. Das erscheint sicher niemandem logisch.

Der Flur dazwischen spielt dabei eine entscheidende Rolle. Je leichter der Flur begehbar ist, desto schneller erreichen Sie die Räume auf der anderen Seite. Für unser Gehirn bedeutet das, je einfacher der Wechsel zwischen den Gehirnhälften stattfindet, desto leichter und entspannter können wir lernen und mehr Kapazitäten nutzen.

Betrachtet man die beiden Hirnhälften und die verschiedenen Bereiche im Gehirn, ist dabei nicht das Ziel, die eine Seite in ihrer Wirkungsweise gegen die anderen abzuwägen. Es geht vielmehr darum, dass es wünschenswert wäre, die unterschiedlichen Gehirnbereiche gut nutzen zu können. Bezogen auf das Lernen mit Kindern hilft uns dieses Wissen über das Gehirn zu verstehen, warum Kinder manchmal eben Dinge nicht nachvollziehen können oder anders an Sachverhalte herangehen.

Die linke Gehirnhälfte wird gerne auch als die »Logikseite« bezeichnet. Lange hieß es, sie allein sei für unser rationales Denken verantwortlich, für abstrakte Begriffe. Hier würden Informationen eher linear, d.h. in einer Reihenfolge, Schritt für Schritt verarbeitet. So gelange man von den einzelnen Teilen hin zum Ganzen.

Dies ist durchaus der Fall, jedoch ist das Gehirn, wie bereits erwähnt, sehr viel komplexer, und so vielschichtige Prozesse lassen sich nicht so vereinfacht auf bestimmte Hirnhälften festlegen. Spannend ist dennoch zu wissen, dass etwa der Bereich der Sprache bis zu einem gewissen Teil an die linke Hirnhälfte geknüpft ist, d.h. das Alphabet, Wörter, grammatikalische Strukturen und die Rechtschreibung. Aber bei der Sprache ist eben auch die rechte Seite des Gehirns beteiligt, u.a. bei der Sprachmelodie oder der Fähigkeit »zwischen den Zeilen zu lesen«.

Ein Bereich des logischen und analytischen Denkens liegt ebenfalls in der linken Gehirnhälfte. Doch auch hier darf man nicht vorschnell annehmen, dass damit gleich die ganze Mathematik gemeint ist. So benötigt man für das räumliche Denken und das Zahlenverständnis die rechte Gehirnhälfte.

Zu den Reihenfolgen gehört auch das Verstehen von Ursache und Wirkung. Es ist zwar nur eine Zweier-Reihenfolge, doch sehr bedeutsam, um Zusammenhänge zu erkennen und die Folgen unseres Handelns im Vorhinein überschauen zu können. Das Planen von Handlungsabläufen gehört ebenso in diesen Bereich. Ohne diesen Bereich könnten man aus dem angeeigneten Wissen keine Schlüsse ziehen, Vergleiche anstellen, Strukturen erkennen und übertragen.

Die rechte Gehirnhälfte verschafft uns, vereinfacht gesagt, als erstes einen Überblick über Situationen und Dinge. Sie nimmt zunächst das große Ganze wahr und geht dann zu den Teilen über. Dieses Gehirnareal denkt unmittelbar in Bildern. Es ist der Teil unseres Gehirns, der auch für das kreative und das intuitive Denken zuständig ist. Hier liegt der Schwerpunkt der Phantasie, des bunten bildhaften Denkens, ebenso wie der kreative Teil, der sich für Geschichten und Lieder begeistert.

Erinnern Sie sich nur einmal an Ihre Schulzeit! Wie viele Stunden haben Sie die Schulbank gedrückt? Während all dieser vielen Stunden wurde aufgrund der vorherrschenden Schulstrukturen in der Regel der analytisch-logische Bereich des Gehirns deutlich mehr gefordert und trainiert und damit natürlich auch besser durchblutet, denn in der Schule liegt der Fokus in einem Großteil der Zeit auf dem strukturierten logischen Denken und Vorgehen und leider meist weniger auf der Förderung der Kreativität und Phantasie. Durch die Überbetonung dieses Bereichs fehlt es der kreativen phantasievollen Gehirnregion oft an Training. Für manche Lösungen einer Aufgabe aber wäre genau dies sehr nützlich.

Für alle, die nach der Schule studiert haben, setzte sich dieser Prozess häufig weiter fort. Aufgrund des fehlenden »Trainings« fällt es daher leider nicht wenigen Erwachsenen manchmal schwer, beim Lernen die phantasievolle Seite mit einzubeziehen.

Das Schöne ist: Wenn Sie sich mit dem Lernen von Kindern beschäftigen, können Sie diese Art des Lernens wieder neu entdecken und trainieren. Heute bin ich ausgesprochen sicher, dass ich mir die Ehrenrunde in meiner Schulzeit hätte sparen können, wenn ich gelernt hätte, das bildhafte Denken stärker einzubeziehen und ich andere Lernstrategien zur Verfügung gehabt hätte. Das Gesamtpotenzial meines Gehirns wäre sehr viel besser genutzt worden. Abgesehen davon hätte mir das Lernen sicherlich mehr Spaß gemacht.

Ungeeignet für das Abspeichern von Lerninhalten im Gehirn ist übrigens das rein mechanische Pauken, das Auswendiglernen durch ständiges, stumpfes Wiederholen. Gedächtnis und Verstehen gehören zusammen – wobei es durchaus Bereiche gibt, in denen wir automatisch etwas mechanisch lernen. Dies gilt u. a. für viele motorische Fähigkeiten, wie z. B. das Laufen, Fahrradfahren oder Klavierspielen. Hier automatisieren wir bestimmte Abläufe und lernen durch Wiederholungen, ohne letztendlich zu verstehen, wie es in allen Einzelaspekten funktioniert.

## Das bildhafte Denken

Kinder sind zunächst sehr phantasievoll und greifen schneller auf die rechte Hirnhälfte zurück. Sie nehmen das große Ganze wahr und denken bevorzugt in Bildern. Wenn Sie schon einmal gegen ein Kind Memory gespielt haben, wissen Sie, was ich meine!

Gegen einen 5-Jährigen habe ich kaum eine Chance. Ich versuche, hochkonzentriert »streng logisch« vorzugehen, in einer Reihenfolge: Erste Karte rechts unten »Apfel«, zweite Karte rechts unten »Ente«. Dabei versuche ich mir die Bilder in einer Abfolge »Apfel« – »Ente« usw. zu merken. Die

Kinder hingegen greifen scheinbar wahllos hinein und decken – ganz unsystematisch – die Karten auf. Wer aber hat am Ende die meisten Paare? Wir alle kennen die Antwort. Es sind nicht wir Erwachsenen.

Auch beim Puzzeln nutzen Kinder zunächst noch mehr die rechte Gehirnhälfte. Da liegen die 15 Teile eines Puzzles, das einen Hund darstellt. Anfangs greifen Kinder zunächst nach dem für sie wichtigsten Puzzleteil. Das ist in der Regel das Teil, auf dem das Gesicht des Hundes abgebildet ist. Erst nach und nach lernen sie, in Strukturen vorzugehen. Wenn Erwachsene dasselbe Puzzle machen, gehen sie hingegen »logisch« an die Sache heran, Schritt für Schritt, in einer bestimmten Reihenfolge. Erst die vier Eckteile, dann die Randteile und am Schluss die übrigen Puzzleteile.

Die Nutzung der phantasievollen kreativen Hirnareale sollte demnach in der Schule deutlich mehr einbezogen werden, denn sie liegt den Kindern von Geburt an sehr und bringt einfach jede Menge Spaß. Was leider allzu häufig geschieht, ist, dass bildhafte kreative Vorgehensweisen, die für uns als Kinder vollkommen alltäglich waren, wir dann später als Erwachsene mit Sätzen wie »Ich bin einfach kein kreativer Typ« kommentieren.

Meiner Erfahrung nach finden insbesondere Kinder mit Lernschwierigkeiten über die bildhaften Gehirnbereiche deutlich leichter einen Zugang zu Lerninhalten. Schafft man es hier, die Kinder Lerninhalte wirklich begreifen und erfahren zu lassen, erhöht das die Chance auf ein erfolgreiches Lernen um ein Vielfaches.

Sicher lässt sich nicht alles schulische Wissen mit Bildern und direkten Erfahrungen oder haptischem Begreifen verbinden. Wenn Sie es aber immer wieder ausprobieren, wird es Ihnen und dem Kind zunehmend leichter fallen, bildhafte Verbindungen herzustellen. Auch hier gilt: Übung macht den Meister!

Natürlich entstehen hin und wieder auch falsche bildhafte Verbindungen, und die Vorgaben der Erwachsenen zielten auf etwas anderes ab.

> Auf einem Ausflug weist die Lehrerin ihre Zweitklässler auf ein Denkmal hin. Ein Junge schaut sie daraufhin erstaunt an und fragt: »Und was soll ich jetzt mal denken?«

> Einer meiner Schüler, Finn, hat die Aufgabe in Deutsch wirklich sehr wörtlich genommen und berichtet stolz, dass er heute nur ein Wort schreiben musste. Auf Nachfragen stellt sich heraus, dass die Aufgabe lautete: »Schreibe den Mittelpunkt der Geschichte heraus«. Finn legte das Blatt mit dem Text vor sich auf den Tisch, stand auf und fixierte mit seinem Finger den Mittelpunkt des Textes. Dieses Wort schrieb er heraus.

I Grundlagen des Lernens

Eine Mutter berichtet mir, dass ihr 7-jähriger Sohn in einer Testsituation in einer Ergotherapeutischen Praxis aufgefordert wurde: »Fahre mit dem Stift die Linie nach!« Der Junge aber fing nicht an und schaute nur fragend hoch. »Weißt du, was du tun sollst?«, fragte ihn die Mutter. Der Junge schüttelte den Kopf, während die Testperson die Mutter ermahnend darauf hinwies, dass sie nicht helfen dürfe. »Aber«, warf da der Junge ein, »ein Stift kann doch nicht fahren.«

Auf einer Lehrerfortbildung meldet sich nach der Pause eine Lehrerin und sagt: »Jetzt wird mir endlich klar, warum meine Schüler nicht schneller werden, oder gar nicht reagieren, wenn ich ihnen sage: »Jetzt kommt doch mal *langsam* zum Schluss«.

»Mache schöne Päckchen«, lautet Zoeys Aufgabe in der zweiten Klasse. Sie nimmt diese Aufgabenstellung als Aufforderung und malt neben das Päckchen kleine bunte Blümchen.

Hier haben die Kinder genau das getan, was die Kinder zunächst einmal tun: Sie haben bildhaft gedacht und es wörtlich genommen. Es gibt keinen Grund, dies als falsch zu bezeichnen, es ist einfach erst einmal nur anders.

Bildhafte Verbindungen sind also ein Teil unserer Sprache. Stellen Sie sich nur die folgenden Sätze wirklich bildhaft vor: »Iss deinen Teller auf!«,

»Die Töpfe (Blumentöpfe) sind aber toll gewachsen!« Oder was muss jemand denken, der gerade die deutsche Sprache neu erlernt, wenn er in einem Restaurant mitbekommt, wie der Kellner Ihnen das Essen bringt und fragend sagt: »Schweinekotelett?« Und Sie antworten: »Das bin ich!«

## Vom Sprechenlernen und Fragenstellen

Gerade anhand der Sprache kann jeder gut nachvollziehen, wie sich die Entwicklung unseres geistigen Potenzials in den unterschiedlichen Bereichen vollzieht und wie die ersten »Schritte« des Sprechenlernens an Bilder geknüpft sind.

In den ersten Lebensjahren schult ein Kind zunächst einmal das Heraushören von Lauten und Silben, bis es beginnt, selbst die ersten Wörter zu sprechen. Vorlesen, Erzählen und überhaupt das liebevolle zugewandte Sprechen mit einem Kind bilden die Basis. Liest man einem einjährigen Kind vor, sind die Inhalte zunächst noch zweitrangig. Wichtig ist, dass das Elternteil das, was es liest, mag. Durch die Begeisterung des Erwachsenen beim Lesen, die Betonung und die Sprachmelodie wird das Kind angeregt, zunächst einmal die Laute herauszuhören. In einer sicheren Beziehung spielt das Kind dann mit den Lauten und den ersten Silben, bis es irgendwann beginnt, die ersten Wörter nachzusprechen. Der passive Wortschatz ist zu diesem Zeitpunkt aber schon deutlich größer.

Kinder, die sprechen lernen, bezeichnen in einem nächsten Schritt zunächst bildhafte Gegenstände mit Worten. Es folgen Zwei-Wort-Sätze. Nach und nach – mit zunehmendem Wortschatz – werden die Sätze länger und komplizierter. Gleichzeitig erkennen sie aber schon die grammatikalischen Strukturen der Sprache und das eher, als wir allgemein annehmen.

Hier gilt es sich bewusst zu machen: Die ersten Wörter werden von den Kindern nicht in Lauten, sondern in Silben nachgesprochen. Sie lernen zum Beispiel das Wort BA-NA-NE, weil es ihnen in Silben vorgesprochen wird. Eltern geben sich dabei große Mühe, die ersten Wörter, für die das Kind Interesse zeigt oder die sie dem Kind nahelegen möchten, langsam und deutlich vorzusprechen. Dabei sind sie dem Kind sehr zugewandt, nehmen meistens Blickkontakt auf, zeigen auf die Gegenstände, die Stimmlage wird erhöht, und auch das Tempo ist langsamer als bei dem normalen Redefluss.

# I Grundlagen des Lernens

In der Schule jedoch wird von den Kindern gefordert, das Wort Banane nicht nur in Silben, sondern akustisch in Laute zu unterteilen.

Nehmen wir zwei Wörter und unterteilen sie einmal in Silben und einmal in Laute, um bewusst zu machen, wie viel mehr differenziertes Hören notwendig ist, um die Laute zu benennen.

*Banane*, das Wort besteht aus 3 Silben (Ba – na – ne), aber aus 6 Lauten (B – a – n – a – n –e)

*Kühlschrank*, das Wort besteht aus 2 Silben (Kühl – schrank), aber aus 8 Lauten (K – ü – l – sch – r – a – n – k), und dann war da noch ein Buchstabe, den man gar nicht hört (h).

Laute differenziert zu hören, setzt also wesentlich mehr voraus, als nur sprechen zu können.

- »Wo im Wort hört man ein e?«,
- »Kommt im Wort ›Banane‹ ein ›a‹ vor?«,
- »Was ist der letzte Laut im Wort ›Banane?‹«

Hat ein Kind beim Experimentieren mit Lauten in den ersten Lebensjahren sehr wenig Anregungen gehabt, nicht üben können und wenig positive Rückmeldung und Bestärkung durch Bezugspersonen bekommen, muss es diese Differenzierung später erlernen, und es bedarf dafür zu Beginn des Lese- und Schreibprozesses in der Schule in den meisten Fällen einer deutlich höheren Anzahl an Wiederholungen. Die Gründe hierfür können vielfältig sein und von einer Hörbeeinträchtigung, Hörverarbeitungsstörungen bis hin zu Defiziten aufgrund von mangelnder Ansprache und Vernachlässigungssituationen reichen.

Auch beim Lesenlernen benötigen wir zunächst einmal die linke Gehirnhälfte. Zum Lesenlernen braucht man sehr viele und teils komplexe Aspekte, die man beherrschen muss. Zunächst einmal müssen die verschiedenen

Buchstaben sinnvoll in eine Reihenfolge gebracht werden. Dabei sollte man bedenken, dass Buchstaben allein keine Bilder darstellen, sondern nur Symbole sind. Erst wenn wir die passenden Buchstaben (»H-a-u-s«) aneinanderreihen, entsteht in unserem Kopf eine Art Foto dieses Wortes.

Hinzu kommt die passende Lautierung, dann der Sprachrhythmus und dazu ein bestimmter emotionaler Ausdruck in unserer Stimme. Für all diese Dinge benötigen wir dann die *rechte* Gehirnhälfte, denn sie steuert und erkennt die Sprachmelodie, die Betonung und die Lautstärke, während sich in der linken Hälfte der Wortschatz befindet. Das heißt, dass wir beim Lesen einerseits Reihenfolgen wahrnehmen, weil wir ja von links nach rechts schreiben und gleichzeitig noch die richtige Buchstabenabfolge erkennen müssen. Zeitgleich muss die Sprachmelodie dem rasanten Sprechtempo angepasst werden, das wir in der Regel an den Tag legen. Erst wenn diese beiden Teilgebiete harmonieren, können Sie Sätze entsprechend wiedergeben und einen Text wirklich mit Gefühl und Betonung lesen.

Zwei Beispiele, an denen die Wichtigkeit des Wechselspiels zwischen den Gehirnhälften in der Schule deutlich wird: Zunächst einmal sind da die Aufsätze. Die Kinder werden aufgefordert, sich Bilder zu machen, kreativ zu sein, sich eine Geschichte auszudenken, sich auf Gefühle und Spannung zu konzentrieren, während sie gleichzeitig auf die korrekte Handlungsabfolge der Geschichte achten und einen Spannungsbogen bilden sollen. Auf unterschiedliche Satzanfänge soll ebenfalls geachtet werden. Und natürlich ist da auch noch die Rechtschreibung. Plötzlich sind so viele Prozesse beteiligt, dass man schon etwas überfordert sein kann. Das führt dazu, dass die Dinge, die unwichtiger erscheinen und die noch nicht automatisiert sind, gerne einmal hinten angestellt werden. In einem Aufsatz ist das bei vielen Kindern definitiv die Rechtschreibung. Man ist ja mit der Geschichte beschäftigt. Wörter, die noch nicht automatisiert abgespeichert sind, zeigen sich jetzt vermehrt fehlerhaft. Und fragen Sie die Kinder, warum sie die Rechtschreibregeln nicht angewandt haben, bekommen Sie in der Regel zu hören: »Da hab' ich gar nicht dran gedacht!« So wird verständlich, warum die Fehlerquote in der Rechtschreibung in Aufsätzen oftmals höher liegt als in Diktaten, bei denen die Kinder ja selber nicht kreative Sätze bilden, sondern nur zuhören müssen und sich somit in Ruhe auf die Rechtschreibung konzentrieren können.

Ein weiteres Beispiel für das Zusammenwirken der verschiedenen Gehirnbereiche sind die Sachaufgaben. In einer Mathematikaufgabe wird eine Situation vorgegeben, die man sich bildhaft vorstellen kann (rechte Hirnhälfte). Nun jedoch sollen die Kinder dieses Bild »zerlegen«, es in eine mathematisch-logische Reihenfolge bringen: Sie sollen dazu zunächst die Fra-

I Grundlagen des Lernens

ge herausfiltern, dann die Rechnung richtig durchführen und schließlich noch eine passende Antwort finden. Dazu benötigen sie die linke, die analytische Gehirnhälfte.

> Auch Luka tut sich mit diesen Sachaufgaben schwer. Er besucht die 5. Klasse. In der Sachaufgabe geht es um die Anschaffung eines neuen Autos, das 3400 € kosten soll. Frau K. bekommt für ihren alten Wagen noch 1250 €. Auf der Bank hat sie noch einige Ersparnisse, insgesamt sind dies 2600 €. Luka hat keine Ahnung, was er machen soll. Als er gebeten wird, die Aufgabe mit seinen eigenen Worten nachzuerzählen, passiert folgendes: Er erzählt von einer Frau, die sich ein Auto kaufen möchte und ihr altes Auto verkauft und auch noch Geld auf dem Konto hat. In seiner Erzählung fehlen jegliche Zahlen. Sie sind wie gelöscht. Als er gebeten wird, die Sachaufgabe noch einmal zu erzählen, so dass man die Geldbeträge hört, reiht Luka die Zahlen stammelnd aneinander: »Also 3400 und dann 2600 minus oder ...« – er wirkt irritiert – »oder plus 1250?« In seiner Schilderung fehlt sogar die Tatsache, dass es sich um Geld handelt.

Bei Sachaufgaben tauchen im Kopf der Kinder durchaus andere Fragen und Assoziationen auf als die gewünschten. Geht es in der Sachaufgabe um Pferde, ist die auftauchende Frage im Kopf eines Mädchens vielleicht: »Wie heißt das Pferd?« oder es erinnert sich an die vergangenen Reiterferien. So wie in der Sachaufgabe, in der beschrieben wurde, dass ein Kind 25 Kekse hat und davon 15 aufisst. Die Frage lautete: »Was hast du am Ende?« Die durchaus logische Antwort meines Schülers war: »Bauchschmerzen!«

Andere Sachaufgaben haben mit der Lebenswirklichkeit der Kinder so wenig zu tun, dass es selbst mir schwerfällt, nach der angeblich »richtigen« Frage überhaupt zu suchen.

> Ich sitze mit einem 10-jährigen Jungen aus einem SOS-Kinderdorf zusammen. Die Hausaufgabensituation stellt einen permanenten Überforderungsmoment für ihn da, und Sachaufgaben fallen ihm besonders schwer. Er stöhnt und zeigt mir die Beispielaufgabe. Meine spontane emotionale Reaktion ist ein erstauntes Kopfschütteln, und die Fragen zu der Sachaufgabe, die in meinem Kopf auftauchen, haben mit der angedachten Lösung absolut nichts zu tun.
>
> Die Aufgabe lautet: Tom darf sich ein neues Fahrrad kaufen. Das Fahrrad kostet 265 €. Tom darf sich auch noch einen Helm und eine Sattelta-

sche kaufen. Der Helm kostet 56 € und die Satteltasche 38 €. Die Mutter gibt Tom 400 € mit.

Die Fragen in meinem Kopf waren: Wer hat sich denn so eine Aufgabe ausgedacht? Wie blöd ist denn das? Welche Mutter würde ihrem Sohn so viel Geld in die Hand geben? Oder: Warum muss der Junge das Fahrrad alleine kaufen? Wer würde sich denn so verhalten? Die gesuchte Frage aber, wie viel Geld bekommt er zurück, ist durch meine emotionale Reaktion komplett in den Hintergrund getreten.

Wenn Sie mit Kindern Sachaufgaben durchsprechen und ihnen die Freiheit lassen zu sagen, was ihnen dazu einfällt, hören Sie die lustigsten und kreativsten Sachen. Reagiert auf eine alternative Kinderfrage zu einer Sachaufgabe ein Erwachsener immer mit einem »Das ist aber falsch!« – was glauben Sie, wie sich das auf die Motivation des Kindes auswirkt, auch weiterhin Fragen zu stellen oder nach konstruktiven Lösungen zu suchen? Eben – im schlimmsten Fall wird das Kind irgendwann wie »versteinert« vor Sachaufgaben verharren und keinen Lösungsweg mehr suchen, aus Sorge, es doch wieder nur »falsch« zu machen. Er hat leider gelernt, in einer bestimmten Weise zu denken, die ihm als die »richtige« vorgegeben wurde. Alles abseits dieses Lösungsweges sei nicht in Ordnung.

## Die Bedeutung des logischen Denkens

Ein wichtiger Schritt in der Entwicklung bei kleinen Kindern ist die Erkenntnis »wenn ... dann ...«, *wenn* das eine passiert, *dann* passiert etwas anderes als Konsequenz. Dieses einfache Ursache-Wirkungs-Prinzip ist eine Reihenfolge, die Kinder erst nach und nach erlernen und in immer mehr alltäglichen Situationen anwenden können. »Aha! Wenn ich auf einen bestimmten Knopf drücke, geht das Licht an!«

Ursache und Wirkung zusammenzubringen und eine bestimmte Abfolge einhalten zu können ist in vielen Lebenssituationen sehr wichtig. Erst passiert das, dann passiert das. Kinder, die damit Schwierigkeiten haben, sind in der Regel die Kinder, die häufig ADHS (Aufmerksamkeits-Defizit-Hyperaktivitäts-Syndrom) diagnostiziert bekommen. Diese Kinder zeigen eine hohe Impulsivität, eine erhöhte motorische Unruhe und wirken schnell unkonzentriert. Dies hängt unter anderem damit zusammen, dass Reihenfolgen nicht als Reihenfolgen wahrgenommen werden bzw. nicht automatisch in Reihenfolgen gedacht wird oder es schwer fällt, diese einzuhalten. In der Praxis führt das dazu, dass sie das zuerst Gesagte noch mitbekommen, aber sich keine Gedanken darüber machen, was der zweite Schritt als Konsequenz wäre.

Eben diese Kinder schalten aufgrund neuer interessanter Eindrücke schnell auf etwas anderes um und blenden andere Dinge aus. Das geschieht nicht willentlich, nicht mit Absicht. Deswegen machen sie sich oft um die Konsequenzen ihres Handelns weniger Gedanken und können Situationen und deren Auswirkungen nicht so gut überblicken.

Dennis (15 Jahre) beklagt sich darüber, dass er ständig Ärger hat. »Gestern«, erzählt er, »waren wir zu dritt im Kino. Irgendwann ist der Mülleimer neben mir umgekippt, dabei habe ich überhaupt nichts gemacht. So was passiert mir immer wieder.«

Bei Dennis kam mir ein Zufall zu Hilfe, denn ich hatte Dennis ein paar Tage zuvor zufällig in der Stadt vor der Eishalle beobachten können. Was ich gesehen hatte, war Folgendes: Dennis kam nach seinem Eishockeytraining aus der Eishalle, den Eishockeyschläger noch in der Hand, und schlenderte zur Bushaltestelle. Am Parkplatz vor der Eishalle waren Absperrgitter aufgestellt. Dennis bewegte den Eishockeyschläger in seiner Hand, ging am Absperrgitter vorbei und zog dabei mit seinem Schläger an den Stangen des Gitters entlang. Gedankenlos, wie es schien, obwohl es ein nicht unerhebliches laut schepperndes Geräusch verursachte. Das Absperrgitter fing durch den Druck des Schlägers an zu wackeln, was Dennis aber anscheinend nicht wahrnahm. Das wiederholte sich bei vier Absperrgittern. Dicht neben den Absperrgittern parkten Autos. Im Übrigen war es schon 19.30 Uhr abends. Heißt: Mir war sofort bewusst, dass durch das Umkippen eines Absperrgitters ein Auto beschädigt werden könnte, auch stellte ich mir vor, dass es Anwohner oder Passanten gab, die sich durch den Lärm belästigt fühlen konnten.

Dies alles aber hatte Dennis nicht »auf dem (Bild)Schirm«.

Ich versuchte, Dennis zu erklären, was in meinem Kopf vorging, wenn ich mich für ein bestimmtes Handeln entschied. »Stell dir einen Monitor vor, einen Bildschirm! Ich bekomme eine Idee von dem, was ich machen möchte, also einen Impuls. Das Bild davon erscheint groß auf meinem Monitor, aber gleichzeitig erscheinen am unteren Rand des Bildes drei weitere Bildschirme mit Bildern, die mir zeigen, was in der Folge passieren könnte. Also dass, wenn ich das eine mache, die anderen Sachen passieren könnten.«

> Dennis schaute mich verwundert an. Er schloss für einen Moment die Augen und überlegte. »Nein, bei mir ist immer nur das große Bild als Monitor da! Mehr nicht. Die Bildschirme, die mir zeigen, was passieren könnte, habe ich nicht.«

Genau dieser Jugendliche kam eines Tages und erzählte mir, dass er am Tag zuvor beim Üben mit seinem Vater für die bevorstehende Mathematikarbeit vor Wut sein Heft zerrissen hatte. Sprunghaft erzählte er mir Einzelheiten der Situation. Wir nahmen jede Einzelheit und schrieben sie auf eine Karteikarte. Am Ende bestand der ganze Hergang aus 16 aufgeschriebenen Momenten. Aber Dennis benötigte relativ lange, um sie zunächst einmal in eine richtige Reihenfolge zu bringen und mir den Ablauf dann noch einmal in der Reihe nach zu schildern.

Das sah in etwa so aus: »Mein Vater hat mir die Aufgabe erklärt. Ich habe sie nicht verstanden. Er hat sie mir noch mal erklärt. Ich war sauer, weil er so schnell redet. Ich war sauer, weil ich es wieder nicht verstanden habe. Ich konnte gar nicht mehr zuhören. Ich habe meinen Vater angeschrien. Ich wollte nur weg.« usw.

Als Dennis sich anhand der Karteikarten den Ablauf noch einmal vergegenwärtigte, zeigte er auf eine Karte und sagte spontan: »An der Stelle hätte ich eine Pause gebraucht!« Und er war sich sicher, sein Vater hätte dies verstanden.

Für das Einüben von Reihenfolgen gibt es keine Patentrezepte. Sie erfordern viel Verständnis und viel Kreativität. Zum Glück kommt auch mir meine Intuition zu Hilfe, und am folgenden Beispiel können Sie sehen, welchen Vorteil kreative Einfälle haben können.

> Ich erwartete einen neuen 14-jährigen Schüler. Aus dem Vorgespräch mit der Mutter wusste ich, dass Gerion hyperaktiv war und sehr darunter litt, dass er seine Hausaufgaben nicht zügig erledigen konnte. Er benötigte Stunden, da er sich selbst immer wieder ablenkte oder ablenken ließ. Als Gerion hereinkam und wir uns bekannt gemacht hatten, wurde mir sehr schnell klar, dass alle meine Vorüberlegungen und Planungen für den Verlauf der Stunde nichts taugen würden. Dieser wache, lebhafte Junge war dermaßen sprunghaft, schien alles gleichzeitig wahrzunehmen, redete in einem durch, schilderte mir zwischendurch in zwei Sätzen sein Problem, nahm so ziemlich jeden losen Gegenstand in meinem Raum unter die Lupe, kommentierte alles und war nur in Bewegung.
>
> Irgendwann zeigte er mir, wie er sich an seine Hausaufgaben begab, aber nur kurz, denn natürlich blieb er nicht bei der Sache. Da kam mir

eine Idee. Ich fragte Gerion, ob er etwas trinken wolle, und ich bot ihm auch ein paar Kekse an. Er willigte sofort ein. Ich stand also auf und legte los: D. h. ich schauspielerte. Dabei kommentierte ich jeden meiner Schritte und Gedanken. »Ich gehe jetzt zur Tür, von dort aus in die Küche und hole für Gerion und mich Apfelschorle und Kekse.« An der Tür angekommen, drehte ich mich um, blickte auf einen Gegenstand, »Oh, das ist ja interessant!«, sinnierte laut darüber, wandte mich dann einer anderen Sache zu, und immer wieder ermahnte ich mich zwischendurch laut: »Jutta, denk an die Reihenfolge, du wolltest für Gerion und dich Apfelschorle und Kekse holen. Geh endlich in die Küche und …« Mein Spiel dauerte sicher 10 Minuten, immer wieder lenkte ich von meinem ursprünglichen Vorhaben ab, kommentierte alles – und Gerion beobachtete mich intensiv, wurde immer ruhiger, bis er endlich nach einer geraumen Zeit laut und deutlich sagte: »Jetzt halt dich doch endlich mal an die Reihenfolge!« Das tat ich dann. Anschließend war es möglich, mit ihm über die Bedeutung von Reihenfolgen zu sprechen. Er schien die Wichtigkeit von Reihenfolgen zu begreifen und erkannte den Zusammenhang zu seinem Problem. Am Ende der Stunde, als seine Mutter ihn abholte, klang Gerion so: »Hallo Mama, schön dass du da bist. Ich packe jetzt meine Sachen ein (Er tat es!). Dann setze ich den Tornister auf. Nein, erst muss ich noch meine Jacke anziehen (Er tat es!), dann setze ich den Tornister auf (Er tat es!). Jetzt muss ich mich verabschieden.« Er kam zu mir, gab mir die Hand und sagte: »Danke, es war schön hier, bis nächste Woche!« Dann wandte er sich seiner Mutter zu und sagte: »Mama, wir können gehen!«

Natürlich war sein Problem damit noch nicht behoben. Doch wir hatten einen Ausgangspunkt, von dem aus wir uns an das Thema »Reihenfolgen« in Hausaufgabensituationen machen konnten.

Ich möchte an dieser Stelle nur auf eine Konsequenz hinweisen, die Kinder und Heranwachsende wie Dennis, der die Auswirkungen seines Handelns nicht überblickte, oft erleben. Diese Kinder werden erfahrungsgemäß wesentlich häufiger ermahnt. Wobei – das klingt noch viel harmloser, als es für manche Kinder wirklich ist.

Sie müssen sich einmal bewusst machen, dass viele dieser Kinder, von denen ich hier spreche, jene, die Schwierigkeiten haben mit Ursache-Wirkung, Regeln, Reihenfolgen etc, erfahrungsgemäß ihren Namen 150 – 200 Mal am Tag mit einem negativen Unterton hören. Und das ist nicht zu hoch gegriffen.

4 Lernen durch Denken und Erfahren

- »Lukas, hör mir doch mal zu!« – »Lukas, was soll denn das?«
- »Nils, wie oft soll ich dich noch rufen!«
- »Dominik!!!«
- »Philipp, ... nicht schon wieder!«
- »Klara, was hab' ich dir gesagt?«
- »Pascal, das gilt auch für dich!«
- »Immer das gleiche! Ti–i–m–o–o!«

Wenn Sie so ein Kind kennen und es über einen Zeitraum von einer Stunde im Umgang mit anderen Menschen erleben, bekommen Sie vielleicht eine Vorstellung davon, was ich meine. Wenn Sie dann einmal zählen und hochrechnen auf 8–12 Stunden am Tag, dann werden Sie merken, dass die Zahl »150–200 Mal am Tag« keinesfalls unrealistisch ist. In jeder Schulklasse sitzen mindestens zwei solcher Kinder.

Hierbei ist es wichtig zu bedenken, dass der Name das ist, worüber wir uns identifizieren. Wie wirkt es sich wohl auf die Ausbildung eines gesunden Selbstwertgefühls eines Kindes aus, wenn der eigene Name fast immer negativ belegt ist?

> Genau diesen Aspekt hatte ich auf einem meiner Abendvorträge hervorgehoben und bekam am darauffolgenden Tag einen Anruf der Schulleiterin. Sie erzählte, dass sie einem Vater, dessen Sohn in der Schule sehr auffällig war, nahegelegt hatte, sich meinen Vortrag anzuhören. Der Vater war nicht sehr begeistert davon, sich so einen, wie er sagte, »psychologischen Quatsch« anzuhören, aber er kam. Die Schulleiterin erzählte weiter, dass dieser Vater sie soeben aufgesucht hätte. Unter Tränen hatte er ihr mitgeteilt, dass er bereit sei, sich Hilfe zu holen und auch an seinem Verhalten etwas zu ändern. Nach meinen oben beschriebenen Ausführungen sei ihm aufgefallen, dass er seinen Sohn bis zum Frühstück schon zehnmal in einem solchen Tonfall angesprochen hätte.

# 5

# Alles unter Dach und Fach – Mit Kindern Zuhause lernen

Ich kenne sowohl die Situation, dass Kinder nach der Schule zuhause lernen und die Hausaufgaben machen, als auch eine zunehmend große Zahl Kinder, die in der Nachmittagsbetreuung im Offenen Ganztag ihre Hausaufgaben erledigen.

## Ankommen lassen

Wie gerne hätten wir als Eltern und Pädagogen doch Kinder oder Heranwachsende, die aus der Schule kommen, unsere erwartungsvolle Haltung registrieren und uns detailliert und mit Elan berichten, wie ihr Schulalltag gewesen ist. Es mag diese Kinder geben, ich glaube allerdings, dass sie die Minderheit darstellen. Bei denen, die nicht sofort losprudeln und alles erzählen, können die Gründe sehr verschieden sein. Vielleicht helfen die folgenden Schülerbeispiele, um einen Eindruck von der Vielfalt und Unterschiedlichkeit der Kinder zu bekommen.

*Luise* besucht die 2. Klasse. Sie ist ein sehr waches, intelligentes, aber zurückhaltendes Kind. In der Schule sind ihre Leistungen sehr gut, das Lernen macht ihr Spaß, Hausaufgaben erledigt sie schnell und zügig. Schon als Kleinkind war Luise sehr geräuschempfindlich, sie hat heute eine ausgezeichnete Beobachtungsgabe und besondere Antennen für zwischenmenschliche Beziehungen. Stimmungen von Menschen kann sie sehr detailliert wahrnehmen. Sie weiß genau, wer mit wem befreundet ist und wer sich gestritten hat. Mit Ungerechtigkeiten oder Konflikten unter Mitschülern, aber auch mit Persönlichkeitsstrukturen von Lehrern beschäftigt sie sich sehr intensiv. Sie nimmt dadurch deutlich mehr wahr als andere Schüler. Wenn Luise nach Hause kommt, ist sie innerlich randvoll. Die Geräuschkulisse und die vielen zwischenmenschlichen Eindrücke rumoren unsortiert in ihrem Kopf. Sie wirkt gereizt, oft weinerlich und launisch. Sich jetzt an den Küchentisch zu setzen und mit den Geschwistern zu essen, heißt für sie, wieder neue Eindrücke aufzunehmen.

Luise braucht eine Pause. Gemeinsam mit ihr überlegt die Mutter, welche Art von Pause ihr nach der Schule guttun würde. So wird das Mittagessen um 30 Minuten nach hinten verschoben, damit Luise eine halbe Stunde Zeit hat, um sich mit ihren Puppen oder einem Buch zurückziehen. Oder sie legt sich entspannt in die Badewanne.

Auf der weiterführenden Schule (einer Gesamtschule) hat sie später eine sehr verständnisvolle Lehrerin. Diese erlaubt ihr, vorzeitig, nämlich bevor die ganze Klasse zu den Schließfächern hinten im Klassenraum rennt, den Raum zu verlassen, um so der hohen Geräuschkulisse und dem Gedränge an den Fächern zu entgehen.

Wenn *Tobias* aus der Schule kommt, hat er meistens schon einen kleinen Umweg durch sämtliche Pfützen, Gräben und Gebüsche hinter sich. Die Mutter hat es aufgegeben, zwischen guten Schulanziehsachen und Tobe-Sachen zu unterscheiden, denn wenn es zur Pause klingelt, muss Tobias raus. Sein Bewegungsdrang ist enorm groß und die Kleidung ist ihm ohnehin ziemlich egal. Nach der Schule will er keine Fragen beantworten und sich auch nicht sofort wieder an den Tisch setzen. Er braucht jetzt erstmal Bewegung.

*Paul* ist 15 Jahre alt und besucht das Gymnasium. Sein Schulalltag ist häufig erst um 14.00 Uhr zu Ende. Bis er Zuhause ist, wird es in der Regel 14.30 Uhr. Hungrig und erfüllt von den Eindrücken eines langen Vormittages freut er sich auf das warme Mittagessen. Wenn er nach Hause kommt, ist der Tisch gedeckt. Eine erwartungsvolle Mutter setzt sich zu ihm und fragt: »Wie war es denn in der Schule?« Paul reagiert auf das Drängen seiner Mutter, indem er die Frage ignoriert oder seine Antworten sehr knapp ausfallen lässt. Dies geschieht häufig mit einem genervten Unterton: »Wie immer!«, »Gut« oder »Wie soll's schon gewesen sein?« Dabei ist es gar nicht so, dass er nicht über seinen Schulalltag reden will, zumal er weiß, dass seine Mutter ein ehrliches Interesse an ihm hat. Eines Tages platzt es aus ihm heraus und er äußert klar und verständlich seinen Wunsch: »Wenn ich nach Hause komme, möchte ich Ruhe haben. Ich will ungestört essen und dann den Sportteil in der Tageszeitung lesen. Du kannst mich gerne später fragen, wie es in der Schule war und ich will es dir auch wohl erzählen, aber nicht direkt wenn ich mittags nach Hause komme.«

*Alexander* ist ein 14-jähriger Jugendlicher, der bei mir eine Lerntherapie macht. Wiederholt erzählt er mir von den nervigen Fragen, die ihm am

Mittagstisch über den Schulalltag gestellt werden. Als ich ihn darauf hinweise, dass ich ihm doch auch Fragen stelle über seinen Vormittag und er immer sehr bereitwillig erzähle, beschreibt er mir den Unterschied so: »Bei dir ist das anders. Du hörst dir das erstmal nur an und fragst nur was nach. Wenn meine Mutter fragt, sagt sie mir immer gleich, was ich anders machen soll oder was ich hätte besser machen können. Immer weiß sie alles besser, und wenn mir was Dummes passiert ist, erzählt sie es gleich jedem. Darauf habe ich einfach keinen Bock! Deshalb erzähle ich ihr einfach so wenig wie möglich.«

Ob, wann, wie viel, wie detailliert Kinder aus der Schule berichten oder auch berichten können, hängt von vielen Faktoren und der individuellen Art der Kinder ab. Das letzte Beispiel zeigt, wie wichtig dabei auch unsere Reaktionen als Erwachsene sind. Wie gut wir zuhören, wie viel Mitgefühl wir zeigen und wie interessiert wir nachfragen, ohne es gleich besser zu wissen, Ratschläge zu erteilen usw.

Lernen bedeutet an dieser Stelle für die Erwachsenen, sich Zeit zu nehmen, Situationen richtig einzuschätzen, interessiert und ehrlich zuzuhören und uns manchmal zurückzunehmen, anstatt mit vorschnellen Lösungen daherzukommen.

Nehmen Sie folgende Situation:

Ein Mädchen hat sich in der Schule mit seiner besten Freundin gestritten. Mit der aber war sie heute Nachmittag verabredet. Und jetzt setzt so manches Mal bei Erwachsenen ein Automatismus ein. Denn es geht unserem Kind schlecht, und das können wir kaum ertragen. Und fast, ohne nachzudenken, rutschen kluge Ratschläge heraus: »Wieso hast du ihr nicht gesagt, dass ...?«, »Wieso bist du nicht zur Lehrerin gegangen?« oder »Soll ich mal mit der Mutter sprechen?« Und dann schöpfen Eltern aus einem reichhaltigen Fundus von Lösungsvorschlägen: »Wir könnten doch stattdessen heute Nachmittag ...« oder »Wieso rufst du nicht einfach ... an? Die wollte doch schon oft mit dir spielen?« Dabei fallen auch Bewertungen (»Das ist auch wirklich gemein von ihr!«, »So was trau ich der auch zu!«, »Ich hab' dir doch schon x-mal gesagt ...«).

Natürlich ist es wichtig, dem eigenen Kind den Rücken zu stärken. Das machen Sie bereits dadurch, dass Sie ihm erst einmal genau zuhören und sich bestimmte Vorgänge, z. B. den Grund des Streits oder den Verlauf der Auseinandersetzung schildern lassen. Zeigen Sie Verständnis dafür, dass es Ihrem Kind schlecht geht, aber urteilen Sie nicht. Sagen Sie beispielsweise: »Ich sehe, dass dir der Streit mit XY sehr nahe geht.« Geben Sie nicht sofort eine Lösung vor. Oft haben die Kinder selber gute Ideen, wie es weiter gehen kann, wenn sie sich erst einmal ausgesprochen und sowohl inhaltlich als auch emotional sortiert haben.

Geht es um Lerninhalte, so bedeutet eine gelungene Kommunikation dies: Schnell vorgesagte Lösungen blockieren das selbstständige Denken der Kinder. Es macht mehr Sinn, sich als Erwachsene im interessierten Fragen zu üben, anstatt die Vorgehensweise bei Aufgaben vorzugeben. Trauen Sie den Kindern etwas zu! Bieten Sie ihnen den notwendigen Raum, um selbst auf Lösungen zu kommen.

Kinder wünschen sich Erwachsene, die zuhören und Interesse zeigen, aber keine negativen Kommentare abgeben. Sie brauchen einen Freiraum, in dem sie sich zunächst ohne Druck mitteilen dürfen.

## Der Lernort

Lernen findet immer und überall statt, entsprechend wird der Begriff »Lernort« vielseitig für viele Orte und Lernräume verwendet. So gibt es den Lernort Natur, den Lernort Küche, den Lernort Werkstatt und viele weitere.

Bei der Erledigung der Hausaufgaben oder generell beim Lernen schulischer Inhalte Zuhause sind oft gestellte Fragen der Eltern: »Soll das Kind seine Hausaufgaben in seinem Zimmer am eigenen Schreibtisch erledigen oder darf es sie auch am Küchentisch machen?«, »Sollen wir dem Kind helfen oder muss es die Hausaufgaben ganz alleine machen?«

Noch immer hat der Schreibtisch oder der Tisch allgemein den Ruf, der ideale Lernort für schriftliche Hausaufgaben zu sein. Dabei ist das keineswegs immer der Fall.

Was machen denn wir Erwachsene, wenn wir z. B. vor der Steuererklärung sitzen und nicht weiterkommen oder das Ausfüllen von unliebsamen Formularen ansteht? Da gibt es zunächst einmal den Impuls andere Dinge zu erledigen, die natürlich in dem Moment »wichtiger« sind. Und oft genug geben wir diesem Impuls nach. Kinder aber werden in diesen Momenten ermahnt und angehalten weiterzumachen.

Noch während ich jetzt hier diese Zeilen in die Tastatur tippe, spüre ich schon wieder meine körperliche Unruhe und erwäge, gleich eine Pause einzulegen, und mir fällt ein, dass ich zwischendurch die Wäsche aus der Maschine nehmen könnte.

Für kreative Lösungen benötigen wir Gedankenfreiräume und oftmals auch Bewegung oder eine Tätigkeit, die automatisiert vonstattengeht.

Pause! Das, was Sie als Leser nicht sehen können, ist, dass ich genau das jetzt getan habe. Ich habe eine Pause eingelegt. Die Wäsche hängt jetzt zum Trocknen draußen. Nun sitze ich wieder am Laptop, aber für den nächsten Gedanken brauche ich noch etwas Inspiration und die bekomme ich, wenn ich mich bewege. Beim Bewegen kommen auch meine Gedanken in Bewegung. Viele wunderbaren Ideen und Gedanken verdanke ich langen Spaziergängen, einem Cappuccino auf der Terrasse, dem Unkraut in meinem Garten, das regelmäßig gezupft werden möchte, oder dem Austausch mit Freunden.

Auch meine kreativsten Spielideen und Übungen bezogen auf das Lernen mit Kindern sind mir eben nicht eingefallen, als ich vornübergebeugt vor einem Stück Papier gesessen habe, sondern in entspannten Momenten, wie ich sie soeben beschrieben habe. Erst der zweite Schritt ist es dann, sich hinzusetzen und es z. B. auf Papier festzuhalten.

Dabei gehörte ich als junges Mädchen durchaus zu den Kindern, denen man beigebracht hatte, ruhig und ordentlich auf dem Stuhl zu sitzen. Ich war ein ruhiges unauffälliges Schulkind, aber meine Kreativität, die ich als Kind noch hatte, ging mehr und mehr unter, und so attestierte man mir in der Schule, dass ich im Schreiben von Geschichten und Texten unkreativ und höchstens mittelmäßig sei. Hätte man mir nur die Möglichkeit zur Bewegung gegeben, hätte sicher vieles anders ausgesehen...

Denn: Es gibt nicht *den* Lernort!

I Grundlagen des Lernens

Es gibt Kinder, die auf dem Stuhl sitzend am Tisch durchaus gut lernen können. Es gibt jedoch auch die Kinder, denen das Ruhigsitzen schwerfällt, vor allem, weil es von ihnen oft über zu lange Zeiträume erwartet und gefordert wird. Sitzen sie dann auf dem Stuhl an ihren Aufgaben, verspürt ihr Körper den Drang nach Bewegung. Einige Kinder verändern dann die statische Sitzposition, indem sie ein Bein unter ihr Gesäß schieben, andere rutschen auf den Sitzflächen hin und her oder sitzen gerne vorne auf der Kante. Andere wiederum kippeln mit ihren Stühlen, und es besteht die Gefahr des Umkippens.

»Setz dich richtig hin!«, »Setz dich gerade hin!«, »So kannst du doch nicht lernen!« sind die ermahnenden Kommentare der Erwachsenen, die viele Kinderohren in solchen Situationen zu hören bekommen. Kinder, die Schwierigkeiten beim Erledigen der Hausaufgaben haben, die überfordert sind oder sich mehr anstrengen müssen, wirken natürlich häufig motorisch unruhiger als diejenigen, denen die Stifthaltung gut gelingt, die Linienführung leicht fällt und für die der Aufwand, den sie benötigten, um die Aufgaben zu erledigen, gering ist.

> Bei Noah, der ohnehin nicht lange auf einem Stuhl ruhig sitzen kann, hat es sich bewährt, wenn die Mutter sich hinter ihn auf seinen Hochstuhl setzte und Noah direkt vor ihr zwischen ihren Beinen stand und stehend die Aufgaben erledigte. Der Halt und der Körperkontakt durch die Mutter beruhigten seine motorische Unruhe und ermöglichten ihm, seine schriftlichen Aufgaben deutlich schneller und mit weniger Ermahnungen zu erledigen.
>
> Noah fand es absolut spannend zu erfahren, dass es Länder gibt, in denen die Kinder in der Schule auf dem Boden sitzen. Er hat sehr interessiert nachgefragt, und wir haben uns gemeinsam Bilder im Internet dazu angeschaut. Danach beschloss er, für sich verschiedene Lernplätze auszuprobieren. Lesen in einer selbstgebauten Höhle, Buchstabieren auf dem Trampolin und die Rechenaufgaben, indem der Aufgabenzettel am Schrank befestigt wurde und er immer wieder zwischendurch quer durch das Zimmer laufen musste wie bei einem Staffellauf, um dann die nächste Aufgabe zu rechnen.

Eine so ausgeprägte motorische Unruhe wie Noah haben nicht alle Kinder, entsprechend ist die Gestaltung des Lernplatzes auch vom Charakter und den Vorlieben der Kinder abhängig. Allerdings plädiere ich schon für eine gewisse Kontinuität, d. h. der Lernplatz sollte nicht täglich neu ausgehandelt werden.

Grundsätzlich gilt immer, gemeinsam mit dem Kind zu schauen, welcher Lernort wirklich passt. Es gibt Kinder, die Ruhe bei schriftlichen Aufgaben brauchen, ebenso wie Kinder, die sich besser bei Umgebungsgeräuschen konzentrieren, und die Kinder, die mit Musik im Hintergrund besser »bei der Sache bleiben« können. Allerdings sollte es sich um bekannte Musik handeln, und »im Hintergrund« bedeutet wirklich: Die Musik läuft leise und fordert nicht vordergründig die Aufmerksamkeit.

Manche Kinder sind am liebsten alleine bei schriftlichen Aufgaben, weil sie jede Bewegung und jedes Geräusch ablenkt. Wieder andere Kinder sind eben durch die Anwesenheit anderer Personen beruhigt und können sich so gut auf ihre Aufgaben konzentrieren.

Das Kinderzimmer als Lernort gilt es dabei genau in den Blick zu nehmen, denn es birgt leider, neben der Rückzugsmöglichkeit für die Kinder, die Ruhe brauchen, auch viele Ablenkungsmomente, die das Erledigen von schriftlichen Aufgaben stören könnten. Da viele Kinder das eigene Zimmer ohnehin mit Spielen verbinden, kann es durchaus sein, dass sie quasi darauf konditioniert sind, dort auch genau das zu tun – zu spielen. Das ist erst einmal ein vollkommen natürlicher Prozess der Gewöhnung, kann dem Lernen allerdings im Wege stehen.

Wünschenswert wäre es, wenn auch die Hausaufgabensituationen in Schulen unterschiedlicher gestaltet werden könnten, so dass Kinder bezogen auf den Lernort für ihre Hausaufgaben mehr Wahlmöglichkeiten hätten, als es zurzeit in vielen Schulen der Fall ist.

## Hausaufgaben

Im Normalfall dienen Hausaufgaben der Festigung des gelernten Stoffes aus der Schule oder zur Vorbereitung auf die nächste Unterrichtsstunde. Hat ein Kind alles verstanden, sollte es in der Lage sein, seine Hausaufgaben alleine und ohne Hilfe zu erledigen. Dabei hat jedes Kind sein eigenes Lerntempo, seine Lieblingsfächer und individuelle Vorgehensweisen.

Inzwischen gibt es mehr und mehr Kinder, die ihre Hausaufgaben in der Schule machen.

Immer wieder höre ich von Eltern, aber auch von vielen Mitarbeiterinnen aus dem Ganztag, dass Kinder nicht anfangen und unruhig auf ihren Stühlen sitzen, Löcher in die Luft starren, abwesend wirken, sich ablenken mit anderen Dingen und/oder sich sogar verstecken, nur eben einfach nicht anfangen mit den Hausaufgaben. Dazu sei gesagt: Nicht wenige Kinder sind durch die Hausaufgaben überfordert und können diese alleine gar nicht erledigen. Sie stolpern an vielen der Stellen, die hier in diesem Buch beschrieben werden.

In einem für viele Kinder durchgetakteten Schulalltag, der die Hausaufgabenbetreuung mit einschließt, sind einige der hier aufgeführten Tipps schwierig umsetzbar, denn es gibt an vielen Schulen bezogen auf die Hausaufgabenzeit keine Wahlmöglichkeiten für die Kinder, auch wenn dies sowohl für die Motivation der Kinder als auch für das selbstständige Gestalten ihres Lernalltags von großem Vorteil wäre.

Gehen wir nun einmal davon aus, dass die Hausaufgaben am Ende eines langen Schultages mehr oder weniger geschafft wurden und das Kind nun von den Eltern abgeholt wird. Dann ist zunächst einmal ein wesentlicher Punkt das Interesse, das dem, womit Kinder sich während des ganzen Tages in der Schule beschäftigen, entgegengebracht wird. Ich höre immer wieder von Eltern, die nicht wissen und auch wenig Interesse daran zeigen, womit sich ihre Kinder den ganzen Tag in der Schule befassen. Der Fokus liegt dann meist nur darauf, ob alles korrekt erledigt wurde.

Doch was glauben Sie ...

- Wie fühle ich mich als Kind, wenn nach der Abholzeit meist nur interessiert, ob meine Hausaufgaben fehlerfrei bzw. vollständig gemacht und abgehakt wurden?
- Wie fühle ich mich als Kind, wenn es keine Fragen gibt, was mir in der Schule gefallen hat oder nicht, was für mich leicht war oder schwer, was mich interessiert und mit wem ich gespielt habe?
- Wie fühle ich mich als Kind, wenn ich kritisiert werde, für etwas, was ich nicht einfach von jetzt auf gleich eigenständig ändern kann, wie z. B. meine Handschrift?
- Wie fühle ich mich als Kind, wenn ich als Kind scheinbar nie gut genug bin und ich immer wieder nach meinen schulischen Leistungen beurteilt werde?
- Wie fühle ich mich als Kind, wenn mir schon in frühen Jahren ständig mitgeteilt wird, dass so doch nichts aus mir werden könne, weil ich in der Schule nicht gut genug sei?

Werde ich dann als Kind in meiner persönlichen Entfaltung gewürdigt und gesehen? Sicher hat die Schule einen Bildungsauftrag, aber Eltern delegieren oft zu viel an die Institution Schule. Die Gefahr ist einfach, dass dadurch die Kinder als Menschen mit einer individuellen Persönlichkeit nicht mehr gesehen werden. Kinder sind keine Behältnisse, in die man nur Wissen einfüllt. Insofern wäre es dringend notwendig und wünschenswert, über Alternativen nachzudenken, damit hier der Spiel- und Lernraum erweitert wird.

**Tipps für das Erledigen der Hausaufgaben mit *Grundschülern*.**

Diese Tipps gelten jedoch *nur*,

- wenn ein Kind nicht ständig überfordert ist;
- wenn viele Lernbereiche leicht von der Hand gehen und keinen extrem hohen Energieverbrauch kosten;
- wenn das Kind die Lerninhalte in der Schule definitiv verstanden hat;
- wenn vielleicht sogar eine diagnostizierte Teilleistungsstörung vorliegt.

In solchen Fällen sollten die Hausaufgaben überprüft, angepasst und reduziert werden. Leider sind mir auch viele Aufgabenzettel bekannt, die bei mir den Eindruck entstehen ließen, als wenn ihr Zweck nur die »Beschäftigung« der Kinder sei, weil es einfach ist und vielleicht andere kreative Ideen fehlten oder einen zeitlichen Mehraufwand kosten würden.

**Start zum richtigen Zeitpunkt**

Im optimalen Fall entscheidet das Kind nach dem Unterricht, *wann* es am besten lernen kann und wann die beste Zeit für die Hausaufgaben ist. Erwachsene können dem Kind dabei helfen, diesen Zeitpunkt zu finden.

Die Zeit direkt nach dem Mittagessen ist meist ungünstig. Dies sagt schon das weise alte Sprichwort »Ein voller Bauch studiert nicht gern«. Ein Großteil der Körperenergie wird jetzt für die Verdauung benötigt. Und je schwerer das Essen war, desto länger und mehr Energie braucht unser Körper für diesen Prozess. Für die Hausaufgaben aber müssen Kinder geistig fit sein.

Beobachten Sie genau, und lassen Sie das Kind ruhig verschiedene Möglichkeiten ausprobieren. Es gibt nicht den gleichen optimalen Zeitpunkt für alle Kinder. Es gibt auch Kinder, die von alleine den Weg zu den Hausaufgaben nie finden würden. Bedenken Sie allerdings, dass es sich um gemeinsame Absprachen handeln sollte, nicht um Vorgaben.

Je mehr Energie die Kinder in dem Schulunterricht verbraucht haben, desto mehr bedarf es einer Zeit des Auftankens. Eine Spielpause nach dem

Essen, bevor mit den Hausaufgaben begonnen wird, kann hier sehr sinnvoll sein. Damit sich die Spielpause nicht ewig hinzieht, sollte eine Zeit vereinbart werden (z. B. 20 bis 30 Minuten). Da Kinder sich im Spielen ganz verlieren können und dabei alles um sich herum vergessen, weisen Sie sie 5 Minuten vor Ablauf der Pause auf das bevorstehende Ende hin – so dass dies nicht allzu plötzlich kommt. Dies kann mündlich geschehen oder auch durch das Stellen einer Uhr.

Eine Spielpause, so wie ich sie meine, ist allerdings nicht mit einer Pause vor Medien zu verwechseln. Denn im eigenen Tun, beim Spielen, können Kinder Erlebtes verarbeiten, während beim Konsumieren vor dem Bildschirm oder beim Spielen auf dem Handy wieder neue Bilder, Eindrücke und Informationen auf das kindliche Gehirn einströmen und das Lernen und Abspeichern hemmen.

### Überblick verschaffen

Setzt sich ein Kind nun an seinen Hausaufgabenplatz, stellen sich die Fragen: »Was habe ich auf?« »Wie viel Zeit habe ich dafür zur Verfügung?« Ist das Pensum zu groß, lautet die Frage: »Wie kann ich mir das einteilen? Und wann könnte ich die Aufgaben alternativ machen?«

Allerdings möchte ich hier darauf hinweisen, dass Eltern und Pädagogen schnell dazu neigen, den Kindern haufenweise Vorschläge zu machen, anstatt zunächst einmal abzuwarten, ob das Kind nicht selbst eine Lösung findet.

Hier hinein gehört auch die Frage, ob es an dem jeweiligen Tag sinnvoll oder überhaupt möglich ist, eine Verabredung mit Freunden zu machen. Dabei gilt es zu bedenken, dass Schüler in den ersten zwei Klassen Zeiträume noch nicht einschätzen können. Denn es spannt die Atmosphäre an und bereitet innere Unruhe, wenn dem Kind unklar ist, ob nachher noch genug Zeit übrig ist, um sich mit anderen zu treffen. In so einem Fall sollten Sie vor Beginn der Hausaufgaben eine für alle zufrieden stellende Lösung finden.

Andere innere Störungen (der Streit mit der besten Freundin, der Tadel der Lehrerin, ein krankes Kaninchen etc.) brauchen auch ihren Platz und ihre Zeit, damit ohne Anspannung mit den Hausaufgaben gestartet werden kann. Hier gilt es, Mitgefühl zu zeigen.

Diese inneren Störungen müssen benannt und gefühlt werden dürfen. Sie haben eine Berechtigung und dürfen sein, ohne gleich mit vorschnellen Lösungen zurückgedrängt zu werden.

## 5 Alles unter Dach und Fach – Mit Kindern Zuhause lernen

Matteos Mutter klagt darüber, dass ihr Sohn tagtäglich vor seinem Berg von Hausaufgaben sitzt, der für ihn schier unüberwindbar erscheint, und es eine gefühlte Ewigkeit dauert, bis er endlich anfängt. Ohne Unterstützung klappt das Anfangen schon gar nicht, obwohl es sich wiederholt herausstellt, dass der Berg gar nicht so groß wie in Matteos Vorstellung ist. Doch die kostbare Zeit, bis er endlich anfängt, geht oft auf Kosten der Beziehung zu seiner Mutter. Nicht selten schaukelt sich die Situation hoch. Seine Mutter ist bereit, Matteo zu helfen, wenn er wirklich Hilfe benötigt, aber ihn erstmal zum Anfangen zu bewegen, ist wirklich schwierig für sie.

Natürlich ist zu überprüfen, ob Matteo seine Aufgaben tatsächlich selbstständig erledigen kann. Hier liegt aber nicht sein Problem. Matteo benötigt Strategien, wie er systematisch an seine Hausaufgaben herangehen kann. Da die Beziehung schon sehr belastet ist, haben die Eltern beschlossen, einen Studenten zu engagieren, der drei Mal in der Woche mit ihrem Sohn die Hausaufgaben macht. Der Student wurde zuvor instruiert, was er zu berücksichtigen hat. Zunächst fragt er Matteo, wie es ihm geht, und nimmt sich einige Minuten Zeit mit ihm zu reden. Danach geht Paolo, so der Name des Studenten, in einer vorgegebenen Reihenfolge mit Fragen vor:

»*Welche Fächer hattest du heute?*« (Hat Matteo Schwierigkeiten, sich zu erinnern, nimmt Paolo den Stundenplan zu Hilfe und gibt ihm Tipps oder macht ihm pantomimisch etwas vor, so dass Matteo sich an die richtige Reihenfolge der Fächer erinnert.)

»*In welchen Fächern hast du Hausaufgaben auf?*« (Hat Matteo hier Schwierigkeiten, nimmt Paolo das Hausaufgabenheft zur Hilfe und gibt ihm wieder spielerisch Tipps.)

»*Mit welcher Hausaufgabe möchtest du anfangen?*« (Durch diese Frage wird Matteo eine Wahlmöglichkeit eingeräumt.)

Jetzt folgt eine Aufforderung: »*Lies dir die Aufgabe genau durch, danach wiederhole, was du zu tun hast!*« (Dabei wird die Aufgabenstellung von Matteo selbst abgedeckt.)

Die letzte Frage lautet nun: »*Hast du alles, um anfangen zu können? Oder benötigst du Hilfe?*«

Ziel dieser Vorgehensweise ist es, dem Kind Fragen an die Hand zu geben, die ihm helfen, in die Tat zu kommen. Im Fall von Matteo bestätigte sich dies.

I Grundlagen des Lernens

> Ich traf Matteo einige Wochen später, und auf meine Frage, wie die Hausaufgabensituationen mit dem Studenten sich gestalteten, holte er tief Luft und legte los: »Also«, sagte er, »Zuerst muss ich sagen, welche Fächer ich hatte, dann in welchen Fächern ich etwas auf habe, dann, womit ich anfangen will, und dann hole ich alle Sachen raus und lese mir die Aufgaben durch und wenn ich sie kann, fange ich an. Wenn ich die Aufgabe nicht verstanden habe, erklärt Paolo sie mir und hilft mir.«

Die Abfolge der Fragen »sitzt« bei Matteo sehr sicher, und er kann sie auch abrufen, wenn er alleine seine Hausaufgaben macht.

**Pausen**

Pausen sind ein Teil des Lernens. Sie sind absolut wichtig! Unser Gehirn benötigt Pausen als Lern-Unterbrechungen, um Informationen richtig abspeichern zu können. Nur so kann sich der Lernstoff setzen. Je nach Alter reichen 2 bis 6 Minuten zwischen den einzelnen Aufgaben. Nach einer halben Stunde sollte jedoch eine Pause von 5 bis 10 Minuten eingelegt werden.

**So gelingt es gut**

- Halblautes *Mitsprechen* bei Hausaufgaben hilft, die Konzentration und Aufmerksamkeit bei einer Sache zu halten. Sprechen und Denken laufen dann parallel, und es gibt weniger Platz für abweichende Gedanken.
- Das *Auswendiglernen* ist ein Teil des Lernens. Erklären Sie den Kindern, wie man Bilder nutzen kann und Verbindungen zu Bekanntem herstellt, um sich Dinge leichter merken zu können. Nutzen Sie konstruktive Fragen, z. B. »Was für ein Bild fällt dir dazu ein?«, »Woran erinnert dich das?«, oder »Wie kannst du dir das am besten merken?« So kann man ein Gedicht z. B. über Bilder oder Bewegungen schneller abspeichern. Wenn notwendig, schaffen Sie Einheiten, die für die Kinder überschaubar sind, und berücksichtigen Sie, dass nur 7 neue Informationen direkt hintereinander vom Gehirn verarbeitet werden können. (7 neue Wörter, 7 Vokabeln, ... nach 7 Einheiten muss das Gelernte erst einmal wiederholt und gefestigt werden. Erst dann dürfen neue Informationen hinzukommen. Sonst ist die Gefahr groß, dass bereits Gelerntes, wieder gelöscht wird. Ein Training von 40 Vokabeln hintereinander ist demnach

wenig sinnvoll. Besser sind kleine Lerneinheiten.) Anschließend gilt: Wiederholen Sie das Gelernte rechtzeitig, d. h. bevor es wieder vergessen wird. Beim ersten Lernen hieße das, dass eine Wiederholung spätestens am folgenden Tag stattfinden sollte. Generell gilt: Lieber häufiger kleine Portionen lernen als alles auf einmal. Dies gilt insbesondere beim Auswendiglernen wie z. B. bei Vokabeln.

- Nehmen Sie die *Erfolge* der Kinder wahr und benennen Sie sie. Erfolge, die als solche erkannt werden, motivieren zur Weiterarbeit.
- *Loben Sie die Qualitäten* der Kinder mehr als die Resultate. Was ich damit meine, ist Folgendes: Lassen Sie sich nicht dazu verleiten, bei Hausaufgaben und Klassenarbeiten nur die Fehler zu finden. Wichtiger ist die innere Arbeitshaltung eines Kindes. Letztendlich ist langfristig nicht das Ergebnis oder die Note unter der Arbeit entscheidend, sondern auf Dauer zählen die Lernqualitäten Ihres Kindes. Gemeint sind Qualitäten wie z. B.: Kreativität, Zuverlässigkeit, Begeisterungsfähigkeit, Pünktlichkeit, Freundlichkeit, Engagement, Hilfsbereitschaft, Umsichtigkeit.

Diesen freundlichen, wohlwollenden Blick sollten Sie sowohl auf die Hausaufgaben als auch auf Klassenarbeiten haben. Behalten Sie auch immer im Kopf, dass die Note oder Zensur teilweise von Faktoren abhängt, die ein Kind nur bedingt mit beeinflussen kann, z. B. dem Schwierigkeitsgrad der Arbeit, Wissenslücken aufgrund von Fehlzeiten, Abgespanntheit, Ablenkung emotionaler Art oder auch seiner Fähigkeit zu schummeln. Es darf an dieser Stelle angemerkt werden, dass neben der reinen Leistung auch Faktoren wie Geschlecht, sozialer Status, Schriftbild, Sympathie etc. die Notengebung einer Lehrkraft beeinflussen können.

## Eselsbrücken, Merksätze und erinnernde Bewegungen

Fast jeder kennt Eselsbrücken. Es sind hilfreiche Vorgehensweisen, um unser bildhaftes Denken zu nutzen und uns Dinge merken zu können. Es gibt Erinnerungshilfen, die über Generationen weitergegeben werden, z. B. »Wer nämlich mit ›h‹ schreibt ist dämlich.« Auf bekannte Eselsbrücken zurückzugreifen ist sinnvoll, aber es geht noch besser: Die Kunst besteht darin, selber und zusammen mit den Kindern Eselsbrücken zu entwickeln. Denn es gilt, dass die besten Merkhelfer immer die sind, die durch unsere eigene Kreativität entstehen. Wenn wir schöpferisch tätig werden, d. h.

selbst eine Idee kreieren, speichern wir sie definitiv am besten und leichtesten ab. Wir können dann sicher sein, dass es sich tatsächlich um eine Brücke handelt, die bis an das andere Ufer reicht.

> Als meine Tochter und ich einige YouTube-Videoaufnahmen zum Thema Eselsbrücken machten, gab es den Moment, an dem meine Tochter sagte: »Warte mal, da fehlt mir noch eine gute Eselsbrücke für die Subtraktion. Ich verwechsle das immer. Heißt es nun: Minuend minus Subtrahend oder heißt es Subtrahend minus Minuend.« Lachend erwiderte ich: »Genau darüber stolpere ich auch immer.« – »Dann brauchen wir jetzt eine gute Eselsbrücke für uns!«, antwortete meine Tochter. Nachdem wir im Internet recherchierten, welche Abfolge nun tatsächlich die richtige sei, schlug meine Tochter nach einigem Nachdenken folgendes vor: »Schau mal, wir nehmen einfach unser Autokennzeichen MS (Münster), denn die Reihenfolge heißt: Minuend (M) minus Subtrahend (S). Erst das M dann das S – eben wie beim Kennzeichen. Außerdem wissen so alle Zuschauer, dass unsere Praxis in Münster ist.«

Als Eselsbrücken können sowohl Bilder als auch Buchstaben, Wörter oder Merksätze genutzt werden. Auch klangliche Ähnlichkeiten oder Reime lassen sich verwenden, um Verbindungen entstehen zu lassen. Es können auch verschiedene Dinge kombiniert werden.

Eselsbrücken bieten sich auch dort an, wo eine 50 : 50-Chance zwischen zwei Antworten besteht. Überall dort, wo wir die Wahl zwischen zwei sich gegenseitig ausschließenden Möglichkeiten haben, sind wir schnell verwirrt und unsicher. Wer das Bilderbuch »Lars der kleine Eisbär« kennt, weiß mit Sicherheit, dass die Eisbären am Nordpol Zuhause sind. Wem das Kinderbuch nicht bekannt ist, könnte auch schon mal ins Schleudern kommen. Wo wohnt der Pinguin und wo der Eisbär? Wer von beiden wohnt am Nordpol und wer am Südpol? Notfalls kann man es ja nachschlagen und dann mit den Kindern ein Bild dazu malen. Dann ist die Verunsicherung vielleicht behoben.

Einfacher und schneller geht es jedoch mit einer guten, zweifelsfreien Eselsbrücke: Malen Sie mit Ihren Kindern ein Bild von einem Pinguin, der mit Sonnenbrille und Eis am Stiel am Strand in der Sonne liegt – also definitiv im Süden. Demnach kann er nur am Südpol leben. Alternativ: Im Wort »Pinguin« kommen zwei i-Punkte vor, die sich im Wort »Südpol« über dem »ü« wiederfinden, aber nicht im Wort »Nordpol«.

Merkhilfen können jedoch auch ihre Tücken haben und der Umgang mit ihnen will geübt sein. Nur gezielt und richtig eingesetzt wirken sie unterstützend.

Nachfolgend finden Sie einige Tipps dafür, wie eindeutige Eselsbrücken eindeutig entwickelt und eingesetzt werden können. Und Sie erfahren, was alles passieren kann, wenn gut gemeinte Merkhilfen hinken.

Die wohl bekannteste Eselsbrücke, welche den meisten noch aus ihrer Grundschulzeit geläufig ist, bezieht sich auf die vier Himmelsrichtungen: »Nie ohne Seife waschen.« **N**ie (**N**orden) **O**hne (**O**sten) **S**eife (**S**üden) **Wa**schen (**W**esten).

Wo aber geht die Sonne auf? Wenn Sie jetzt denken: »Das weiß man doch!«, lesen Sie bitte die Geschichte von Nicola:

> Die Erdkundearbeit ist nicht so ausgefallen, wie Nicola es sich gewünscht hat. Dabei erschien ihr das Thema »Himmelsrichtungen« gar nicht schwer. Auch den Merksatz: »Nie ohne Seife waschen« kennt sie. Umso enttäuschter ist sie über die Note vier.
>
> Beim Durchsehen der Arbeit bemerke ich eine Aufgabe, in der gefragt wird, wo die Sonne aufgeht und wie der Lauf der Sonne ist. Ich befrage Nicola nach dieser Aufgabe, und ganz enthusiastisch sagt sie: »Warte, ... das geht so! Im Süden geht die Sonne auf, nach Westen nimmt sie ihren Lauf, im Norden will sie untergehn, im Osten ist sie nie zu sehn.«
>
> »Fast richtig«, sage ich schmunzelnd. Sofort unterbricht sie mich. »Nein, warte, das geht anders: Im Westen geht die Sonne auf, nach Norden nimmt sie ihren Lauf, im Osten will sie untergehn, im Süden ist sie nie zu sehn.« »Wieder fast richtig«, sage ich, und sofort probiert sie es noch einmal. »Im Norden geht die Sonne auf, nach Osten nimmt sie ihren Lauf, im Süden will sie untergehn, im Westen ist sie nie zu

# I Grundlagen des Lernens

sehn.« Drei Varianten, nur leider wäre die vierte erst die richtige gewesen.

Der Merksatz »Nie ohne Seife waschen« funktionierte bei ihr bestens, aber die Information zur Frage, wo die Sonne aufgeht, wurde nur ungenau abgespeichert.

Das Bild, das ich ihr als Eselsbrücke aufzeichnete, macht deutlich, wie schnell und leicht das Merken über ein Bild funktionieren kann. Vervollständigen Sie das »O« im Osten zu einer strahlenden Sonne, dann behält jedes Kind, dass dort die Sonne aufgeht. Nun muss es nur noch die bereits im Uhrzeigersinn fest abgespeicherten Himmelsrichtungen ergänzen, um den »Lauf« des Himmelskörpers beschreiben zu können.

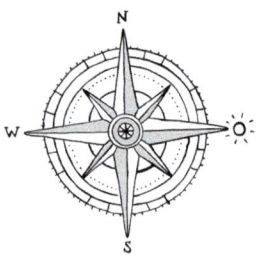

Wie gesagt, es mag dem einen oder anderen unverständlich erscheinen, dass solche vermeintlichen Selbstverständlichkeiten Probleme bereiten können. Aber ich versichere Ihnen, das oben aufgeführte Beispiel ist kein Einzelfall.

Es sind nicht immer die großen Dinge, über die Kinder stolpern und bei denen Bilder als Brücken sehr nützlich sind. Nehmen Sie nur die Erstklässler. Da gibt es Kinder, die immer wieder über die Zeichen > (»größer als«) und < (»kleiner als«) stolpern. Hier kann das Bild eines Krokodils helfen, das ja bekanntlich sehr gefräßig ist. Das Krokodil wendet sich mit dem Maul immer der größeren Zahl zu. Es frisst stets die größere Zahl. Aber wieder gilt auf jeden Fall: Fragen Sie Ihr Kind zunächst, ob es selbst eine Idee hat, und finden Sie über das Ausprobieren heraus, welche Eselsbrücke am besten funktioniert. Berücksichtigen Sie dabei eine weitere Schwierigkeit, die auftreten kann: Manchen Kindern gelingt das Malen dieses Zeichens nur schwer, und es entsteht eine zusätzliche Verwirrung durch die Linienverläufe, also durch die Ähnlichkeit bei beiden Zeichen.

In folgendem Beispiel ist eine Bewegung zur Eselsbrücke hilfreich.

Viele Kinder verwechseln die lateinischen Begriffe »*Verb*« und »*Adjektiv*« und können sie deshalb nicht den richtigen deutschen Worten zuordnen.

> Einer meiner Schüler, Tobi, hatte dazu eine geniale Idee. Es wusste, dass die Nomen die Namenwörter sind. Dies konnte er sich dank des gleichen Wortbeginns leicht merken. Aber was war das Verb und was das Adjektiv? War »Verb« das Tuwort oder das Wiewort? Und »Adjektiv« – was war das noch mal?
>
> Als ich ihn fragte, schaute er mich an und sagte zögerlich: »Ähm, ich glaube das Verb ist das Tuwort.« Aufgrund seines zögerlichen Tons und seiner nach Bestätigung heischenden Blicke fragte ich nach: »Bist du sicher?« Nein, Tobi war nicht sicher, deswegen entschied er sich jetzt blitzschnell um und wählte die andere Variante. Und noch einmal wiederholte ich meine Frage: »Bist du sicher?« Jetzt hatte ich ihn verwirrt, wobei er eigentlich schon vorher verwirrt und nicht sicher war. Er grinste: »Nee, nicht wirklich!« Also suchten wir gemeinsam nach einer Brücke, mit der er sich die Verbindung der Wörter sicher merken könnte.
>
> Nach einigem Ausprobieren kam Tobi auf folgende Lösung. »Siehst du«, sagte er und nahm zwei gleich lange Bleistifte zu Hilfe. »Aus den zwei Linien vom ersten Buchstaben des Wortes ›Verb‹, dem ›V‹, kann man das ›T‹ legen. Und damit fängt das Wort ›Tuwort‹ an.« Gemeinsam überlegten wir, ob es noch mehrere Buchstaben gibt, die wir aus den beiden Bleistiften legen könnten. »Na ja, das ›X‹«, meinte Tobi, »aber dann rollt ein Stift runter. Das gilt nicht!« – »Was ist mit dem ›L‹?«, fragte ich ihn. Er überlegte und antwortete: »Nein, das ›L‹ würde komisch aussehen, da die Stifte ja gleich lang sind.« So lässt sich aus den beiden Linien des Buchstaben ›V‹ also nur noch das ›T‹ legen. Und schon hatten wir eine gute Eselsbrücke, die man auch einfach mit den Händen darstellen kann.

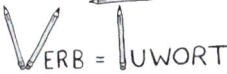

Die Abbildung verdeutlicht, wie die Anfangsbuchstaben »V« (für »Verb«) und »T« (für *T*uwort/*T*ätigkeitswort«) als Merkhilfe genutzt werden können. Durch eine einfache Handbewegung wird aus dem »V« ein »T«. Zu dieser Bewegung gehört der Satz: »Das Verb ist das Tuwort!«

Zusätzliche Merksätze können bei dieser Thematik unterstützend wirken, z. B.

## I Grundlagen des Lernens

- »Ein Verb ist alles, was man tut, wenn du das weißt, dann ist es gut.«
- »Wie etwas ist, ob groß, ob schief, die Wörter nennt man Adjektiv.«

Ein weiteres Beispiel: In der Bruchrechnung werden von manchen Schülern die Begriffe »erweitern« und »kürzen« verwechselt. Das muss nicht sein, da man sich an der Schreibweise der mathematischen Begriffe orientieren kann: Das Wort »kürzen« hat zwei Punkte über dem »ü«, die für die Handlung des Teilens (:) stehen. Im Wort »erwe**i**tern« kommt nur ein Punkt vor, der das Malnehmen (·) symbolisiert. Allerdings müssen für die Anwendung dieser Eselsbrücke die benötigten Rechenarten zweifelsfrei sitzen.

An folgender Geschichte wird sehr deutlich, dass manche Eselsbrücken nur dann leicht behalten werden, wenn sie selbst geschaffen wurden – oder trauen Sie sich zu, Stefans Gedankenstützen zu *englischen Vokabeln* zu übernehmen?

> Sowohl das Behalten als auch die Schreibweise englischer Vokabeln bereiteten Stefan (5. Klasse) große Probleme. Dabei hatte er eigentlich ein sehr gutes Gedächtnis, viele Dinge konnte er sich merken, nur die Vokabeln wollten einfach nicht in seinen Kopf. Er war ein sehr schneller bildhafter Denker, und wir versuchten, gemeinsam einen Weg zu finden, wie die Vokabeln sicher in seinem Kopf abgespeichert werden könnten. Als er begriffen hatte, dass er sich Vokabeln über Bilder merken kann und sogar Bilder nutzen kann, um sich die Schreibweise zu merken, hatte er für sich einen wesentlichen Schritt getan. Ich habe selten einen so kreativen Jungen erlebt, der Bilder und Geschichten in so einem Tempo produzierte, dass ich kaum noch nachkam.

Hier einige seiner Ideen:

> *»Saturday – Samstag«:* »Am Samstag kaufe ich bei Satur(n) ein.« Den letzten Buchstaben, so sagte er, ersetze er einfach durch das englische Wort »day«, das ihm bekannt war.
>
> *»Cheese – Käse«:* »Von mir wird ein Foto in der Schweiz (=»ch«) gemacht, auf dem ich mit zwei Käserädern (= 2 »e«s) zu sehen bin. Ich lächle und sage ›cheese‹.«
>
> Nachdem er wusste, dass das Wort mit »ch« anfing und dann zwei »e«s kamen, fielen ihm auch die letzten beiden fehlenden Buchstaben automatisch ein und er vervollständigte das Bild des Wortes »cheese«.
>
> *»Orange juice – Orangensaft«:* Die Schreibweise des Wortes »juice« brauchte etwas länger, aber irgendwann hatte er sein Bild und das lau-

tete: »Jutta (hier nahm er die ersten zwei Buchstaben meines Vornamens) trinkt im ICE Orangensaft.« Und so fügte er die Buchstaben einfach nur noch zusammen: »ju – ice«.

Der folgenden Geschichte liegt ein oft benutzter *grammatischer Lernvers* zugrunde. Sie zeigt, wie die Nutzung einer Eselsbrücke schiefgehen kann. Der Lernvers lautet: »He, she, it, das ›s‹ muss mit!« Oft können Schüler, ohne groß überlegen zu müssen, diesen Satz aufsagen. Leider habe ich auch viele Kinder erlebt, die nicht den Hauch einer Ahnung hatten, was genau dieser Satz bedeutete, obwohl sie ihn einwandfrei zitieren konnten. Überprüfen Sie also, ob das Kind weiß, dass in allen englischen Present-Formen ein »s« an das Verb gehängt wird, wenn die es in der Einzahl steht. Wichtig ist auch zu klären, dass auch Peter oder Bert ein »he«, Claudia oder Nadine eine »she« und das Auto oder die Katze ein »it« sind, also auch hier ein »s« an das Verb gehängt werden muss. (»The car has a nice colour.« »Tom plays piano.«)

Sophie gibt Nachhilfe in Englisch. Ihr Schüler heißt Aaron und besucht die 6. Klasse einer Realschule. Das neue Schuljahr hat gerade begonnen, und Sophie wiederholt mit Aaron einige grundlegende grammatikalische Besonderheiten. Mehrmals fällt ihr auf, dass Aaron bei der Satzbildung ein Fehler unterläuft. Er schreibt: »He eat his pizza and then he wait until his mother come.« D. h., er hängt an die Verben »eat«, »wait« und »come« kein »s«, wie es nötig wäre. Sophie zeigt auf den Satz und sagt: »He, she, it, das ›s‹ muss mit!« Aaron lacht: »Das sagt meine Lehrerin auch immer. Echt. Jede Stunde sagt sie das mindestens 10-mal!«, fügt er hinzu. »Dann mach doch mal!«, fordert Sophie ihn auf und zeigt auf das Heft.
Aaron schaut sie fragend an. In Sophie blitzt eine Frage auf. »Sag mal, was bedeutet denn dieser Satz: ›He, she, it das ›s' muss mit?‹« Aaron zuckt mit den Schultern. »Keine Ahnung!«, grinst er, »aber er klingt lustig!«

Merksätze können, wie in dem Beispiel gezeigt wird, ein inhaltliches Verständnis, wenn es erforderlich ist, nicht ersetzen. Oder einfach: Ein auswendig gelernter Merksatz alleine hilft mir noch nicht, diesen auch anzuwenden!
Die Tücken in Merksätzen verstecken sich manchmal in den kleinen, bildlosen Wörtern, wie »mit«, »ohne«, »dann«, »sonst« usw. Da schrieb mir ein Schüler stolz folgenden Merksatz auf: »Wer nähmlich *ohne* ›h‹

schreibt ist dähmlich.« Aber leider heißt es: »Wer nämlich *mit* ›h‹ schreibt ist dämlich.« D. h. nur ein kleines Wort wird verändert und schon ist die gesamte Aussage eine andere.

Die folgenden Eselsbrücken beziehen sich auf die vier *Bezeichnungen der Grundrechenarten*. Ich weiß aus Erfahrung, dass sie von vielen Kindern durcheinandergeworfen werden. Gemeint sind die Begriffe »Addition«, »Subtraktion«, »Multiplikation« und »Division«.

»Addition«: das Wort fängt mit dem *ersten* Buchstaben im Alphabet an. Wenn Sie Kinder fragen, was die *erste* Rechenart ist, die sie lernen, kommt selbstverständlich die Antwort »Plusrechnen«. Und damit steht die Kombination »Addition = Plusrechnen«.

Bei dem Begriff »Subtraktion« frage ich in der Regel die Kinder, woran sie die erste Silbe des Wortes (»Sub«) erinnert. Die Antwort der Kinder kommt spontan und ist natürlich bildhaft: »Das erinnert mich an Suppe!« Und wenn man die Suppe isst, dann wird sie weniger. Praktischerweise sieht ein Suppenlöffel hingelegt auch etwas wie ein Minusstrich aus. Die Verbindung ist erfahrungsgemäß noch schneller hergestellt als bei dem Additionsbegriff.

»Multiplikation«, »Malnehmen« sind zwei Wörter für den gleichen mathematischen Vorgang. Beide Begriffe beginnen mit »M«, was – zugegebenermaßen – etwas tückisch ist, da es auch das Wort »minus« gibt. Aber die zwei *langen* Begriffe gehören zusammen. Ihren gemeinsamen Anfangsbuchstaben kann man nutzen, um sich die Worte gemeinsam zu merken. Wenn Sie »M&M's« kennen, eine Süßigkeit, die es überall in Lebensmittelgeschäften gibt, können Sie diese mit dazunehmen, denn die M&M's sehen aus wie ein Mal-Punkt. Und sie schmecken auch gut, besonders eben bei Malaufgaben.

Nun bleibt noch der letzte der vier Begriffe, die »Division«. Viele Kinder können dieses Wort dann schon zuordnen, da es als letztes übrig bleibt. Auch hier gibt es eine Möglichkeit über die Buchstaben. Die ersten zwei Buchstaben »D« und »i«, könnten stehen für: »*D*u und *i*ch, wir teilen uns etwas.« So kann ich mir merken: Division gleich teilen.

Da es sich um vier Begriffe handelt, sollten Sie schrittweise vorgehen und sich nicht alle Wörter auf einmal vornehmen. Auch Eselsbrücken müssen ankommen und wiederholt werden, damit man sie sich langfristig merken kann.

Hier ein paar Beispiele für Eselsbrücken im grammatikalischen Bereich:

Präsens – wenn ich präsent bin, bin ich im Hier und Jetzt.
Oder: ein Präsent/Geschenk möchte ich immer JETZT haben. Deshalb ist es die Jetzt-Zeit/Gegenwart

Präteritum – Präteritum, die Zeit ist um. Deshalb ist es Vergangenheit. Die 1. Vergangenheit! Und weil es die 1. Vergangenheit ist, besteht es auch nur aus einem Wort.

Dann gibt es noch die 2. Vergangenheit. Die beherrschen wir alle *perfekt* im Alltag. Deswegen heißt die 2. Vergangenheit auch »*Perfekt*« (denn wir sagen ja meist »Ich habe mir etwas gekauft« und nicht »Ich kaufte mir etwas«) und besteht aus *2* Wörtern, denn es ist die *zweite* Vergangenheit. Z. B. ich habe ein Bild gemalt.

Futur – Wenn man »Futur« und »Zukunft« untereinanderschreibt, stehen die »U«s direkt untereinander. Daran erkennt man, dass diese beiden Zeiten gleich sind. Die beiden »U«s sind außerdem die Landeplätze der Ufos aus der Zukunft. Sie fliegen quasi vom Wort »Zukunft« hinüber zum Wort »Futur«.

Subjekt – Subjekt fängt mit »Sub« an, das erinnert an das Wort »Super« wie »Superman«. Das Subjekt ist also immer der Superman, der in dem Satz das Sagen hat, weil er etwas Wichtiges tut.

Ich hoffe, diese Beispiele machen Lust auf mehr. Nutzen Sie gerne die hier aufgeführten Merkhilfen, wenn sie passen, aber vor allem werden Sie zusammen mit den Kindern kreativ.
*Allgemein gilt:*

- Eine Eselsbrücke hält meist am besten, wenn das Kind sie sich gemeinsam mit Ihnen erarbeitet hat.
- Je lustiger und komischer eine Eselsbrücke ist, desto besser bleibt sie im Kopf!
- Eselsbrücken dürfen keine 50:50-Chancen enthalten, wie etwa bei dem Satz »Wer nämlich mit h schreibt ist dämlich.« Eine Eselsbrücke muss regelmäßig überprüft werden! Stiftet sie auch nur ansatzweise Verwirrung, muss sie besser abgesichert oder verändert werden!

# II

## Tipps für den Lernalltag

In diesem zweiten Teil des Buches geht es speziell um Schwierigkeiten von Kindern beim Erlernen des Lesens, des Schreibens und des Rechnens. Sie erhalten in den nächsten zwei Kapiteln jede Menge Tipps, was Sie tun können, wenn sich ein Kind in einem dieser Bereiche schwertut.

Das Lernen soll mit Hilfe dieser Tipps leichter werden für das Kind, dadurch, dass Sie gemeinsam erkennen, wo sich inhaltliche Stolpersteine verstecken und wie Sie diese aus dem Weg räumen können. Sie sollen das Kind sehen, auch mit seinen individuellen Schwierigkeiten. In diesem Prozess sind einige Dinge maßgeblich wichtig. Bevor Sie sich also mit einem Kind zum Lernen hinsetzen, lesen Sie deshalb unbedingt folgende Grundlagen, damit das gemeinsame Lernen entspannt und stressfrei abläuft.

Finden Sie entspannte Lernzeiten! Schauen Sie, wenn möglich: Zu welchen Tageszeiten kann sich dieses Kind gut konzentrieren? Wann sind Zeiten, in denen es den Kopf freihat?

Zeigen Sie dem Kind auf, dass es schon ein Meister im Lernen ist, denn sonst könnte es nicht laufen, springen, sprechen, erzählen, malen ... Gehen Sie ruhig einmal durch, was es schon alles Großartiges gelernt hat.

II Tipps für den Lernalltag

Sorgen Sie dafür, dass das Kind emotional beteiligt ist. Für Erfolgserlebnisse und generell beim Lernen bieten sich geeignete Spiele an! Je häufiger Sie mit einem Kind spielerisch lernen, desto besser! Lassen Sie das Kind mitentscheiden, welche Spiele Sie nutzen. Werden Sie gemeinsam kreativ, Spiele umzugestalten.

Nehmen Sie den Druck raus! Sich an Lerninhalte zu setzen, die schwierig sind, kostet Überwindung! Und genau wie wir haben auch die Kinder Tage, an denen einfach nichts in den Kopf hineingeht. Auch hier haben sie Verständnis verdient. Schauen Sie was möglich ist, aber eben ohne Druck! Lernen funktioniert nur im entspannten Zustand!

Machen Sie lieber mehrere kurze Lerneinheiten (von vielleicht 10–15 Minuten) über die Woche verteilt als eine lange Lerneinheit, bei der das Kind am Ende vor Erschöpfung vom Stuhl kippt. Einigen Sie sich auf einen Zeitrahmen, der auch für das Kind in Ordnung ist, stellen Sie einen Timer und, wenn der klingelt, ist die Lerneinheit beendet. Ja, auch wenn es gerade gut läuft! In diesem Moment darf einzig das Kind entscheiden, ob das Lernspiel noch zu Ende gespielt wird oder ob für heute Schluss ist. Erwachsene neigen etwas dazu, das Lernen so lange zu verlängern, bis die Stimmung kippt. Das ist jedoch enorm kontraproduktiv für die Motivation des Kindes, sich noch einmal mit dem Erwachsenen zum Lernen hinzusetzen.

Nutzen Sie Bilder! Kinder sind bildhafte Denker! Je häufiger Sie gemeinsam lustige Eselsbrücken machen und nutzen, desto höher ist die Chance, dass ein Inhalt hängen bleibt. Je verrückter eine Eselsbrücke, desto eher prägt sie sich ein. Lernen darf tatsächlich lustig sein!

Nehmen Sie Material dazu! Kinder müssen Dinge be*greifen*, um sie zu verstehen. Also holen Sie dazu, was hilfreich sein kann: zusammensteckbare Steine zum Rechnen, Maßband, Lineal und Co zum Messen, Klötze zum Wörterlegen, Sand, um Buchstaben hineinzuschreiben. Vertrauen Sie hier auch auf die Phantasie der Kinder. Kinder haben tolle Ideen!

Wann immer Sie auch Bewegung miteinbringen können, tun Sie dies! Vorausgesetzt das Kind ist ein »Bewegungslerner«! Beachten Sie also, um welchen Lerntyp es sich bei dem Kind handelt. Kann Ihr Kind sich am besten Dinge merken, die es vor sich aufgeschrieben oder abgebildet sieht? Kann es besser Inhalte abspeichern, wenn es sie hört? Oder brauch es eben Bewegung und die Möglichkeit, Dinge wirklich zu »beGREIFEN«? Danach müssen Sie natürlich nicht pedantisch alles ausrichten. Doch schauen Sie, ob das Kind die Vokabeln am besten beim Hüpfen auf dem Trampolin oder bei einem Spaziergang lernen kann, ob das Kind gerne am Tisch sitzt und Bilder vor sich hat oder ob es ihm hilft, Aufgaben vorgelesen zu bekommen und vielleicht (bekannte) Musik beim Lernen zu hören.

Werfen Sie Ihren inneren Erklärbären hinaus! Der Erklärbär ist in den meisten von uns tief verankert. Er führt dazu, dass wir als Erwachsene den Kindern gerne Sachverhalte erklären, in der Hoffnung, dass die Kinder diese verstehen und anwenden können. Erklären geht vermeintlich schnell, und auf die Frage »Hast du das verstanden?« nicken viele Kinder mit dem

Kopf. »Verstanden« verbinden allerdings die meisten Kinder eher mit einem »Ich habe dich akustisch wahrgenommen« und weniger mit einem »Ich habe die Inhalte verinnerlicht«, so wie wir es gerne hätten. Oft tritt also der erhoffte Erfolg nicht ein.

Wichtig ist deshalb: Kinder müssen die Möglichkeit haben, Lerninhalte zu entdecken! Heißt: Sie müssen Dinge ausprobieren und nicht nur Erklärungen hören. Sie müssen experimentieren. Eine Alternative zum Erklärbären wäre es, konstruktive Fragen zu stellen. (»Hast du eine Idee, was du hier tun sollst?« »Gibt es ein Wort, das du nicht kennst/das dich durcheinander bringt?« »Hast du so etwas Ähnliches schon einmal gerechnet?«) Je häufiger wir Kinder anregen, selbst zu überlegen, auszuprobieren, desto größer ist die Chance, dass sie selbst zu einer Lösung finden und dass es in ihrem Kopf »Klick« macht und der berühmte »Aha-Moment« eintritt.

Offenbaren Kinder ihre Ideen oder Verbindungen im Kopf, neigen wir Erwachsenen schnell dazu beurteilen, ob diese richtig oder falsch sind. Dabei dürfen wir uns doch erst einmal nur freuen, dass Kinder uns teilhaben lassen an ihrer Gedankenwelt. Auch wenn sich uns die Vorgehens- oder Denkweise eines Kindes nicht sofort erschließt: Kinder hören im Laufe ihrer Schuljahre schon oft genug die Wörter »richtig« und »falsch«. Anstatt sofort zu urteilen, sagen Sie einfach häufiger erst einmal nur vollkommen wertfrei: »Aha, interessant«. Verwendet ein Kind beispielsweise einen Rechenweg, der sich Ihnen nicht als logisch erschließt, ist es erst einmal für uns nur »interessant« dies zu erfahren. Denn für das Kind ist die Vorgehensweise bis zu einem gewissen Grad ja durchaus logisch – wir müssen es also nicht abwerten, indem wir seine Logik als »falsch« abtun. Vielmehr sollte es unser Ziel sein, dem Kind Wege aufzuzeigen, wie es mit einer anderen Rechenstrategie chneller und mit geringerem Aufwand ans Ziel kommt.

Schauen Sie immer, ob das Kind auch die Grundvoraussetzungen hat, die es braucht, um diesen neuen Lerninhalt zu verstehen. Wenn ein Kind beispielsweise Division üben soll, aber noch nicht Multiplizieren kann, wird das Dividieren mit hoher Wahrscheinlichkeit nicht klappen können. Wenn ein Kind eine englische Zeit nutzen soll, aber die Verben nicht sicher kennt, wird das Verwenden der Zeit nicht sicher funktionieren. In allen Fächern gilt daher: Schauen Sie, ob wirklich die Basis für ein Thema sitzt! Sonst geht im schlimmsten Fall viel Energie und Stress dafür drauf, etwas lernen zu wollen, was einfach noch nicht bereit ist, gelernt zu werden, weil die Grundlagen dafür fehlen.

Gehen Sie entspannt mit Fehlern um! Fehler sind ein Teil des Lernens und des Entdeckens. Man kann aus Fehlern lernen und sie als Stolpersteine aus dem Weg räumen. Ich liebe es, Kindern zu zeigen, dass man die Buchstaben aus dem Wort »Fehler« auch umstellen kann. Aus den gleichen Buchstaben kann man das Wort »Helfer« bilden. Ist das nicht wunderbar? Fehler sind doch nur Helfer, weil sie uns helfen, neue Dinge zu lernen oder neue Erfahrungen machen zu können.

Schule ist nicht alles! Stellen Sie sicher, dass das Kind das weiß. Der Wert eines Kindes sollte NIEMALS von erbrachten Leistungen abhängen – weder in der Schule noch sonst wo.

# 6

# Fon Buchschtabn, Wöhrtan und Täksten – Wenn Lesen und Schreiben nicht so einfach ist

Lesen und Schreiben sind Fertigkeiten, die alle Kinder wünschenswerterweise erlernen sollten. Denn egal wo wir uns aufhalten im Alltag – wir sind von Buchstaben, Wörtern und Texten umgeben. Seien es die Verpackungen der Lebensmittel, Straßen- und Hinweisschilder, die Fernsehzeitschrift, eine Speisekarte, Autokennzeichen, die SMS auf dem Handy oder die vielfältigen Informationen im Internet. In einer Informationsgesellschaft wie der unsrigen sind wir ohne die Fähigkeit des Lesens und Schreibens im Alltag stark eingeschränkt und oftmals abhängig von der Hilfe anderer Menschen. Aber es geht neben der Orientierung im Alltag noch um weit mehr. Es geht ebenso um: abtauchen können in Geschichten, sich entspannen, in andere Welten eintauchen und sich hineinversetzen in die Helden einer Geschichte, mitfiebern bei Abenteuern, in andere Rolle schlüpfen, den Horizont erweitern, ....

Kinder bringen im Idealfall aus der Vorschulzeit viele Voraussetzungen mit, die für das Lesen und Schreiben notwendig sind. Im Kindergarten werden ihnen zahlreiche Möglichkeiten angeboten, um ihre Sprache zu erweitern. Gemeinsame Spiele, Geschichten, Reime, Rollenspiele, Kinderlieder oder das Klatschen eines Rhythmus, all das dient der Vorbereitung auf das Lesen. Für das Schreiben wird der Umgang mit Stift und Schere durch Mal- und Bastelarbeiten und handwerkliche Tätigkeiten eingeübt. Dadurch gut vorbereitet schaffen die meisten Kinder den Übergang zum Lesen und Schreiben problemlos. Sie freuen sich auf die Schule und sind begierig darauf, endlich selbst einmal vorlesen und schreiben zu können.

> Auch Jan ist zu Beginn des ersten Schuljahres von der Idee, selbst lesen und schreiben zu lernen, begeistert. Aber schon nach ein paar Wochen verliert er die Lust. Er findet es mühsam, die einzelnen Buchstaben aufs Papier zu bringen und sie beim Lesen zu sinnvollen Wörtern zusammenzuziehen. Er stöhnt und vermeidet es, sich damit auseinanderzusetzen. Zu Beginn des zweiten Schuljahres verkündet er: »Ich will sowieso nicht lesen können!«

Vereinzelt gibt es schon in der Vorschulzeit Auffälligkeiten und Hinweise, die nicht übersehen werden sollten: So fällt es einigen Kindern schwer, Sätze grammatikalisch richtig zu bilden, einfache Kinderliedmelodien nachzusingen oder zu behalten, einen Rhythmus zu klatschen oder ähnlich klingende Worte auseinanderzuhalten.

Für Kinder wie Jan ist das Erlernen des Lesens und Schreibens mit großen Mühen und Anstrengungen verbunden. Irgendwie scheint es nicht zu klappen, und das ewige Üben zeigt keinen Erfolg. Diese Kinder verlieren die Lust und flüchten sich in Vermeidungsstrategien. Sie verweigern das Lesen, fangen an zu lügen, wirken unkonzentriert, müde, gereizt oder reagieren sogar mit psychosomatischen Erscheinungen wie z. B. Bauchschmerzen, wenn es an die Leseaufgaben oder Richtung Schule geht.

> Julian besucht die 3. Klasse einer Grundschule. Einige Buchstaben hören sich für ihn so ähnlich an, dass es ihm schwerfällt, sie zu unterscheiden. »Schreibt man Tisch jetzt mit i oder mit ü?«, fragt er sich. Zudem verwirren ihn diese ganzen Buchstaben auf dem Papier. Bis heute weiß er nicht sicher und auf Anhieb, wie alle Buchstaben geschrieben werden. Lieber würde er nur draußen spielen. »Schule ist blöd«, findet er, und lesen muss man seiner Meinung nach auch gar nicht lernen. Das ganze Üben und noch mal Üben mit der Mutter scheint keine Fortschritte zu bringen. Außer die, dass beide mit ihren Nerven am Ende sind, Hausaufgabensituationen immer häufiger eskalieren, mit Tränen enden und Ju-

lians Selbstwertgefühl schwindet. Er hält sich schlichtweg für zu dumm. Manchmal klagt er über undefinierbare Bauchschmerzen. Zum Leidwesen seiner Mutter fängt er auch noch an zu lügen, versteckt Aufgabenzettel oder gibt vor, keine Hausaufgaben aufzuhaben.

Bei Schülern wie Julian sind die Schwierigkeiten so umfangreich, dass professionelle Hilfe, eine genaue Diagnose sowie eine kompetente Förderung und Beratung dringend erforderlich sind. Die Defizite haben einen Umfang erreicht, der ohne fachkundige Begleitung kaum in den Griff zu bekommen ist. Auch die Beziehung zwischen Mutter und Sohn ist inzwischen so belastet, dass ein entspannter Zustand beim Lernen sehr selten geworden ist.

Diese Dinge gilt es im Blick zu behalten, damit Lernen entspannt stattfinden kann.

## Was können Hinweise auf eine LRS oder Legasthenie sein – und was unterscheidet die beiden voneinander?

Viele Eltern und auch Pädagogen und Lehrkräfte sind verunsichert, wenn ein Kind im Bereich des Lesens und Schreibens Schwierigkeiten hat, und schnell tauchen Fragen auf: »Handelt es sich nun um eine Lese-Rechtschreibschwäche oder um eine Legasthenie/Leserechtschreibstörung? Gibt es einen Unterschied dazwischen? Und was sind die Ursachen?«

Im Alltagsgebrauch werden die beiden Begriffe »Legasthenie« und »LRS« (Lese-Rechtschreibschwäche) häufig undifferenziert verwendet. In beiden Fällen handelt es sich um Probleme im Zusammenhang mit dem Lesen und Schreiben. Fachlich korrekt ist die Legasthenie eine Lese-Rechtschreib*störung*, während die Abkürzung LRS für eine Lese-Rechtschreib*schwäche* steht. Die Legasthenie ist eine stärker ausgeprägte Form der LRS.

Wird eine *Legasthenie* diagnostiziert, so ist davon auszugehen, dass die Kinder oder Heranwachsenden über einen langen Zeitraum Schwierigkeiten beim Erlernen des Lesens und Schreibens haben werden. Zum einen wird es ihnen wohl schwerfallen, gesprochene Sprache in Schrift umzusetzen und zum anderen gelingt es ihnen sehr wahrscheinlich nur mühsam, Geschriebenes in gesprochene Sprache umzuwandeln.

In vielen Fällen erklären die persönliche Entwicklung oder das Milieu dieses Phänomen nicht. In manchen Familien gibt es über Generationen hinweg immer wieder Personen, die von diesen Schwierigkeiten betroffen sind. Deswegen geht man bei einer Legasthenie vor allem von einer biologischen Ursache aus, die durchaus vererbbar ist.

Bei einer *LRS* sieht man im Gegensatz dazu keine biologische Ursache. Man macht eher psychische Belastungen verantwortlich dafür, dass diese Kinder das Lesen und Schreiben schwerer erlernen und im Vergleich zu den Gleichaltrigen mehr Zeit benötigen und deutlich häufiger Fehler machen. Letztendlich gibt es aber unter Fachleuten keine einheitlichen Begründungen.

Ich treffe in meiner Praxis viele Kinder, Jugendliche und sogar Erwachsene, die im Bereich des Lesens und Schreibens Probleme haben. Einige sind als Legastheniker diagnostiziert, andere haben eine Lese-Rechtschreibschwäche, bei wieder anderen liegt eine allgemeine Lernschwäche vor, die auch Schwierigkeiten beim Lesen und Schreiben umfasst. Manchmal verbirgt sich der Grund für die Defizite eindeutig in der persönlichen Geschichte. So beispielsweise bei Kindern, die aufgrund von Vernachlässigung und fehlender Ansprache in ihrer Sprachentwicklung zurück sind. Teilweise haben sie erst spät mit dem Sprechen begonnen. Andere Kinder sind durch lang anhaltende Erkrankungen in ihrer Entwicklung verzögert. Auf diese Weise entstandene Defizite führen oftmals dazu, dass diesen Kindern speziell das Erlernen des Lesens und Schreibens schwerer fällt. Liegen hier die Ursachen eindeutig in der Biografie, so sind doch die auftretenden Symptome denen von »normalen« LRS-Kindern und Legasthenikern oftmals ähnlich. Trainiert und fördert man diese Kinder so, als ob sie legasthene Anteile hätten, machen auch sie deutliche Fortschritte.

Eines gilt jedoch sowohl für Legastheniker als auch für Kinder mit einer Lese-Rechtschreibschwäche: Beide haben eine Teilleistungsstörung, also eine »Störung« in einem »Teil« ihrer »Leistungs«fähigkeit, die nichts mit einer geringeren Begabung oder Intelligenz zu tun haben muss. Die Betroffenen schneiden bei Intelligenztests durchaus durchschnittlich bis überdurchschnittlich ab. Schwierigkeiten zeigen sich nur in dem Teilbereich des Lesens und Schreibens und sind unabhängig von anderen Wissensgebieten. Je nachdem, wie gravierend und anhaltend die Probleme beim Lesen und Schreiben sind, werden leider auf Dauer auch andere Schulfächer davon mitbetroffen.

Ein häufiger Stolperstein ist das Erlesen von Sachaufgaben im Mathematikunterricht. Mit zunehmendem Alter kommen stark betroffene Kinder immer wieder an ihre Grenzen. Durch ihr langsames Lesen benötigen sie für die Aufnahme von neuem Wissen erheblich mehr Zeit. Je anspruchsvoller die Texte werden, desto schwieriger gestaltet sich das Entziffern bei gleichzeitigem Verstehen. Die vorgegebenen Zeiten zum Lesen und womöglich auch noch zum schriftlichen Festhalten des Gelesenen sind oftmals nicht ausreichend und die Betroffenen geraten unter Zeitdruck.

Schwierigkeiten beim Lesen und Schreiben treten allerdings nicht zwangsläufig zusammen auf. Es gibt Kinder, die gut lesen können, bei ihnen ist nur die Rechtschreibung betroffen. Sie erfassen Wörter als Ganzes, aber der Innenaufbau des Wortes wird nur unzureichend wahrgenommen und abgespeichert. (Das Kind erkennt also das Wort »Sonne«, sieht aber nicht, welche Buchstaben genau vorkommen, dass das »n« zum Beispiel doppelt enthalten ist.) Man spricht in diesem Zusammenhang auch von einer isolierten Rechtschreibschwäche oder Rechtschreibstörung, je nach dem Schweregrad.

Und dann gibt es noch die Kinder, die zusätzlich Schwierigkeiten mit der Feinmotorik haben, also Stifthaltung, Linienverläufe etc., Besonders für diese Kinder ist es wichtig immer wieder auch schreibunabhängige Übungen anzubieten, da sie in der Regel nicht gerne schreiben und sie das Schreiben an sich sehr anstrengt.

> Bei dem Verdacht einer Legasthenie oder Lese-Rechtschreibschwäche sollte zunächst einmal das Gespräch mit der Lehrerin oder dem Lehrer des Kindes gesucht werden. Dies ist die erste Ansprechperson. Die Lehrkräfte erleben das Kind jeden Tag in der Schule und haben einen Überblick über den Lernstand im Vergleich zu gleichaltrigen Kindern.

Sarah besucht die 4. Klasse einer Waldorfschule. Sie ist ein waches, intelligentes Mädchen mit vielseitigen Interessen. Als Legasthenikerin hat sie viel Zeit und Mühen darauf verwenden müssen, alle Buchstaben als Druckbuchstaben sicher benennen und schreiben zu können. In der Schule aber ist auch die Schreibschrift schon lange eingeführt. Das Lesen fällt ihr sehr schwer, sie liest stockend und ermüdet schnell durch die übergroße Anstrengung. Auch bekannte Worte scheint sie sich jedes Mal neu erlesen zu müssen. Ich bitte Sarah mir zu beschreiben, wie sie sich die Buchstaben eines Wortes in ihrem Kopf vorstellt.
Ich: »Wenn du dir die Buchstaben vorstellst, siehst du dann vor deinem inneren Auge Druckbuchstaben oder Schreibschriftbuchstaben?«
Sarah: »Ich stelle mir die Buchstaben immer in Schreibschrift vor.«
Ich: »Kannst du mir beschreiben, wie du dir das Wort ›Haus‹ geschrieben vorstellst? Welche Buchstaben siehst du als große Buchstaben, welche als kleine Buchstaben?«

Sarah: »Ich sehe nur große Buchstaben.«
Ich: »In welcher Farbe siehst du die Buchstaben?«
Sarah: »Alle Buchstaben sind rot. Der Hintergrund ist blau. Aber das ist immer so. Bei mir sind alle Buchstaben in meinem Kopf rot.« »Aber«, fügt sie lachend hinzu, »einen Baum stelle ich mir schon mit einem braunen Stamm und grünen Blättern vor.«
Ich: »Siehst du alle vier Buchstaben gleichzeitig nebeneinander?«
Sarah: »Nein, sie stehen immer untereinander.«
Ich: »Gibt es Wörter, bei denen du sie dir nebeneinander vorstellen kannst?«
Sarah: »Nein!«
Ich: »Kannst du einmal versuchen, dir jetzt nur den ersten Buchstaben des Wortes ›Haus‹ vorzustellen?« (Ich zeige ihr eine Karteikarte, auf der das Wort »Haus« in Druckbuchstaben aufgeschrieben steht.)
Sarah: »Ja, ich sehe ihn im Kopf.«
Ich: »Versuche nun, den nächsten Buchstaben des Wortes, das kleine ›a‹, neben das ›H‹ zu setzen und beschreibe mir was passiert.«
Sarah: »Jetzt sehe ich das ›a‹, aber das ›H‹ sehe ich nicht mehr. Es verschwindet wieder!«

Sarah hat gleichzeitig in mehreren Bereichen enorme Schwierigkeiten. Es hat sehr lange gedauert, bis sie die Laute den jeweiligen Buchstaben zuordnen konnte und alle Buchstaben richtig schrieb. Hinzu kommt, dass es ihr nicht gelingen will, selbst kurze Wörter als inneres Bild zu übernehmen. Sie benötigt gezielte Übungen in der Wahrnehmungsverarbeitung, um überhaupt Wortbilder abspeichern zu können.

Häufig spreche ich in Beratungsstunden auch mit Eltern und Lehrern, die der Ansicht sind, man müsse mit dem Kind einfach nur mehr üben. Aber Äußerungen wie: »Sie braucht halt etwas länger!«, »Er ist eher ein Spätzünder!« oder beruhigende Sätze wie: »Das kommt schon noch!«, »Das wächst sich aus!« können eine vorliegende Problematik verschleiern. Vielleicht ist es gewagt, Ihnen an dieser Stelle einen Rat zu geben. Ich wage es trotzdem und greife dabei auf meine langjährige Erfahrung zurück.

Mein Tipp für Eltern: Sie sind absolut sicher, dass Sie nicht zu hohe Ansprüche an Ihr Kind stellen und auch nicht eigenen Wünschen aus Ihrer Kindheit nachhängen? Und trotzdem haben Sie das Gefühl, dass

- Ihr Kind sich extrem schwer tut?
- trotz wiederholtem Üben keine Verbesserung eintritt?
- Lernsituationen immer schwieriger werden?
- die Hausaufgabenbewältigung oft zu einer Härteprobe wird?

Dann haben Sie in der Regel recht. Vertrauen Sie an dieser Stelle Ihrem Bauchgefühl!

Oft sind es gerade Mütter, die mir ihr Gefühl beschreiben, dass irgendetwas beim Lernen mit einem Kind nicht stimmt. Sie äußern sich dann z. B. so: »Wenn Sie wüssten, wie viel wir schon geübt haben, aber irgendwie scheint sie das nicht zu verstehen.« Oder: »Sie weiß es heute, aber morgen hat sie alles wieder vergessen, und wir fangen von vorne an.«

Ich habe gelernt, dem Bauchgefühl von Eltern zu vertrauen. Würde man mich bitten, eine grobe Einschätzung abzugeben, so würde ich sagen, dass in 98 % der Fälle die Eltern, die zu mir kamen, mit ihrem Bauchgefühl richtig lagen.

Je früher man die Problematik erkennt, desto eher kann eine gezielte Förderung beginnen, damit in der Folge diese Kinder in ihren Bildungs- und Lebenschancen nicht beeinträchtigt werden. Und unabhängig davon, wie man das Problem letztendlich benennt und diagnostiziert, steht eines fest: Kinder, die mit dem Erlernen des Lesens und Schreibens Schwierigkeiten haben, benötigen Hilfe, da sie sonst in vielen Lebensbereichen eingeschränkt sind. Dies zeigt auch die Geschichte von Moritz:

> Moritz war 15 Jahre alt, als ich ihn kennenlernte. Er kam zu mir als Analphabet. Es gelang ihm nicht einmal, seinen eigenen Vornamen zu schreiben oder etwa das Wort »Mama«. »Unvorstellbar«, denken Sie jetzt vielleicht, und dennoch war es so. Zum Glück haben wir einen Weg gefunden, auf dem er doch noch lesen und schreiben lernen konnte. Und nach einem Jahr harter, erfolgreicher Arbeit wollte ich mit ihm das Erreichte feiern. »Heute«, so sagte ich ihm, »werden wir nicht lesen und schreiben, sondern nur feiern!« Ich lud ihn zum Eis essen ein. Ganz in der Nähe gab es eine kleine, gemütliche Eisdiele. An diesem Vormittag waren wir die einzigen Gäste.

> »Was möchtest du?«, fragte ich ihn. »Du kannst wählen, was immer du willst!« Ohne zu überlegen kam die Antwort: »Spaghettieis!« Und dann fügte er beiläufig hinzu: »Ich nehme immer Spaghettieis!«
>
> Fast wäre mir diese kleine Nebenbemerkung entgangen. Schließlich wollten wir uns heute nicht mit Lernen beschäftigen, sondern es uns nur gut gehen lassen. Aber mir wurde in diesem Moment plötzlich sehr bewusst, wie stark die Fähigkeiten des Lesens und Schreibens alle Lebensbereiche durchziehen. Wenn wir sie nicht beherrschen, sind wir in unseren Wahlmöglichkeiten eingeschränkt.
>
> Wie sich herausstellte, lag ich mit meiner Vermutung richtig. Moritz wählte immer das Gleiche in einer Eisdiele, damit er nicht die Karte in die Hand nehmen musste und jemandem auffiel, dass er nicht lesen konnte. Seine Vermeidungsstrategie war zu einer Gewohnheit geworden. Jetzt war es an der Zeit dies zu ändern.
>
> »Vielleicht wählst du ja heute etwas anderes!«, sagte ich lächelnd und hielt ihm entschlossen die Karte hin. »Wie wär's, wenn du sie heute liest, bevor du dich entscheidest?« Genau das tat er dann auch. Und an diesem Tag aß er zum ersten Mal kein Spaghettieis. Er war in seiner Wahl ein Stück freier geworden.

Dies ist nur ein kleines Beispiel dafür, wie sehr Sie in Ihrer Handlungsfreiheit eingeschränkt sind, wenn Sie keine Grundkompetenz im Lesen haben. Defizite in diesem Bereich beeinträchtigen in erheblichem Maße das Selbstbewusstsein und die Selbstständigkeit eines Menschen.

> Leon hat es ebenso schwer. Er ist hochbegabt und besucht die 2. Klasse. In Mathematik erarbeitet er sich bereits den Stoff der 3. Klasse. Aber das Lesen einfachster Worte will ihm einfach nicht gelingen. Er sieht einen Buchstaben, aber es scheint ihm unmöglich, sich den dazugehörigen Laut zu merken. Selbst das Wort »Auto« musste er sich in der ersten gemeinsamen Stunde mühevoll erlesen. An seiner Merkfähigkeit kann es nicht liegen, denn in anderen Bereichen hat er ein unglaublich umfangreiches Allgemeinwissen, was ihn deutlich von Gleichaltrigen unterscheidet. Da er bisher nur Druckbuchstaben kennengelernt hat, stellt er sich die Buchstaben im Kopf auch als solche vor.
> Ich: »Welche Farbe haben deine Buchstaben, wenn du dir das Wort ›Haus‹ vorstellst?«
> Leon: »Sie sind immer abwechselnd rot und blau.«
> Ich: »Ist das bei allen Wörtern so oder gibt es auch Wörter, bei denen du dir andere Farben vorstellst?«

> Leon: »Nein, sie sind immer rot und blau.«
> Ich: »Siehst du die Buchstaben des Wortes ›Haus‹ alle gleichzeitig auf deinem inneren Bildschirm oder wie muss ich mir das vorstellen?«
> Leon: »Nein, erst ist es wie ein leeres Blatt Papier und dann kommen mehrere Bleistifte und schreiben die Buchstaben hin.«
> Ich: »Werden die Buchstaben nacheinander geschrieben?«
> Leon: »Nein, sie werden gleichzeitig geschrieben! Da sind vier Bleistifte, und jeder Bleistift schreibt einen anderen Buchstaben.«
> Ich: »Sind es große Buchstaben, kleine Buchstaben oder große und kleine Buchstaben?«
> Leon: »Bei dem Wort ›Haus‹ ist es ein großes ›H‹ und die anderen Buchstaben sind kleingeschrieben. Manchmal sind es aber auch nur große Buchstaben.«
> Ich: »Gibt es Wörter, bei denen keine Bleistifte vorkommen? Wörter, die du sofort als Ganzes siehst?«
> Leon: »Ja, aber nicht viele. Das ist dann so wie ein Stempel. Sie sind sofort da.«

Gemeinsam gehe ich mit Leon den Grundwortschatz durch, und wir stellen eine Liste seiner »Stempelwörter«, wie er sie nennt, zusammen. Dabei kommen wir auf insgesamt 12 Wörter, die er sich auf Anhieb vorstellen kann und in einem Text auch sofort erfasst und benennt. Das ist schon mal ein Anfang, allerdings besucht Leon inzwischen die 3. Klasse und liegt mit seiner Lese- und Rechtschreibkompetenz um Längen hinter den Fähigkeiten seiner gleichaltrigen Mitschüler.

Die bereits genannten Beispiele verdeutlichen, wie wichtig es ist, eine vertrauensvolle Basis zu schaffen, um gemeinsam mit den Kindern herauszufinden, was in ihren Köpfen vorgeht. Nur so können wir tatsächlich auch den Weg finden, der für das jeweilige Kind eine Hilfe und Verbesserung darstellt. Es gilt, sich wertfrei auf die Suche zu machen.

## Upps! – da stolpern viele Kinder

In diesem Kapitel habe ich die am häufigsten auftretenden Schwierigkeiten von Kindern (bezogen auf das Erlernen und Anwenden des Lesens und Schreibens) für Sie dargestellt und erläutert. Die Aufzählung erhebt nicht den Anspruch auf Vollständigkeit, da ich immer wieder erlebt habe, dass bei manchen Kindern sehr individuelle, überraschende Phänomene auftreten können. Wenn Sie ein Kind bei einigen der unten aufgezählten Punkte wiedererkennen, heißt dies nicht zwangsläufig, dass eine LRS oder Legasthenie vorliegt. Die Auflistung und die Schülerbeispiele sollen als Orientierung dienen, um eventuell problematische Bereiche zu erkennen und gegebenenfalls Lücken zu schließen.

Vielleicht wird der eine oder andere den Eindruck haben, dass die Darstellungen teilweise zu sehr ins Detail gehen. Speziell bei Kindern mit Lese-Rechtschreibproblemen kann es jedoch sehr hilfreich sein, auf die Feinheiten zu achten! Denn oft hilft man solchen Kindern aus ihren Sackgassen erst heraus, wenn man selbst ein genaues Wissen um die für das Lesen und Schreiben notwendigen Teilfähigkeiten/Teilleistungen besitzt.

Um sicherzustellen, dass alle gleichermaßen den folgenden Ausführungen folgen können, möchte ich zuvor einige Begriffe, die im weiteren Verlauf verwendet werden, kurz erläutern.

Es gibt in der deutschen Sprache zwei Arten, die Buchstaben zu benennen. Wir Erwachsenen sagen zu dem Buchstaben »K« »Ka«, der Buchstabe »V« heißt »Vau«, der Buchstabe »B« »Be« usw. Ich nenne dies das *Erwachsenenalphabet*. Daneben gibt es das *Kinderalphabet*. In den meisten Schulen lernen die Kinder zunächst das Kinderalphabet. Gemeint sind damit die Laute der Buchstaben, also wie die Buchstaben innerhalb eines Wortes klingen. Ein *Laut* besteht zum Teil aus mehreren Buchstaben. »Ch« ist dann nicht »ce-ha«, sondern einfach das Geräusch »ch«. »Au« ist im Kinderalphabet nicht »a-u«, sondern klingt wie der Schmerzenslaut »aua«. Die Bezeichnung »Kinderalphabet« und »Erwachsenenalphabet« kann hilfreich sein, da auch Kinder sie gut verstehen können. Wichtig ist hier auch die Erkenntnis, wie viele einzelne kleine Lerninhalte sich dementsprechend von den Kindern einzig für die beiden Alphabete bereits angeeignet werden müssen.

Das Zusammenziehen der einzelnen Laute eines Wortes bezeichnet man als *lautierendes Lesen*. Für den ersten Laut eines Wortes gibt es einen speziellen Ausdruck. Hier spricht man vom *Anlaut*. D.h. das Wort »Ameise« beginnt mit dem Anlaut »A«. Wie jeder Laut können auch Anlaute aus mehreren Buchstaben bestehen, z.B. »Sch«. Viele Kinder lernen die Laute heutzutage in der Grundschule mit einer Anlauttabelle. Sie lernen den einzelnen Lauten Buchstaben zuzuordnen.

Ein weiterer Begriff ist der des *lautgetreuen Schreibens*, d.h. das Kind schreibt Wörter so, wie es sie hört. (»Fahrrad« wird dann evtl. »Farat« geschrieben.) Es lernt ein Wort in alle Laute zu zerlegen und diese in der gehörten Reihenfolge aufzuschreiben. Im Normalfall sind alle hörbaren

Laute im geschriebenen Wort als Buchstaben enthalten. Lesen Sie z. B. den Kindersatz »Daf ich jez färnsen?« laut vor, so hören Sie den umgangssprachlich gesprochenen, also richtig gehörten Satz »Darf ich jetzt fernsehen?«. Alle hörbaren Laute sind im geschriebenen Kindersatz vorhanden.

Anderen Kindern fällt das lautgetreue Schreiben schwer, und in einem geschriebenen Wort fehlen hörbare Laute oder es werden Buchstaben eingefügt, die nicht in das Wort gehören. Lesen Sie z. B. den Satz »Dausn ist es dukel«, dann werden Sie feststellen, dass es nicht so einfach ist, den Satz »Draußen ist es dunkel« zu erfassen. Zwei entscheidende Laute, nämlich das »r« und das »n« wurden beim Schreiben vom Kind nicht berücksichtigt. Voraussetzung für die Nutzung der Laute wäre zum Einen, dass ich die Laute als Kind akustisch wahrnehme, also hören kann, und zum anderen, dass ich die Laute auch innerhalb eines Wortes schreiben kann. Es gibt Kinder, die wiederholt nur Wortruinen schreiben, z. B. Ht statt Hund. Hier fehlen alle Laute in der Mitte des Wortes.

Im Zusammenhang mit dem Lesen und Schreiben wird auch der Begriff *Wortgrenze* benutzt. Gemeint ist damit, dass ein Kind in der Lage ist, den Anfang und das Ende eines Wortes zu erkennen. So handelt es sich bei »es gibt« nicht um ein Wort, sondern um zwei Wörter »es gibt«, während »Sonnen Schirm« korrekt nur ein Wort »Sonnenschirm« ist.

## Stolpersteine beim Lesen und Schreiben

Im Folgenden benenne ich einige typische Stolpersteine, die bei Kindern auftauchen, die mit dem Lesen und Schreiben vermehrt Schwierigkeiten haben.

1. Die Kinder benötigen beim Erlernen der Laute/Buchstaben deutlich mehr Zeit. Häufig sind die Linienverläufe unsicher.

2. Das Lesen fällt schwer. Laute werden mühsam zu Wörtern zusammengezogen, auch wiederholt auftretende Wörter werden nicht direkt wiedererkannt.
3. Beim Schreiben und Lesen werden einzelne Buchstaben und Wortteile ausgelassen.
4. Kinderalphabet und Erwachsenenalphabet werden vermischt.
5. Beim Lesen oder Schreiben eines Textes werden Punkte, Kommas und andere Satzzeichen übergangen.
6. Wortlängen oder Wortgrenzen werden nicht immer eindeutig erkannt.
7. Abschreibtexte sind mühsam und dauern sehr lange.
8. Das Kind macht viele Rechtschreibfehler, darunter fallen etwa Groß- und Kleinschreibung, Dehnungs-h und Doppellaute. Selbst bekannte Rechtschreibregeln werden nicht angewandt.
9. Bildlose Wörter werden wiederholt falsch geschrieben.
10. Das Formulieren freier Sätze und Texte gelingt nur bedingt. Satzbau und grammatikalische Strukturen sind häufig fehlerhaft. In Folge dessen ist der Textinhalt oft schwer verständlich.

## Was tue ich, ...
## ... wenn für das Erlernen der Laute/Buchstaben deutlich mehr Zeit benötigt wird?

Es gibt Kinder, die bereits zu Beginn der Schule auffallen, weil sie sich trotz intensiver Wiederholung Buchstaben nicht merken können. Oder sie erkennen den Buchstaben, brauchen aber verhältnismäßig lange, bis sie den dazugehörigen Laut gefunden haben. Und manchmal werden die Laute nicht den richtigen Buchstaben zugeordnet.

Unsere deutsche Schrift besteht aus 26 Buchstaben plus 3 Umlauten (ü, ä, ö). Und dann ist da noch das »ß«. Eine überschaubare Menge – sollte man meinen. Bei genauerem Hinsehen aber sind sehr viele kleine Schritte notwendig, um mit Hilfe dieser Schriftsymbole das Lesen und Schreiben zu erlernen.

Nehmen Sie einen Leseanfänger: Er lernt im ersten Schuljahr die 26 Großbuchstaben des Alphabets sicher zu benennen, d. h. er sieht die Buchstaben und ordnet ihnen einen Laut zu. Das Gleiche gilt für die 26 klein gedruckten Buchstaben des Alphabets. Dann folgen die Umlaute und einige

Buchstabenkombinationen wie z. B. au, ei, st, ch, sch, eu ..., denen auch die entsprechenden Laute zugeordnet werden müssen.

Erinnern Sie sich an das Prinzip des Zerlegens in alle Einzelteile, so fällt Ihnen bestimmt auf, dass es sich bis hierher schon um ca. 65 Einzelinformationen handelt, deren Kenntnis Voraussetzung für das Erlernen des Lesens ist. Das ist dann doch eine nicht unerhebliche Menge.

Wie bereits oben erwähnt, lernen viele Erstklässler die Laute der Buchstaben über die Anlauttabelle: A wie Apfel, B wie Baum, C wie Clown. Ich gebe an dieser Stelle zu bedenken, dass einige Kinder die Anlauttabelle sehr ernst nehmen und sich nur schwer wieder von den dazugehörigen Bildern lösen. Dies betrifft meiner Erfahrung nach vor allem Kinder, die legasthene Anteile haben, aber auch Kinder mit einer Sprachentwicklungsverzögerung, die wiederum unterschiedliche Gründe haben kann. Kinder orientieren sich mit Vorliebe an Bildern und haben zum Teil eine sehr ausgeprägte bildhafte Phantasie. Die bildhaften Verbindungen, die durch die Anlauttabelle im Kopf entstehen, müssen sie aber wieder unterdrücken. Denn auf Dauer steht der Buchstabe A ja nicht für den Apfel, sondern nur für einen einzelnen Laut.

Vielleicht wird es deutlicher, wenn ich noch einmal zwei Beispiele von meinen Schülern dazu erzähle.

*Moritz*, 15 Jahre, haben Sie in diesem Kapitel bereits kennengelernt. Als ich mit ihm zu arbeiten begann, stellte ich fest, dass er nur die Hälfte aller Buchstaben aus dem Alphabet beherrschte. Doch er kannte alle Bilder aus der Anlauttabelle und wusste genau, welchen Buchstaben er welchem Bild zuordnen musste. Standen die Buchstaben aber isoliert auf dem Papier, konnte er die Laute nicht benennen. Und ob Sie es glauben oder nicht: Als ich ihm das Wort »Jacke« aufschrieb und ihn aufforderte, das Wort zu buchstabieren, ging er die Buchstaben durch und sagte absolut zügig und mit sicherer Stimme: »Jacke – Apfel – Clown – Katze – Esel.« Er hatte also alle Bilder der Buchstaben aus der Anlauttabelle genannt.

Ein anderes Beispiel ist *Fatima*, sie besucht die 5. Klasse einer Hauptschule, hat aber noch immer erhebliche Schwierigkeiten beim Lesen. Ich lege ihr ein Blatt vor, auf dem alle Buchstaben in der Reihenfolge des Alphabets von hinten nach vorne geschrieben stehen, und bitte sie, mir alle Buchstaben zu nennen. Fatima schaut auf das Blatt und beginnt: »Z, Y, X ...« Bei dem Buchstaben S schaut sie in die Luft. Genauer gesagt, sie schaut nach links oben, sie zögert, und es dauert einen Moment, bis sie wieder auf das Papier schaut und den Buchstaben benennen kann. Spontan frage ich sie, was sie sich vorgestellt habe, als sie ihren Blick nach oben wandern ließ. Ihre Antwort lautet: »Ich habe an die Sonne gedacht und wenn ich an das Wort Sonne denke, weiß ich, welcher Buchstabe das ist.« (Die Sonne wird in den meisten Anlauttabellen dem Buchstaben S zugeordnet.)

Entscheidend für das Lesenlernen ist es jedoch, dass Kinder sich von den Bildern der Anlauttabelle lösen und die Laute unabhängig automatisch abspeichern. Dies sollte auf jeden Fall am Ende des ersten Schuljahres geschehen sein. Eltern können von Anfang an auf die Vielfalt der Anlautmöglichkeiten hinarbeiten, wie es in den Laut-Spielen beschrieben wird.

Überprüfen Sie zunächst, ob das Kind alle Buchstaben *sicher* benennen kann. Achten Sie darauf, dass es hierbei zunächst nur um das Benennen der Laute, also um das Kinderalphabet geht. Benutzen Sie dafür nicht die Reihenfolge des Alphabets, da einige Kinder mit Hilfe des ABC-Liedes das Alphabet auswendig aufsagen können.

Einfache Spiele, zum Beispiel ein *Lautmemory,* können hier eingesetzt werden. Kaufen Sie kleine leere Karten (hier eignen sich auch Blanko-Bierdeckel oder Karteikarten). Auf jeweils zwei schreiben Sie den gleichen Laut, also zwei Karten für z. B. das große »A« und zwei für das kleine »a«. Das gilt dann für das gesamte Alphabet. Achten Sie darauf, dass Sie die Laute in Druckschrift schreiben. Bei den kleinen Buchstaben sollten Sie mit einer anderen, aber jeweils einheitlichen Farbe eine Linie unter den Laut ziehen, damit keine Verwechslungen beim p, d, b und q entstehen können. Das Benutzen dieser zusätzlichen Farbe ist wichtig, damit das Kind nicht den Laut inklusive Linie abspeichert. Die normalen Spielregeln des Memory-Spiels gelten auch hier. Wichtig ist nun, dass die umgedrehten Laute auch jeweils benannt werden. Wer mit einem Zug gleiche Laute gefunden hat, darf sie als Punkte behalten und noch einmal zwei Karten aufdecken. Ob sie zuerst nur mit den großen Buchstaben anfangen oder auch schon die kleinen Buchstaben mit hereinnehmen, entscheidet der Lernstand des Kindes.

*Lautspiele* gibt es zahlreiche: Auf Autofahrten können Sie sich z. B. Sätze mit 3 oder 4 Wörtern ausdenken, die alle mit A beginnen. Es dürfen ruhig Quatschsätze sein wie z. B. »Anna angelt Aale« oder »Bernd backt bunte Blumen«. Trainiert wird hier neben den Anlauten auch das Erkennen von Wortgrenzen, das heißt, der Anfang und das Ende eines Wortes werden wahrgenommen.

Das Benennen der Laute kann auch spielerisch geübt werden, indem Sie diese auf den *Rücken der Kinder schreiben* oder in großen Bewegungen auf den Tisch oder in die Luft malen. Dies kann auch im Wechsel passieren. Der jeweils andere muss den dazugehörigen Laut erraten.

Wortketten zu bilden, ist eine weitere Möglichkeit des spielerischen Lernens: Sie sagen ein Wort, z. B. »Esel«, und der nächste Mitspieler muss mit dem letzten gehörten Laut des Begriffes »Esel« ein neues Wort bilden. In diesem Fall beginnt der neue Begriff also mit einem »L«. So geht es immer weiter. Durch dieses Spiel werden das Hören der Laute am Ende (Endlaute) eines Wortes und gleichzeitig die Anlaute trainiert.

Um die Laute innerhalb eines Wortes zu üben, könnten Sie einen Buchstaben aus dem Kinder-Alphabet vorgeben, z. B. das A. Nun nennen Sie verschiedene Tiere, Namen oder sonstige Wörter. Ihr Kind soll »Stopp« rufen, wenn der Buchstabe in dem Begriff vorkommt, und sagen, in welchem Teil (oder auch in welcher Silbe) des Wortes der Buchstabe als Laut zu hören ist. Bei dem Wort »Elefant« hört man das A in der Mitte bzw. dritten Silbe. Geübt werden hiermit also das Hören der Laute im Wort und in der schwereren Version gleichzeitig das Arbeiten mit Silben. Aber verlangen Sie nicht zu viel auf einmal, denn das Spiel soll Ihnen und dem Kind vor allem Freude machen.

Wenn Sie unterstützen möchten, dass einem Kind bei einem Buchstaben nicht nur das Bild aus der Anlauttabelle einfällt, sondern dass sein Wortschatz größer wird und bei »A« eben auch mal »Afrika«, »Ameise«, »Ananas« und Co auftauchen, empfehle ich Ihnen, mit Quatschsätzen zu arbeiten. Gehen Sie innerlich das Alphabet durch und bitten Sie das Kind, »Stopp« zu sagen. Den Buchstaben, an den Sie gerade dachten, benennen Sie laut. Nun gilt es für Sie und das Kind, einen möglichst lustigen Satz zu bilden, in dem so oft wie möglich ein Wort mit dem genannten Buchstaben beginnt. Halten Sie sich hier nicht zurück und erfinden Sie die lustigsten Sätze, die Ihnen einfallen, um das Kind zu motivieren, weiterzumachen.

Es reicht jedoch nicht aus, die Buchstaben mit den dazugehörigen Lauten benennen zu können. Wer lesen kann, kennt nicht zwangsläufig die Schreibweise der Buchstaben. Denn das sind zwei unterschiedliche Prozesse. Die Verbindung zu der Schreibweise des Buchstabens muss ebenso hergestellt werden, so dass Kinder jeden Buchstaben, wenn sie den Laut hören, eindeutig aus der Erinnerung abrufen und aufschreiben können. Da dies wieder für alle 26 Groß- wie auch Kleinbuchstaben, die Umlaute und Buchstabenkombinationen gilt, sind das eine Menge Einzelinformationen, die für das Schreiben gekonnt sein müssen.

Zusätzlich kann bei einigen Kindern hinzukommen, dass sie mehr Zeit benötigen, um zu unterscheiden, ob sie einen groß- oder kleingeschriebenen Buchstaben vor sich haben. Innerhalb eines Wortes finden sich dann große und kleine Buchstaben gemischt. Die Unsicherheit des Kindes im Bereich der Buchstabenschreibung führt oftmals auch dazu, dass die Abstände zwischen den Buchstaben nicht gleich groß sind und die Grenze zwischen zwei Wörtern nicht klar erkennbar ist. Zu sehr ist das Kind noch mit der Buchstabenfindung beschäftigt. Eigentlich ist es noch nicht so weit, um im Bereich der Wortbildung zu arbeiten. Zunächst gilt es hier, die einzelnen Buchstaben zu üben, so dass sie automatisiert wiedergegeben werden können.

> Tobias begegne ich zum ersten Mal in einer Wohngruppe eines Kinderheimes. Er besucht die 5. Klasse einer Förderschule. Das Lesen und Schreiben will aber immer noch nicht klappen. Seine Arbeitsblätter ähneln denen der Erstklässler. Stolz zeigt er mir, dass er seine Aufgaben gewissenhaft erledigt hat. Auf dem Arbeitsblatt steht das »Pf«. 4 Zeilen mit Schreiblinien, in denen Tobias diesen Laut niederschreiben sollte. Danach sollte er eine Zeile lang wiederholt das Wort »Kopf«, dann eine Zeile das Wort »Zopf« und als drittes das Wort Topf« schreiben. In jeweils einer Reihe hatte er schön säuberlich die Wörter hintereinander gesetzt. Ich zeige auf das »pf« und frage ihn, wie sich diese Buchstaben in einem Wort denn anhören? Er zuckt mit den Schultern: »Weiß ich nicht!« »Mhmm«, erwidere ich, »aber wenn du nicht weißt, wie die Buchstaben sich anhören, weißt du dann welche Wörter du geschrieben hast.« Dabei zeige ich auf die Wörter: Kopf, Zopf und Topf. »Nein«, antwortet Tobias und zuckt wieder mit den Schultern. »Aber das macht ja nichts! Ich habe meine Hausaufgaben doch fertig.«

Da kann man sich ernsthaft fragen, wie oft Tobias solche Arbeitsblätter noch abarbeiten soll, ohne dass ein Lernzuwachs stattfindet.

Wie aber motiviere ich ein Kind wie Tobias, innerlich mitzusprechen, damit die Verbindung zwischen dem gesprochenen Buchstaben und der Schreibweise sich im Kopf festigt?

»Schau mal«, sage ich zu Tobias. »Du siehst ja diesen Lichtschalter. Drück doch einmal darauf. Was passiert dann?« »Das Licht geht an«, sagt Tobias. Auf meine Frage: »Und warum ist das so?« weiß er natürlich die Antwort und erklärt mir, dass der Lichtschalter mit einem Kabel mit der Glühbirne bzw. der Lampe dort unter der Decke verbunden ist. »In deinem Kopf ist es so ähnlich«, erkläre ich ihm nun. »Es gibt schon viele Buchstaben in deinem Kopf, bei denen das auch passiert. Wenn du den Buchstaben schreibst, ist das, als würdest du einen Lichtschalter drücken. Du drückst quasi mit der Hand, die den Buchstaben schreibt, den Schalter und oben in deinem Kopf geht das Licht an, d. h. du weißt sofort wie der Buchstabe klingt. Aber es gibt noch einige Buchstaben, bei denen du das Kabel ziehen solltest, denn oben in deinem Kopf geht noch nicht das Licht an. Das machst du am einfachsten, wenn du jedes Mal, wenn du den Buchstaben schreibst (also den Lichtschalter drückst), den Klang des Buchstabens denkst, flüsterst oder laut sagst, damit das Licht angeht. Du schreibst also den Buchstaben ›F‹ und dein Kopf denkt ›ffff‹. Sonst drückst du ja die ganze Zeit den Lichtschalter und es geht kein Licht an.« Tobias versteht das genau und achtet in der Folge sehr genau darauf, beim Schreiben innerlich mitzudenken.

Mit gezogenem Kabel benötigen die meisten Kinder deutlich weniger Wiederholungen und eine Abspeicherung findet schneller statt. Seitenweise Buchstaben zu schreiben, ohne diese nachher zu kennen, ist leider eine Menge verschwendete Zeit.

Wenn Sie nicht sicher sind, ob die Kinder alle Buchstaben sicher schreiben können, überprüfen Sie dies zunächst. Wiederholen Sie zunächst die Buchstaben, die sicher sind und nehmen nur jeweils einen, maximal zwei neue Buchstaben hinzu. Diese sollten jetzt sehr häufig und wiederholt genannt werden, damit Automatisierung stattfinden kann. Achten

Sie darauf, dass das Kind aus der Erinnerung schreibt und nicht abmalt. Natürlich darf man jederzeit nachschauen, wenn man den Buchstaben wirklich nicht mehr weiß.

Ich lasse in der Regel die Kinder entscheiden, welche Buchstaben wir uns als nächstes vornehmen. Manchmal entscheiden wir uns auch nur für einen einzelnen Buchstaben, der dann ganz in Ruhe auf verschiedene kreative Weisen geübt wird.

Möchten Sie ein Kind darin unterstützen, die Linienverläufe (also die richtige Schreibweise der Buchstaben) zu festigen, bietet es sich an, auf eine Vielzahl an Materialien zurückzugreifen: Kinder können Buchstaben in den Sand, mit Kreide auf den Boden, mit dem Finger in die Luft, mit einem Stock auf den Boden, auf den Rücken, in Rasierschaum etc. schreiben. Wichtig dabei: Erst müssen die Buchstaben im Großen geübt werden, bevor sie mit Hilfe eines Stiftes in kleine Linien geschrieben werden können. Gleiches gilt für das Tempo: Erst wenn die Buchstabenverläufe langsam sicher geschrieben werden, wird das Tempo mit der Zeit höher.

Kinder, denen es schwerfällt, die Buchstaben richtig in die Linien zu setzen, hören in der Regel häufige Ermahnungen wie: »Guck mal, da ist die Linie!«, »Konzentrier dich mal!«, »Du musst sauberer schreiben!« usw. Die meisten Kinder versuchen dies jedoch bereits. Sie glauben das nicht? Dann üben Sie doch bitte einmal so: Geben Sie sich und dem Kind ein Linienblatt und diktieren Sie sich die Buchstaben gegenseitig. Im Gegensatz zu dem Kind schreiben Sie jedoch mit der Hand, mit der Sie sonst nicht schreiben. Viele überflüssige Ermahnungen fallen dann von alleine weg, da Sie merken, wie es ist, wenn man versucht, die Buchstaben sauber in die Linien zu setzen, es einem aber einfach nicht gelingen will.

Von Anfang an sollten Kinder dazu angeleitet werden, auf die richtige Linienführung zu achten, damit der Schreibfluss auf Dauer flüssig läuft, das Kind also weniger den Stift absetzen muss.

Hier zwei Möglichkeiten, spielerisch die richtige Schreibweise der Buchstaben zu üben: Jeder Mitspieler bekommt einen Spielplan, der aus großen Kästchen besteht, einen Würfel und einen Stift. Abwechselnd wird gewürfelt und entsprechend oft darf ein vorgegebener Buchstabe in ein freies Feld gezeichnet werden. (Er sollte dabei benannt werden und richtig gezeichnet werden!) Jeder ist reihum an der Reihe und wer zuerst alle Felder gefüllt hat, hat gewonnen.

Bei der zweiten Variante gibt es mehrere Buchstaben als Vorgabe, die am Anfang einer Reihe stehen. Reihum wird gewürfelt und die Felder der Reihen werden gefüllt. Gewonnen hat, wer als erster alle Felder ausgefüllt hat.

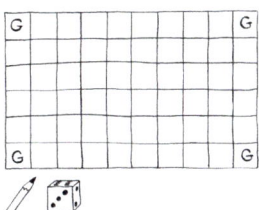

Der Übergang zur Schreibschrift ist erst dann empfehlenswert, wenn alle Druckbuchstaben 100prozentig automatisiert sind, sowohl was das Benennen angeht als auch das sichere Abrufen der Schreibweise.

II Tipps für den Lernalltag

## ... wenn das Lesen schwer fällt, Laute nur mühsam zu Wörtern zusammengezogen und wiederholt auftretende Wörter nicht erkannt werden?

In der Regel erkennen Kinder bereits im ersten Schuljahr nicht nur häufig wiederkehrende Silben, sondern schon ganze Wörter spontan wieder. Sie brauchen also nicht mehr jedes Wort lautierend zu lesen. Stattdessen erfassen sie eine Gruppe von Buchstaben als Einheit (Wortbild) und können das Wort sofort benennen. Man spricht hier vom Aufbau eines Sichtwortschatzes. Dieser sehr wesentliche Prozess erleichtert den Kindern das Lesen. Neben bekannten bildhaften Wörtern wie »Mama«, »Papa«, »Auto«, »Bett« etc. kommen mit der Zeit mehr und mehr bildlose Wörter wie »der«, »ist«, »es«, »mit« ... hinzu, die sie auf Anhieb benennen können.

Anderen Kindern fällt bereits das Zusammenziehen von einzelnen Buchstaben (Lauten) schwer. Zudem ist der Klang einer Silbe wie z. B. »ne« nicht abgespeichert, sondern jedes Mal werden die beiden Laute erneut zusammengezogen.

Das sichere automatisierte Beherrschen der Buchstaben, wie zuvor beschrieben, ist die absolute Basis für das Zusammenziehen von unterschiedlichen Lauten.

Jedes Wort besteht aus einer oder mehreren Silben. Nehmen wir beispielsweise das Wort »Autobus«. Wenn Sie es rhythmisch sprechen und dabei klatschen, zerlegen Sie es automatisch in seine drei Silben »Au-to-bus«. Das Wort »Bett« hingegen hat nur eine Silbe, wohingegen »Na-se« zwei Silben aufweist.

Dabei gibt es unterschiedliche Schwierigkeitsgrade. So sind Silben aus Konsonant und Vokal, wie »so« , »ne«, »pa«, leichter zu lesen, als »bra«, »flu« und »gla«, bei denen zwei Konsonanten aufeinander folgen.

Es gibt Kinder, bei denen dieser Prozess sehr lange dauert und das Erkennen von Wörtern viele Wiederholungen benötigt, bis sie als Ganzes wiedererkannt werden. Besonders hier ist es wichtig, kreative Ideen zu entwickeln, wie die Anzahl an Wiederholungen für das Worterkennen umgesetzt werden kann.

> Jana besucht die 1. Klasse. Vor ihr liegt ein Blatt mit einfachen Sätzen. Jana ist sehr bemüht und reiht die Buchstaben zu Wörtern zusammen: »D-a ... i-s-t ... ei-n ... H-a- Haus!« Bei dem letzten Wort ist Jana sich schnell sicher. Das Wort kann nur »Haus« heißen. Als sie jedoch das

Wort noch einmal durchbuchstabiert und sich alle Buchstaben genau ansieht, kommt sie zu einem anderen Schluss. Dort steht nicht »Haus« sondern »Hase«.

Das Kind liest also Wörter, die so gar nicht im Text stehen. Andere Wörter werden einfach übersprungen. Je nach Wortschatz und Sprachkenntnis hören sich die Sätze aber sinnvoll an. Entscheidend ist: Kein Kind liest bewusst andere Wörter als die, die wirklich im Text stehen. Es ist so, dass seine Wahrnehmung ihm vorgaukelt, dass dort das steht, was es liest. Deswegen sind Sätze: »Der guckt nur nicht genau hin!« oder »Sie konzentriert sich nur nicht richtig!« hier fehl am Platz. An dieser Stelle höre ich häufig den Einwand von Eltern: »Aber, wenn ich dann auf das Wort zeige und sage: ›Was steht denn da?‹, dann liest er es richtig.«

Was viele Menschen nicht wahrnehmen, da ihnen das Lesen leicht fällt, ist, dass der Leseprozess aus vielen kurzen Momenten besteht, in denen die Augen ganz ruhig stehen, ein Wort fixieren und dann zum nächsten Wort springen. Gerade aufgrund dieser Erkenntnis wissen wir heute, wie unglaublich wichtig es ist, von Beginn an eine korrekte und sichere Augenbewegung zu trainieren, um effektiv lesen zu können. In dem Moment also, in dem ein Kind aufgefordert wird, nur das falsch gelesene Wort zu fixieren, kann es sein, dass das Wort nun richtig erkannt wird. Von außen ist nicht erkennbar, ob die Bewegung des Kinderauges vom Fixieren eines Wortes bis zum Sprung hin zum nächsten Begriff ruhig und kontinuierlich verläuft.

Lassen Sie die Kinder immer in Lese- und Schreibrichtung arbeiten. Dies entspricht der richtigen Augenbewegung von links nach rechts. Ist bei einem Kind die Augenbewegung von links nach rechts beim Lesen nicht gefestigt, d. h. können Sie erkennen, dass das Kind beim Lesen mit den Augen »springt« und manchmal Buchstaben oder Wortteile überliest, achten Sie darauf, dass es keine Arbeitsblätter bearbeitet, bei denen die Augen nicht von links nach rechts laufen. Arbeitsblätter, auf denen man etwa in einem großen Buchstabenfeld versteckte Wörter finden muss, führen eher zu einem »Springen« der Augenbewegungen.

Wortkarten sind eine tolle Möglichkeit, um das schnelle Erfassen von Wörtern zu trainieren. Legen Sie 5–10 Karten mit Wörtern auf den Tisch, die das Kind üben soll. Möchten Sie beispielsweise Wörter mit »Sp« als Anlaut üben, legen sie einfache Wörter wie »Spatz«, »Spur«,

»Spinne«,... auf den Tisch. Lesen Sie einmal langsam gemeinsam mit dem Kind die Wörter. Dann beschreiben Sie eines der Wörter, die auf dem Tisch liegen. »Das Wort, was ich meine, ist ein Tier, das fliegen kann.« Aufgabe des Kindes ist es nun, mit der Hand oder – noch besser – mit einer Fliegenklatsche möglichst schnell auf das Wort »Spatz« zu hauen. Dann beschreiben Sie das nächste Wort, bis alle Wörter gefunden wurden. Seien Sie spielerisch und geben notfalls noch kleine Hilfestellungen. Die Karten dürfen selbstverständlich auch auf dem Boden liegen, an den Wänden kleben etc.

Möchten Sie nun ein bestimmtes Wort trainieren (z. B. »Hund«), weil das sehr häufig vorkommt, nehmen Sie eine Auswahl von etwa 20 Wortkarten. Auf etwa jeder dritten Karte sollte das Wort »Hund« stehen. Auf den anderen Karten stehen dann weitere einfache Wörter. Halten Sie den Stapel Wortkarten in der Hand. Nun decken Sie jeweils eine Karte auf und legen diese offen vor dem Kind ab. Immer wenn das Wort »Hund« auftaucht, soll das Kind etwas Bestimmtes machen – auf eine Klingel drücken –, was immer Sie gemeinsam vorher vereinbart haben und was dem Kind Spaß macht. Taucht das Wort »Hund« auf und das Kind hat auf die Klingel gedrückt, soll es das Wort einmal buchstabieren. Dann decken Sie die nächste Karte auf. Hier lässt sich der Spaßfaktor erhöhen, indem Sie 2 oder 3 Jokerkarten mit einbauen, auf denen etwa ein Smiley anstelle eines Wortes zu sehen ist. Bei diesen Karten muss das Kind etwas anderes machen, wie zum Beispiel sich einmal wild im Kreis drehen, hüpfen o.Ä.

## ... wenn beim Lesen und Schreiben einzelne Buchstaben und Wortteile ausgelassen werden?

Erfahrene, gute Leser nehmen bewusst ein Wort wahr und benennen es. Gleichzeitig sehen und erkennen sie aber unbewusst bereits die nächsten Wörter. Sie sehen sie sozusagen schon aus den Augenwinkeln. Automatisiertes Lesen führt also zu einem größeren Sichtfeld beim Lesen, die Augen gleiten in größeren Sprüngen durch den Text. Dies ist effektiv und mühelos. Der Anfänger kommt hingegen nur sehr stockend voran.

> Michaela (4. Klasse) hat wirklich viel geübt. Inzwischen traut sie sich sogar in der Schule laut vorzulesen. Sie hat sich im Lesen sehr verbessert, sie liebt Geschichten, aber am meisten mag sie es, abends etwas vorgelesen zu bekommen und sich ganz auf die Erzählung konzentrieren zu können. Aber heute Abend hört sie weniger auf den Inhalt der Geschichte. Sie starrt gebannt ihre Mutter an und unterbricht sie staunend: »Mama, du kannst mich ja angucken beim Lesen und trotzdem weiterlesen. Woher weißt du denn schon, was da als nächstes steht, wenn du gar nicht immer hinguckst?«

Gelingt es nicht, die Augenbewegungen fließend ablaufen zu lassen, führt dies unter anderem oftmals dazu, dass das vorausschauende Sehen beim Lesen stark beeinträchtigt ist. Noch dem Erwachsenen fällt es dann schwer, kompliziertere Texte zu erfassen. Eine Korrektur ist zeitaufwendig und lässt viele scheitern. Es gilt also, diesem vorzubeugen und bereits vom Lesebeginn an auf eine korrekte Augenbewegung zu achten.

Es gibt eine Vielzahl von Methoden und Ansätzen, um Kinder mit Schwierigkeiten beim Lesen und Schreiben zu fördern. Die folgenden drei Schritte finden sich jedoch in jedem Ansatz in unterschiedlicher Weise wieder:

**1. Schritt: Buchstabierendes Lesen**

Beim buchstabierenden Lesen wird jeder Laut des Wortes benannt und am Ende das Wort als Ganzes ausgesprochen. Um ein Wort lesen zu können, müssen alle Buchstaben in der richtigen Reihenfolge wahrgenommen werden. Dabei fahren die Augen über das Wort und scannen sozusagen jeden Buchstaben ein. Das buchstabierende Lesen trainiert genau dies.

Dass Lesen aber auch gelingen kann, ohne dass die Reihenfolge der Buchstaben korrekt wahrgenommen wird, können Sie an den folgenden Zeilen selbst ausprobieren:

> Wir snid acuh dann in der Lgae enien Txet zu lseen, wnen die Reiheonflge der Bcuhsatben inenrhalb eines Wrotes vterauscht ist. Entschdeind ist nur, dass alle Bcuhstbaen vrohnaden snid und der erste und ltezte Bcuhstabe an der richtgien Stlele stheen.

Gute Leser beherrschen diese Lesetechnik, aber sie können jederzeit auf die Technik umsteigen, bei der ein Wort buchstabenweise erlesen werden muss. Für die richtige Schreibweise ist es jedoch erforderlich, dass auch die innere Struktur eines Wortes exakt wahrgenommen wird. Buchstabierendes Lesen stellt zunächst einmal sicher, dass dies trainiert wird.

Buchstabierendes Lesen können Sie zunächst mit Wortkarten üben, später auch mit einfachen Texten. Achten Sie darauf, dass das Kind nicht zwischen den Alphabeten hin und her springt. Mit der Einführung des Erwachsenenalphabetes in der Schule sollten Kinder beginnen, die Wörter in diesem Alphabet zu buchstabieren.

Gutes Buchstabieren ist eine wichtige Fähigkeit. Es stellt zunächst sicher, dass jedes Detail innerhalb eines Wortes in der richtigen Reihenfolge wahrgenommen wird. Auf dieser Basis können alle Buchstaben eines Wortes als zusammenhängende Einheit wahrgenommen werden.

> Beginnen sie bei dem Wortbildtraining immer mit kurzen bildhaften Wörtern. Fragen Sie die Kinder, welche Wörter sie ganz sicher als Ganzes bereits abgespeichert haben, damit sie den Unterschied kennen lernen zwischen, »Ich weiß ein Wort sicher« und »Ich muss noch nachdenken und überlegen«. Bitten Sie dafür das Kind, sich ein geschriebenes Wort vorzustellen, als würde es auf einem Foto stehen. Lassen Sie sich vom Kind beschreiben, ob die Buchstaben als Druckbuchstaben oder in Schreibschrift zu sehen sind. Sieht das Kind alle Buchstaben auf einmal oder laufen sie nacheinander ins Bild? Sollte letzteres der Fall sein, fordern Sie das Kind auf, die einzelnen Buchstaben in seiner Phantasie nebeneinander zu einem Wort zusammenzusetzen. Gehen Sie dafür Buchstabe für Buchstabe mit dem Kind das Wort durch und fragen Sie, ob es den jeweiligen Buchstaben vor seinem inneren Auge sieht. Kann es nun den nächsten Buchstaben daneben einfügen? Dann den nächsten. Sind alle Buchstaben vorhanden, soll das Kind nun mit Hilfe seiner Phantasie ein Foto von dem gesamten Wort machen und dieses abspeichern.
> 
> Wiederholen Sie diesen Vorgang mehrmals. Ist ein Wortbild als Foto nicht mehr abrufbar, ist das erst einmal gar kein Problem, denn das passiert auch Erwachsenen. Entspannen Sie die Situation. Es handelt sich schließlich um einen Übungsprozess. Wichtig: Überprüfen Sie mit etwas zeitlichem Abstand, ob die Wörter noch sicher als Fotos im Kopf sind.
> 
> Zeigen Sie dem Kind für einen kurzen Moment ein geübtes Wort auf einer Karte. Das Kind soll das Wort fixieren und nennen. Achten Sie darauf, dass die Zeit, in der ein Kind ein Wort sieht, am Anfang lang genug ist. Beginnen Sie wieder mit einfachen Wörtern.

Oder aber Sie legen 10–20 Wortkarten offen auf den Tisch, nennen eins der darauf stehenden Wörter und das Kind soll auf die entsprechende Wortkarte zeigen. Wählen Sie hier wieder einfache Wörter, aber auch Wörter, die mit dem gleichen Anfangsbuchstaben beginnen, wie z. B. Haus, Hase, Mund, Mond, Auto, Auge ..., damit sich das Kind nicht nur am Anfangsbuchstaben orientiert.

Um spielerisch Wortbilder zu festigen, können Sie folgendes Ratespiel mit dem Kind machen. Sie sagen z. B.: »Ich sehe was, was du nicht siehst, und das schreibt sich H – A – U – S.« Es muss nun erraten werden, um welchen Begriff es sich handelt. Beginnen Sie mit kurzen Namenwörtern, deren richtige Schreibweise den Kindern bekannt ist. Achten Sie darauf, entweder im Kinder- oder im Erwachsenenalphabet zu buchstabieren und nicht zwischen beiden zu springen. Bei Grundschulkindern bietet sich in den ersten 2 Jahren das Kinderalphabet an.

Das Spiel lässt sich fantastisch variieren, indem man den Einleitungssatz immer anders gestaltet. Im Folgenden einige Beispiele dafür:

- »Wir fahren zum Reitstall, und ich sehe was, was ihr nicht seht, das schreibt man ...«
- »Ich fliege mit der Zeitmaschine zu den Indianern/ins Mittelalter, und da sehe ich was, das schreibt sich ...«
- »Ich gehe einkaufen und kaufe etwas, das schreibt sich ...«
- »Wir fahren in den Urlaub und nehmen etwas mit, das schreibt sich ...«
- »Wir fahren in den Zoo, dort sehen wir ein Tier, das schreibt sich ...«

Hat ein Kind ein falsches Wortbild im Kopf (beispielsweise »Fater« statt »Vater«), nutzen Sie den Vorteil, dass Kinder bildhafte Denker sind. Bitten Sie das Kind, das Wort »Fater« auszuradieren – ganz einfach, mit dem Phantasieradiergummi. Ist es ausradiert, zeigen Sie dem Kind einmal in deutlicher Druckschrift und mit Groß- und Kleinschreibung das Wortbild »Vater«. Lassen Sie das Kind ein Foto mit seinen Augen machen. Diese Methode klingt für viele Erwachsene seltsam, ich habe allerdings noch nie ein Kind erlebt, dass nicht einfach mitgemacht und wie selbstverständlich das Wort »abfotografiert« hat. Ob das neue Wort »Vater« im Fotoalbum des Kindes angekommen ist, überprüfen Sie, indem Sie das Kind auffordern, sich das Wort noch einmal innerlich vorzustellen und zu beschreiben, welche und wie viele Buchstaben es nun sieht.

## II Tipps für den Lernalltag

Wenn festgestellt wird, dass im zweiten oder dritten Schuljahr einzelne Buchstaben noch Schwierigkeiten bereiten, bietet es sich an, Wortkarteikarten zu erstellen, die mit dem jeweiligen Buchstaben beginnen. Wählen Sie zunächst bildhafte Worte (Namenwörter/Hauptwörter wie »Jäger«, »Jacke«, »Junge«). Nach einigen Durchgängen legen Sie dem Kind sofort die Karte hin, lassen es einen kurzen Blick auf das Wort werfen, decken es dann mit der Hand zu und fragen, welches Wort es gesehen hat. Fordern Sie die Kinder immer wieder auf, sich die Wörter geschrieben im Kopf als Foto vorzustellen, damit sie die visuelle Abspeicherung von Wörtern trainieren.

Es gibt übrigens Buchstaben, die häufiger zur Verwirrung führen als andere. Einer davon ist das »V«. Das liegt daran, dass sich hinter diesem Buchstaben zwei Laute verstecken, die jedoch beide schon bei zwei anderen Buchstaben vorkommen, nämlich beim »W« und »F«. Im Rahmen des Wortkartentrainings mit dem Buchstaben »V« am Anfang eines Wortes kann sich die Frage anschließen: »Wie klingt das V im Wort Vogel, Ventil ...?« Wichtig ist hier, dass mit dem Laut aus dem Kinderalphabet geantwortet wird und nicht mit dem gleich klingenden Buchstaben »F« (»Ef«) aus dem Erwachsenenalphabet.

Nach einigen Durchgängen kann mit den Karteikarten ein Ratespiel gemacht werden, wobei jeder die Hälfte der Karten bekommt, sein Wort im Erwachsenenalphabet durchbuchstabiert und den anderen den Begriff erraten lässt. Das klingt dann so: »Vau - e - en - te - i - el.« Gesucht ist hier das Wort »Ventil«.

An dieser Stelle noch einmal der wichtige Hinweis, auch Bewegungselemente einzubauen. Wörter können auch auf dem Trampolin springend durchbuchstabiert werden. Sie können im Raum mit einer Fliegenklatsche bewaffnet gefunden werden, Buchstabieren geht auch entspannt auf dem Sofa liegend.

Wortkarten bieten sich hier ebenfalls an. Nehmen Sie eine Auswahl von etwa 20 Karten, auf denen Wörter mit 3–5 Buchstaben stehen. Legen Sie den Stapel verdeckt auf den Tisch.

Das Kind würfelt zuerst. Würfelt es eine 5, darf es sich 5 Wortkarten vom Stapel nehmen und Ihnen geben. Sie lesen das erste Wort vor – das Kind soll das gehörte Wort buchstabieren. Wenn das Kind möchte, darf es sich das Wort auf der Karte selbstverständlich vorher ansehen. Bestand das Wort aus 4 Buchstaben (»Hase«), darf das Kind sich diese Anzahl an Bausteinen nehmen und damit beginnen zu bauen. Dann buchstabiert es die nächsten seiner 5 Karten und erhält wieder die Anzahl der Buchstaben in Steinen. Sind alle dieser 5 Wörter buchstabiert, sind Sie an der Reihe. Auch Sie würfeln und bekommen diese Anzahl an Wortkarten zum Buchstabieren. So wird abwechselnd buchstabiert.

Man kann auch auf das Würfeln verzichten. Dann bekommt jeder immer 2 Wortkarten zum Durchbuchstabieren. Die Wörter darauf bestehen ebenfalls aus 3–5 Buchstaben.

Es geht nicht darum, wer die meisten Klötze bekommt, sondern wie schön man baut.

Um mit dem Kind zu üben, dass es tatsächlich alle Buchstaben in einem Wort in der richtigen Reihenfolge wahrnimmt und liest, bieten sich Quatschtexte an. Hierfür brauchen Sie nichts weiter als einen Text, der aus vollkommen sinnfreien Wörtern besteht. Zunächst sollten dies Konsonant-Vokal-Kombinationen sein: »Ula re sa fafu. Ti semi pupu nisa bu.« Die Übung funktioniert wie folgt: Das Kind liest langsam den Quatschtext. Ihre Aufgabe als Erwachsene ist es nun, sich eine »Übersetzung« auszudenken. Was könnte diese Zaubersprache bedeutet? (»Es war einmal eine gestreifte Schildkröte. Sie beschloss, fliegen zu lernen.«) Je lustiger Ihre Übersetzung ist, desto größer wird die Motivation des Kindes sein, weiterzulesen. Den Schwierigkeitsgrad können Sie steigern, indem die Wörter entweder etwas länger werden oder sie Buchstabenkombinationen hinzunehmen, die etwas anspruchsvoller sind, wie etwa »kr«, »bl«, »pr«, »st« usw.

## 2. Schritt: Wort für Wort lesen

Beim »Wort für Wort«-Lesen werden die einzelnen Wörter als Ganzes erfasst und erlesen. Um dies zu trainieren, hilft es, innerhalb einer Zeile die Wörter mit Hilfe einer Schablone erst langsam nach einander aufzudecken. Dabei wird die Schablone langsam über die Zeile gezogen, so dass der Fokus auf dem zu lesenden Wort liegt. Stolpert das Kind über ein Wort, halten Sie an, um es das Wort durchbuchstabieren zu lassen. Wurde das Wort durchbuchstabiert, fällt es den meisten Kindern leicht, das Wort dann auch als Ganzes zu erkennen.

Durch das »Wort für Wort«-Lesen werden die Augen aufgefordert, nacheinander jedes Wort zu fixieren und nicht schon in die nächste Reihe weiter zu springen. Dadurch, dass man die Worte einzeln aufdeckt, wird das Erfassen, Wiedererkennen und Benennen eines ganzen Wortes trainiert. Zu Beginn macht es Sinn, wenn der Text inhaltlich und von der Wortwahl her nicht zu schwer ist. Sehr sinnvoll ist es zudem, wenn viele Wörter bekannt sind oder sich wiederholen, denn durch die Erfahrung des schnellen Erfassens und Wiedererkennens kann das Kind nachvollziehen, warum es gut ist, wenn man Wortbilder als Ganzes abspeichert.

Der wichtigste Schritt zur Festigung der Wortbilder liegt meines Erachtens darin, Kinder aufzufordern, sich Buchstaben und Wörter im Kopf vorzustellen. Für gute Leser mag das banal und selbstverständlich klingen, aber das ist es eben nicht.

Menschen, die beruflich viel mit Texten zu tun haben, berichten, dass sie das geschriebene Wort mit einem Gefühl von Vertrautheit sehen. Sie haben einfach das Gefühl, dass es richtig aussieht. Von vielen Lektoren ist bekannt, dass sie nur eine Seite anschauen müssen und das falsch geschriebene Wort ihnen geradezu ins Auge springt. Testen Sie selbst doch einmal die feste Verankerung Ihrer Wortbilder. Sind Sie sich immer ganz sicher, was die richtige Schreibweise der folgenden Wörter ist?

Rhythmus – Rhytmus, Koryphäe – Koriphäe, parallel – paralell, Balett – Ballett, Cappucino – Cappuccino, Apetit – Appetit

Haben Sie zu einem Wort kein Bild im Kopf, d.h. Sie haben es noch nicht mit der richtigen Schreibweise abgespeichert, werden Sie sich nicht helfen können, indem Sie es probeweise aufschreiben. Kinder sind oft an diesem Punkt und haben dann nur eine Möglichkeit, das Wort aufs Papier zu bringen: Indem sie es so schreiben, wie sie die Buchstaben im Wort hören. Leider funktioniert diese Vorgehensweise bei einem Großteil der Wörter in der deutschen Sprache nicht, denn wir schreiben nur etwas mehr als die Hälfte aller Wörter im Deutschen auch tatsächlich so, wie wir sie sprechen.

Um richtig und flüssig schreiben zu können, brauche ich also dringend richtig abgespeicherte Wortbilder im Kopf, auf die ich sicher zurückgreifen kann.

**3. Schritt: Sinnentnehmendes Lesen**

Beim sinnentnehmenden Lesen geht es um die Überprüfung, ob der Leseinhalt verstanden wurde.

> Tim hat in der Schule einen Leseverständnis-Check bearbeitet. Seine Aufgabe bestand darin, einen Text durchzulesen und anschließend von mehreren Aussagen dazu die richtigen anzukreuzen. Dies gelang ihm nicht. Als wir den Text nachmittags gemeinsam lesen, wird deutlich, dass seine Lesekompetenz gar nicht ausreichend war, um den Text annähernd richtig zu lesen. Ohne es zu bemerken, las er zum Beispiel anstatt »Federmäppchen« (Etui) »Federmännchen«. Wenn er den Text aber gar nicht richtig lesen konnte, wie sollte er dann auf den Inhalt eingehen?

Tim liest die Wörter nicht richtig, wieder andere Kinder sind so sehr mit dem Zusammenziehen der Laute beschäftigt, dass sie keine Energie mehr zur Verfügung haben, um parallel den Inhalt zu verarbeiten. Ihre gesamte Energie geht also schon dafür drauf, überhaupt Wörter zu erlesen.

Je mehr der Prozess der Automatisierung bei den Buchstaben und Silben stattgefunden hat und je größer der Sichtwortschatz ist, desto mehr Kapazitäten stehen zur Verfügung, um sich auf den Textinhalt zu konzentrieren. Misserfolge der langsameren Leser sind also hinsichtlich des Textverständnisses vorprogrammiert.

Kurz gesagt: Wenn unser Gehirn so sehr mit dem Zusammenziehen der Laute und Silben zu Wörtern beschäftigt ist, ist es schlicht nicht in der Lage, parallel auch noch zu verstehen, wovon der Text handelt. Das sogenannte »Zentrum für Parallelverarbeitung« wird erst dann aktiviert, wenn das Zusammenziehen und Erlesen deutlich leichter und flüssiger abläuft. Einem Kind tut man somit unrecht, wenn man ihm vorwirft, es hätte sich den Inhalt nicht gemerkt und solle dies nun gefälligst tun.

Zunächst ist es wichtig zu überprüfen, ob das Kind generell in der Lage ist, den Inhalt eines Textes zu verstehen. Lesen Sie ihm einen Text vor und lassen Sie ihn sich nacherzählen. Sie können auch Fragen zum Text stellen. So bekommen Sie schnell heraus, ob es am Verständnis liegt oder an der noch nicht entsprechend automatisierten Lesefähigkeit.

Manchmal liegen die Probleme mit dem Textverständnis aber auch darin begründet, dass einzelne Begriffe dem Kind unbekannt oder in dem vorliegenden Zusammenhang nicht geläufig sind. Viele Kinder mit Schwierigkeiten im Lese-Rechtschreibbereich stolpern z. B. über Formulierungen, die im übertragenen Sinne gemeint sind. Unter solche Wendungen fallen beispielsweise Redewendungen wie »da muss man auf der Hut sein«. Beim Kind bleibt eventuell nur hängen, dass da irgendetwas mit einem Hut vorkommt oder dass man auf einem Hut sitzen muss.

Achten Sie darauf, dass das Kind beim Wiedergeben des Inhaltes eigene Worte benutzt. Fallen ihm manchmal keine anderen Formulierungen ein, so bitten Sie es, den Begriff zu umschreiben. Dadurch kommen Sie Verständnisschwierigkeiten, die im Wortbereich liegen, schnell auf die Spur.

Alle diesem Kapitel vorangegangenen Übungen dienen hier dem Training. Besonders für Kinder mit Schwierigkeiten beim Textverständnis ist es hilfreich, Lesetexte mit einfachen Inhalten zu verwenden, in denen viele Wörter wiederholt vorkommen. Solche Kinder benötigen die Erfahrung, dass Lesen und Verstehen miteinander verbunden sind. Dies zu erleben ist notwendig, um die Motivation zum Lesen zu fördern.

Durch die drei beschriebenen Leseschritte werden die Anteile des Leseprozesses einzeln trainiert. Je mehr die jeweiligen Schritte automatisiert sind, desto mehr laufen sie parallel ab. Das Lesen wird als leichter empfunden und die Lesegeschwindigkeit nimmt zu.

Der Unterschied zwischen guten und weniger guten Lesern ist letztendlich der, dass der gute Leser, wenn er das Wort »Haus« liest, gleichzeitig schon im Text die nächsten Buchstaben unbewusst verarbeitet, während der ungeübte Leser noch länger seine Konzentration den Buchstaben des Wortes »Haus« zuwenden muss. Zum geübten Leser kann man allerdings erst werden, wenn die einzelnen Schritte automatisiert wurden.

Ein wichtiger Teil in diesem Prozess ist, motiviert bei der Sache zu bleiben. Deswegen sollten die Herausforderungen nur so groß sein, dass Kinder sie gut bewältigen können. Gerade der sichtbare oder messbare Erfolg ihrer Bemühungen ist für Kinder mit Leseschwierigkeiten enorm wichtig. Sie brauchen ein Flow-Erlebnis. Das Gefühl, dass Lesen leicht und ohne Anspannung funktionieren kann.

> Um den Kindern ein Erfolgserlebnis beim Lesen zu verschaffen, wählen Sie einen Text, in dem sich viele Wörter wiederholen. (»Der Hund schläft im Korb. Im Korb ist es warm und weich. Der Hund mag seinen Korb.«) Kann das Kind einige Buchstaben noch nicht sicher, markieren Sie die Wörter, in denen diese Buchstaben vorkommen vor der Leseübung mit einem bunten Stift. Kann das Kind etwa das »ö« nicht, sind die Wörter bunt markiert, in denen ein »ö« vorkommt. Die bunten Wörter muss das Kind nicht lesen – das übernehmen Sie. Das Wort »Löwe« etwa in einem Zoo-Text benennen Sie einfach, sobald das Kind an diese Lesestelle kommt.

## ... wenn das Kinder- und Erwachsenenalphabet vermischt werden?

Spätestens zum Ende des zweiten Schuljahres wird in den meisten Schulen begonnen, mit dem Wörterbuch zu arbeiten. Für die Kinder bedeutet dies, dass nun nach dem Lernen des Kinder-alphabets auch das Erwachsenenalphabet bewusst eingesetzt werden soll. Wieder sind es 26 Großbuchstaben und genauso viele kleine Buchstaben, die als Informationen abgespeichert werden müssen. Erschwert wird dies dadurch, dass bereits alle Buchstaben »belegt« sind, d. h. das gleiche Symbol hat nun zwei Namen.

Die Unterscheidung des Kinderalphabetes vom Erwachsenenalphabet wird deutlich durch die Fragen:

- »Wie *heißt* der Buchstabe, wenn er alleine steht?« → Erwachsenenalphabet
- »Wie *klingt* der Buchstabe in einem Wort?« → Kinderalphabet.

Die Einführung des Erwachsenenalphabetes ist zwar in allen Grundschulen ein Teil des Unterrichtes, doch nicht allen Kindern gelingt die schnelle und klare Unterscheidung. Besonders Kinder, die viele Fehler in der Rechtschreibung machen, differenzieren nicht sauber zwischen »buchstabieren« und »lautieren«. Das Wort »Bein« hört sich lautiert »B - ei - n« an. Es besteht aus 3 Lauten. Wird es buchstabiert, so sagt man »Be - e - i - en«. Man benennt 4 Buchstaben. Wird nun ein Kind, das die Unterscheidungen zwischen beiden Alphabets noch nicht beherrscht, aufgefordert, einen Begriff zu buchstabieren, so lautet es ihn konsequent, verbleibt also im Kinderalphabet oder aber die beiden Alphabeten werden vermischt, was hinsichtlich der Rechtschreibung zu erstaunlichen Wörtern führen kann (»bdeuten«, »gelatt«).

Zum Üben des Erwachsenenalphabetes eignen sich viele Abkürzungen, die wir im Alltag kennen. Suchen Sie gemeinsam mit den Kindern, wo diese Abkürzungen sich überall verstecken. Ob Länderabkürzungen, Automarken oder Fußballvereine, wenn Sie Kindern zeigen, wie lustig sich ihr Fußballverein oder ein Fernsehsender anhört, wenn er im falschen Alphabet ausgesprochen wird, speichern sie den Unterschied schneller ab.
DVD CD RTL LKW PKW SMS BRD PC TV USA DFB VW
www. BMW ADAC WM

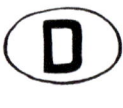

Nutzen Sie eine Hupe oder eine Klingel für die folgende Übung. Geübt wird das Buchstabieren im Erwachsenenalphabet. Einigen Sie sich zunächst auf 1 bis 3 Zeilen eines groß geschriebenen (mind. Schriftgröße 12) Textes. Jedes Wort wird buchstabiert und dann am Ende als Ganzes genannt. (»Ha-e-u-te-e ... Heute«) Lassen Sie das Kind mit dem buchstabierenden Lesen beginnen. Macht es einen Fehler, indem es einen Buchstaben als Laut im Kinderalphabet benennt, klingeln bzw. hupen Sie. Zählen Sie mit, wie oft sich das Kind verliest. Nun wechseln Sie die Rollen, denn die Kinder möchten auch einmal die Klingel benutzen. Jetzt sind Sie als Erwachsener an der Reihe, ebenso viele Zeilen buchstabierend in dem Alphabet zu lesen. Allerdings bauen Sie einige Fehler ein. Dies sollten in der Regel zwei mehr sein, als die Kinder gemacht haben. Die Aufgabe des Kindes besteht nun darin, Ihre Fehler zu finden und an den entsprechenden Stellen zu klingeln oder zu hupen.

## ... wenn beim Lesen oder Schreiben eines Textes Punkte, Kommas und andere Satzzeichen übergangen werden?

Damit ein Text mit seinem Inhalt für den Zuhörer interessant wird, und es Spaß macht, ihm zuzuhören, ist eine flüssige Lesart mit der dazu passenden Betonung notwendig. Kinder, denen das Lesen schwerfällt, vernachlässigen oftmals die Betonung beim Lesen. Die Betonung und Stimmlage sind durchgängig unverändert, Punkte, Kommas und Satzzeichen bleiben unberücksichtigt. Bedenken Sie, dass Kinder, die kein erweitertes Sichtfeld haben und noch sehr stockend lesen, Satzzeichen viel später wahrnehmen als Sie.

Was uns selbstverständlich erscheint, sollte unbedingt vorab überprüft werden. In diesem Fall ist es notwendig, die Bedeutung der einzelnen Satzzeichen zu kennen und sie anwenden zu können. Hinzu kommt, dass vielen Kindern gar nicht klar ist, wofür Satzzeichen wichtig sind. Das können Sie einem Kind ganz einfach dadurch verdeutlichen, dass Sie ihm eine Seite aus einem Lesebuch vorlesen und ihm sagen: »Man soll eigentlich immer atmen, wenn da ein Punkt ist. Ich atme jetzt mal an ganz anderen Stellen und du guckst, was passiert.« (Glauben Sie mir, es ist kaum nachvollziehbar, wovon ein Text handelt, wenn man mitten im Satz Atempausen macht und Satzenden vollkommen überliest.) Dann lesen Sie dieselbe Seite noch einmal und atmen an den Stellen mit Satzzeichen.

Üben Sie das Lesen mit Betonung anhand von sehr einfachen Texten. Kopieren Sie einen Text, der für das Kind sehr leicht zu lesen oder bereits bekannt ist. Jetzt lesen sie abwechselnd, wobei Sie den ersten Satz mit Betonung vortragen und das Kind diesen lesend wiederholt. Es achtet dabei vorwiegend darauf, ihn in Ihrer Betonung wiederzugeben. Diese Übung kann auch in der Gruppe gemacht werden.

Übersieht ein Kind häufig Satzzeichen, so bietet sich folgende Übung an: Wählen Sie einen einfachen Text und bitten Sie das Kind, z.B. alle Punkte am Ende eines Satzes bunt zu markieren. In einem zweiten Schritt soll das Kind das Vorliegende laut lesen und bei jedem markierten Punkt ganz bewusst eine Pause machen. Sie trainieren so zunächst einmal, dass alle Satzzeichen bewusst wahrgenommen werden, da sie bunt schneller »ins Auge springen«. In der gleichen Weise können Sie mit Kommas oder weiteren Satzzeichen verfahren. Wählen Sie zum Markieren jedoch jeweils eine andere Farbe und üben Sie nicht mehrere Satzzeichen durcheinander.

Bei Mirco hat eine andere Methode zum Ziel geführt.

Mirco geht in die 3. Klasse. Er hat eine schöne, lesbare Handschrift und die Unterscheidung zwischen großen und kleinen Buchstaben gelingt ihm sicher. Aber die meisten Satzanfänge schreibt er klein. Er kennt die Rechtschreibregel: »Nach jedem Punkt wird der erste Buchstabe des nächsten Satzes großgeschrieben.« Auch beim Lesen übersieht er die Satzenden und geht ohne entsprechende Betonung über das Satzende hinweg. Nachdem wir in den Lesetexten die Schlusspunkte deutlich markiert haben und es ihm gelingt, am Ende eines Satzes eine Pause zu machen und mit der Stimme runterzugehen, widmen wir uns der Großschreibung zu Satzbeginn. Anfangs lese ich jeden Punkt mit und bitte ihn, jedes Mal dazu aufzustehen, um sich bewusst zu machen, dass der nächste Buchstabe großgeschrieben wird. Nach einigen Übungen dieser Art wechsele ich die Taktik. Ich lese einen Satz vor und füge nur hinzu: »Nächster Satz!« Auch dabei lasse ich ihn wieder aufstehen. Zu Beginn dieser Übung verkündet Mirco, dass er die Satzanfänge auch wahrnehmen würde, ohne stets aufzustehen. Und er hat Recht. Nur noch sehr selten unterläuft ihm von nun an der Fehler, das Wort am Satzanfang kleinzuschreiben.

Daneben gibt es jedoch auch Schüler, die sehr gut lesen können. Sie vernachlässigen die Kommasetzung nur beim freien Schreiben. Wer das Setzen von Kommas üben will, findet die Regeln in Grammatikwerken ausreichend mit Beispielen erklärt. Manchmal aber funktionieren auch andere, vielleicht eher ungewöhnliche Wege, um die Fehlerzahl bei diesem Satzzeichen deutlich zu verringern. Ein Beispiel dafür ist Tiemo.

> Er ist 15 Jahre alt und besucht die 8. Klasse des Gymnasiums. In Deutscharbeiten wird erwartet, dass er die Kommaregeln beherrscht und entsprechend anwendet. Tiemo aber setzt grundsätzlich gar keine Kommas. Neben einigen wenigen Rechtschreibfehlern ist die Kommasetzung Hauptfehlerquelle in seinen Texten. In der Beratungsstunde scheint er auch nicht sonderlich motiviert zu sein, sich auf ein systematisches Üben nach Regeln einzulassen. Es widerstrebt ihm regelrecht. Nach einigem Überlegen überprüfe ich seine Lesekompetenz, und dort zeigt sich, dass er beim Lesen alle Satzzeichen, auch Kommas, in richtige Betonung umsetzt. Daraufhin machen wir einen Versuch. Ich gebe ihm einen Text, in dem die Kommas fehlen, und fordere ihn auf, nur nach seinem Sprachgefühl dieses Zeichen zu setzen. Der Erfolg ist überraschend. Nach Gefühl setzt Tiemo von 24 benötigten Kommas 19 richtig. Als Übung einigten wir uns im Anschluss daran auf Folgendes:
> 
> - Jeden Tag einen Text (eine Din-A4-Seite) laut lesen, wobei jedes Komma hörbar mitgelesen wird.
> - In der zweiten Woche jeden Tag einen Text vornehmen, in dem die Kommas gelöscht sind. In diesen nur nach Gefühl alle Kommas einsetzen.
> - Einen »Spickzettel« vorbereiten, auf dem lediglich ein dickes Komma steht. Bei Arbeiten diesen ins Etui legen, um daran erinnert zu werden, am Ende der Prüfung nach Gefühl Kommas zu setzen.

## ... wenn Wortlängen oder Wortgrenzen nicht immer eindeutig erkannt werden?

Wenn wir sprechen, unterteilen wir die Worte in Silben. Vor allem dadurch entsteht ein Sprachrhythmus. Beim Schreiben hingegen ist die

Strukturierung wesentlich differenzierter. Um richtig schreiben zu können, bedarf es einer sicheren Unterscheidung zwischen Lauten, Silben und Wörtern. Denn leider ist es ja nicht so, dass jede Sprechsilbe einem geschriebenen Wort entspricht.

Einigen Kindern fällt es schwer, diese Unterscheidung zwischen gesprochener und geschriebener Sprache hinzubekommen. Sie schreiben dann Wörter zusammen, die gar nicht zusammengehören, z. B. »aufeinmal«, oder trennen Begriffe, die nur für einen Gegenstand stehen, z. B. »Sonnen Schirm«.

Tom ist 8 Jahre alt, ein sehr intelligenter, redegewandter Junge. Er hat eine diagnostizierte Legasthenie. Sehr erfreut ist er über die folgende Übung, bei der er weder lesen noch schreiben muss. Ich erzähle eine Phantasiegeschichte. Nach jedem Satz besteht seine Aufgabe darin, diesen zu wiederholen und für jedes Wort einen Bauklotz auf den Tisch zu legen. Aber obwohl Tom sprachlich sehr geschickt ist, will es ihm anfangs nicht gelingen, zwischen Lauten, Silben und Wörtern eindeutig zu unterscheiden.

Und so hat er die ersten zwei Sätze gelegt:

Eines Tages-- stand--in Toms Zimmer-- ein-- Drach--e.--Er sah-- ihn-- m-i--t-- großen-- grünen Augen-- an.

Der kleine Drache hat einen lustigen Namen!

Der Erfolg stellte sich glücklicherweise durch regelmäßiges Üben in diesem Bereich recht schnell ein.

Diese Übung kann ich sehr empfehlen und sie ist den Kindern eine willkommene Abwechslung. Sie können sich eine Geschichte ausdenken oder auch einen Text zu Hilfe nehmen. Sprechen Sie einen einfachen Satz vor. Zum Beispiel: »Gestern ging ich mit Oma in den Park.« Das Kind wiederholt zunächst den Satz komplett und legt dann für jedes Wort einen Baustein hin. Lassen Sie die Bausteine immer von links nach rechts legen, entsprechend der Schreibrichtung. Durch das laute Wiederholen des Satzes wird zusätzlich das akustische Gedächtnis trainiert. Werden Sätze nicht richtig wiedergegeben, nehmen Sie zunächst kürzere Sätze.

Eine Variante wäre es, wenn Sie anstatt Bausteinen für jedes Wort einen Kreis oder ein anderes einfaches Zeichen schreiben ließen.

| Die | Kinder | spielen | im | Garten |
|-----|--------|---------|-----|--------|
| O   | O      | O       | O   | O      |

Ist das Kind sich unsicher, ob etwa das Wort »Sonnenschirm« aus ein oder zwei Wörtern besteht, fragen Sie das Kind: »Wenn ich sage ›Gib mir bitte den Sonnenschirm!‹, wie viele Dinge würdest du mir dann geben?« Die Antwort lautet: »Ein Ding.« Denn ein Sonnenschirm ist ja nur EINE Sache. Die Grundregel lautet also: Immer, wenn es sich nur um EINE Sache handelt, ist es auch nur EIN Wort. (»Wasserflaschendeckel« = eine Sache, deshalb nur ein Wort.) Trainieren Sie mit dem Kind, sich immer zu fragen: »Wie viele Dinge sind es? Würde ich bei dem Wort ›Gartenschlauch‹ erst einen Garten und dann einen Schlauch haben?« (Nein, natürlich nicht.)

## ... wenn Abschreibtexte mühsam erarbeitet werden und sehr lange dauern?

Haben Kinder Probleme mit Abschreibtexten, so gilt es, die Abschreibtechnik und die Lesekompetenz differenziert in den Blick zu nehmen. Einige Kinder müssen übermäßig oft auf das abzuschreibende Wort schauen. Sie unterteilen die Wörter nicht in sinnvolle Silben oder Wortteile, sondern merken sich 2 bis 3 Buchstaben und malen diese der Reihe nach ab. Oft wird danach die Stelle oder Reihe im Abschreibtext nicht sofort wiedergefunden.

> Lena-Marie muss oft Texte von der Tafel abschreiben. Sind die anderen Mitschüler bereits fertig, hat sie oftmals nur die Hälfte des Tafeltextes übertragen. Es kommt auch schon mal vor, dass sie eine ganze Reihe überschlägt oder das gleiche Wort aus Versehen zweimal in ihr Heft einträgt. Als ich sie bat, einen Satz aus einem Buch abzuschreiben, wurde deutlich, dass sie Buchstaben nur abmalte. Da stand unter anderem das Wort »trotzdem«. Und so übertrug Lena-Marie dieses Wort aus dem Buch auf ihren Zettel: Fünfmal wanderte ihr Blick hinüber zu dem Wort, bevor es vollständig notiert war: tr – o – t – zd – em. Als sie auf diese Weise 10 Wörter abgemalt hatte, konnte sie mir nicht mehr sagen, wie der Satz lautete, den sie soeben übertragen hatte.

Kindern wie Lena-Marie ist nicht bewusst, dass sie zum Abschreiben eine andere Taktik anwenden als ihre Mitschüler. Sobald Kinder erkennen, dass die von ihnen gewählte Methode, Texte zu übertragen, sehr zeitintensiv und anstrengend ist und die meisten ihrer Mitschüler eine weitaus effektivere Technik nutzen, sind sie in der Regel bereit, eine neue Technik des Abschreibens zu erlernen. Da einem Kind wie Lena-Marie das Lesen noch sehr schwerfällt, sie mühevoll die Laute zusammenziehen muss und nur wenige Wortbilder hat, sollten Abschreibtexte bei ihr zugunsten des Wortbildtrainings deutlich reduziert werden.

Andere Kinder erfassen Wörter als Ganzes, nehmen aber den Innenaufbau des Wortes nur ungenau wahr. Hierzu wäre das buchstabierende Lesen ein wichtiger Übungsschritt. Zunehmend stelle ich jedoch fest, dass Arbeitsblätter und Arbeitsheft Kinder motivieren, bei Schreibaufgaben Wörter nur abzumalen, anstatt die Wortbilder abzuspeichern. Dies liegt meines Erachtens an der Fülle der Arbeitsblätter, die massenhaft zum selbstständigen Arbeiten ausgeteilt werden. Wörter werden von oben nach unten oder in Listen oder Texten abgemalt, wobei zu beobachten ist, dass viele Kinder ihren Zwischenspeicher im Kopf gar nicht mehr nutzen, sondern das Abmalen perfektionieren. D. h. sie schauen auf das abzuschreibende Wort und schreiben es gleichzeitig unten an die gewünschte Stelle ab. Dies führt leider häufig dazu, dass die Wortbildabspeicherung an Umfang nicht zunimmt und die Rechtschreibung stagniert, obwohl Hunderte von Seiten bearbeitet wurden. Dies ist ein weiteres Argument für das Wortbildtraining, welches zu einer bewussten Abspeicherung der Wörter führt und somit dazu, dass Wörter eben abgerufen und sofort wiedererkannt werden.

## ... wenn viele Rechtschreibfehler gemacht werden?

Die Fehlermöglichkeiten in der deutschen Rechtschreibung scheinen unendlich zu sein. Das lange oder kurze »i«/»ie«, ein nicht hörbares »h«, Wörter mit »v« oder »f« sowie vorkommende Doppelbuchstaben oder die Groß- und Kleinschreibung sind häufige Fehlerquellen. Es macht keinen Sinn, mit einem Kind gleichzeitig an vielen dieser Baustellen zu arbeiten. Folgende Vorgehensweise hat sich bewährt: Schauen Sie sich ein Schreibbeispiel eines Kindes daraufhin an, in welchem Bereich es die meisten Fehler gemacht hat. Ist es die Groß- und Kleinschreibung? Sind es die Doppelkonsonanten? Sind es Wörter mit »ie«? Arbeiten Sie zunächst mit dem Kind an dem einen Fehlertypen, der am häufigsten aufgetreten ist, und nehmen Sie sich diesen Bereich gezielt vor. Bildhaft gesprochen: Finden Sie den dicksten Fisch im Becken! Mit dem beginnen Sie. Wenn als Konsequenz dieses Lernens dann diese Fehler im nächsten Schreibtext eines Kindes größtenteils wegfallen, haben Sie mit relativ wenig Aufwand einen sichtbaren, wahrnehmbaren Erfolg für ein Kind geschaffen. Die Motivation zum Üben lebt vom Erfolg.

Bevor wir uns hier einigen Übungen zuwenden, sei etwas Wichtiges gesagt: Nur weil ein Kind die Rechtschreibregeln kann, heißt das nicht, dass auch die Rechtschreibung fehlerfrei funktioniert. Selbstverständlich sind auch Rechtschreibregeln wichtig, doch gute Rechtschreiber haben vor allem eines: Einen großen Schatz an Wortbildern im Kopf, den sogenannten Sichtwortschatz. Sie erkennen zwar notfalls auch die mögliche Herleitung (»Bäume kommt von Baum und wird daher mit »ä« geschrieben«), doch das Überprüfen durch Rechtschreibregeln ist nicht die Basis für gute Rechtschreibung. Wäre unsere gute Rechtschreibung davon abhängig, ständig zu überlegen, welche Rechtschreibregel bei einem Wort oder Satz greift, kämen wir nur sehr mühsam durch einen Satz oder gar einen Text, denn wir müssten quasi ständig anhalten und wären so im Schreibfluss gehemmt.

Eine der häufigsten Unsicherheiten beim Schreiben im Deutschen ist nun die, welche Wörter man denn nun groß und welche man klein schreibt.

Folgende Unterhaltung gab es so und in ähnlicher Form schon mit unglaublich vielen Schülern in unserer Praxis (und nicht nur Grundschulkindern).

> Isabell ist in der 5. Klasse. Sie schreibt in ihren Texten scheinbar wahllos Wörter groß oder klein. Ich erkundige mich, ob sie eine Regel kennt, die

> verrät, was man groß und was man klein schreibt. »Man schreibt alles groß, was man sehen und anfassen kann«, erklärt sie.
> »Okay«, sage ich. »Wie ist das denn? Schreibt man dann alle Tiere groß?« Isabell überlegt: »Nee, Tiger nicht. Die darf man nicht anfassen. Und ganz kleine Tiere auch nicht – die kann man ja nicht so gut sehen.«
> »Und wie ist es mit Dingen«, frage ich. »Schreibt man alle Dinge groß? Was meinst du?«
> Wieder überlegt Isabell: »Hm, also so Sachen wie Lava oder einen Herd oder Feuer würde ich kleinschreiben. Die möchte ich ja nicht anfassen. Und Sachen, die weit weg sind, wie die Sonne, die schreibt man auch klein. Da kommt man ja nicht dran. Und Fensterscheibe zum Beispiel – die kann man ja nicht sehen. Sowas schreibt man klein.«
> »Und wie ist das mit Namen?«, erkundige ich mich.
> Isabell grübelt. Sie ist unsicher. »Bei Namen weiß ich nicht wie das ist.«
> »Gibt es denn auch Wörter, die man groß schreibt, obwohl man die nicht sehen oder anfassen kann?«, frage ich.
> »Nee, das glaub ich nicht«, antwortet Isabell.

Diese oder ähnliche Antworten habe ich schon zuhauf in der Praxis gehört. Sie sind keine Ausnahme.

Was würden Sie als Erwachsener schätzen, wie viele Wörter es im Deutschen gibt, die man großschreibt, obwohl man sie nicht sehen und anfassen kann? Sind es ...

a) etwa 10 Wörter
b) etwa 100 Wörter
c) etwa 1000 Wörter
d) deutlich mehr als 1000 Wörter?

Es ist tatsächlich Antwort d. Es gibt eine gigantische Menge an diesen Wörtern. Doch wo verstecken sie sich? Das mit den Kindern zu »untersuchen« ist der erste Schritt dahin, dass Kinder diese Wörter bewusst wahrnehmen. Zu diesen Wörtern gehören:

- Alle Gefühle (die Freude, die Trauer, der Spaß, die Langweile)
- Alles rund um die Zeit (die Stunde, die Sekunde, der Monat, das Jahrzehnt)
- Alle Begrifflichkeiten mit -ung, -heit, -keit am Ende (die Ordnung, die Offenheit, die Feuchtigkeit), aber eben auch abstrakte Begriffe und Ideen.

> Stellen Sie dem Kind die Fragen aus dem Beispiel von Isabell. Ist es sich – ohne Ihre Hilfestellung – wirklich zu 100 Prozent sicher, dass man *alle* Tiere, *alle* Gegenstände und *alle* Namen großschreibt? Falls nicht, stellen Sie sicher, dass es das weiß. Überlegen Sie: »Hm, das wäre ja wirklich ungerecht, wenn man jetzt deinen Namen großschreiben würde und meinen nicht. Deshalb schreibt man alle Namen groß.« Suchen Sie gemeinsam ganz viele kleine oder bissige Tiere, die man trotzdem alle großschreibt. Gehen Sie sämtliche Gegenstände im Zimmer durch und schauen Sie, wie viel es gibt, das man alles großschreibt.

Wichtig ist hier immer, dass sich die Kinder von der Babyregel »... alles, was man sehen und anfassen kann, schreibt man groß« verabschieden und sicher wissen, dass allein ein mögliches »der, die, das« vor dem Wort darüber entscheidet, ob ein Wort großgeschrieben wird.

> Machen Sie gemeinsam ein Sammelspiel. Wie viele Wörter finden sie mit dem Kind, die man nicht sehen und anfassen kann? Sie können eine Mindmap machen zu allen Wörtern rund um das Thema »Zeit«. Sie können auch schauen, ob Sie gemeinsam zu jedem Buchstaben des Alphabets ein Wort finden, das man großschreibt, aber nicht sehen und anfassen kann. Zur Kontrolle soll das Kind immer den Artikel davorstellen. Das Alphabet können Sie natürlich auch nur mit Tieren oder nur mit Pflanzen oder Namen füllen, solange alles großgeschrieben wird.
>
> Das Spiel »Stadt Land Fluss« bietet sich hier in kleiner Abwandlung ebenfalls an. Benennen Sie die Kategorien »Pflanzen, Tiere, Namen, Begriffe« und nehmen Sie noch eine Wunschkategorie des Kindes mit hinzu, in der es sich besonders gut auskennt (Automarken, Pferderassen o. Ä.). Damit das Spiel fair ist, müssen Sie als Erwachsener in jeder Zeile jeweils 2 oder 3 passende Begriffe finden – das Kind soll ja wissen, dass Sie sich genauso anstrengen müssen.
>
> Diktieren Sie dem Kind einen Satz. Das Kind soll für jedes kleingeschriebene Wort einen kleinen Bauklotz und für jedes großgeschriebene Wort im Satz einen größeren Bauklotz legen. Dies sollten Sie natürlich erst dann mittrainieren, wenn die Wortgrenzen (s. o.) verstanden wurden.
> Alternativ können Sie dem Kind auch Sätze diktieren, und das Kind soll nur die Nomen, die es im Satz gehört hat, hinschreiben. Für alle an-

deren Wörter macht es nur einen Strich oder legt eben einen Bauklotz. Insbesondere für Kinder, die durch die Feinmotorik beim Schreiben oder durch die Rechtschreibung sehr angestrengt sind, ist dies eine beliebte Möglichkeit.

Sie nehmen einen Stapel mit Wortkarten zur Hand und decken nacheinander immer eine Karte auf. Es sollten sich sowohl Nomen als auch Verben, Adjektive etc. in dem Stapel befinden – sprich, Wörter die groß, und Wörter, die klein geschrieben werden. Die Aufgabe des Kindes ist es nun, aufmerksam die jeweils aufgedeckte Karte zu betrachten und immer, wenn ein Nomen kommt, auf eine Klingel zu drücken. Dies trainiert, dass das Kind erst einmal überhaupt wahrnimmt, dass ein Wort großgeschrieben wird.

Kinder, die nicht in der Lage sind, Wortbilder abzuspeichern, benötigen (bis zu einem gewissen Maß!) Rechtschreibregeln. Es gibt allerdings insgesamt über 100 Rechtschreibregeln. Das Verstehen der Regeln der Rechtschreibung setzt häufig ein hohes abstraktes Denken voraus. Es ist von großer Wichtigkeit, zunächst zu prüfen, in wieweit das jeweilige Kind in der Lage ist, Rechtschreibregeln zu verstehen und anzuwenden. Kindern wie Jonathan ist z. B. eine Regel geläufig, doch da er sie nicht gänzlich durchdrungen hat, kann er sie auch nicht richtig anwenden.

Der 9-jährige Jonathan sitzt vor mir und zeigt mir seine letzten Schreibbeispiele aus der Schule. Mir fällt auf, dass mehrere Namenwörter kleingeschrieben sind, unter anderem das Wort »Tiger«. Ich frage ihn, ob er weiß, welche Wörter großgeschrieben werden. Jonathan ist sich sicher. »Klar, alle Nomen.« »Woher weiß ich denn, was alles Nomen sind?«, frage ich ihn. »Na, z. B. der Tisch oder die Lampe und Namen auch.« »Heißt das, man schreibt alle ›Namen‹ groß?«, frage ich ihn. »Ja, natürlich!«, antwortet er. Ich forsche weiter: »Heißt das, man schreibt auch alle Namen, die wir den Tieren gegeben haben, groß?« Jetzt kommt er ins Grübeln. »Nein, nicht alle!«, erwidert er. »Welche Tiernamen schreibt man denn nicht groß?«, will ich von ihm wissen. »Feuerquallen.« Bei dieser Antwort scheint er sich sehr sicher zu sein, denn er fügt hinzu: »Die fasse ich doch nicht an. Das brennt doch auf der Haut.«

Rechtschreibregeln können eine Hilfe sein, vor allem dann, wenn sie eindeutig sind und keine Ausnahmen beinhalten. Eine solche Rechtschreibregel ist z. B. »Satzanfänge schreibt man groß.« Leider bleiben aber bei den meisten Rechtschreibregeln noch ziemlich viele Ausnahmen übrig.

Schauen wir uns einmal an, welche Hilfen es bei der Frage gibt, ob am Ende des Wortes ein »d« oder »t« stehen muss. Für die meisten Nomen gilt, dass die Mehrzahl gebildet werden kann, um zur richtigen Schreibweise zu gelangen, z. B. das Lied – die Lieder, der Mond – die Monde. Aber leider gibt es keinen Plural zu Blut, Mut oder Advent. Viele unklare Begriffe kann man auch verlängern und der Endbuchstabe wird eindeutig: Blut – blutig, Sand – sandig, bald – baldige. Aber leider kann man »sind« oder »jetzt« nicht verlängern.

Es gibt also Wörter, die sich das Kind merken muss, da es keine Regeln dafür gibt. Auch hier noch einmal der Hinweis: Ein Kind, das alle Rechtschreibregeln kennt und aufsagen kann, hat nicht automatisch eine gute Rechtschreibung.

Um den »Sprung« zwischen den Hirnhälften zu üben, der wichtig ist, um eben beim freien Schreiben zwischen den kreativen und den logischen Anteilen wechseln zu können, bietet sich folgende Übung an: Fordern Sie das Kind auf, zu jedem Buchstaben des Alphabets ein Wort zu finden, das mit diesem Buchstaben beginnt. Wichtig ist dabei, dass das Kind der Reihe nach vorgeht, denn so hält es sich einerseits an eine logische Reihenfolge und muss gleichzeitig kreativ denken.

Bei Schreibanfängern kann ebenfalls eine verzögerte Wortbildabspeicherung vermutet werden, wenn der folgende Fehler über das erste Schuljahr hinaus bei einfachen bekannten Wörtern vorkommt:

Jens ist sich sicher, wie das Wort Oma geschrieben wird. Auf jeden Fall beginnt es mit einem »O«, das weiß er. Also schreibt er das »O« auf das Papier. Nun spricht er sich das Wort »Oma« vor und schreibt »Ooma«. Auch bei anderen Wörtern wie »Aauto« oder »Eente« setzt er zunächst sicher den ersten Buchstaben aufs Papier und schreibt lautierend weiter. Das gesamte Wortbild aber hat er noch nicht abgespeichert.

Lassen Sie Rechtschreibfehler möglichst nicht anschauen. Unser Gehirn speichert – ob wir es wollen oder nicht – alles, was es vermehrt wahrnimmt, erst einmal ab. Bedeutet: Je häufiger ich mir ein falsch geschriebenes Wort ansehe, desto größer ist die Chance, dass mein Gehirn sich an

> diese Schreibweise erinnert und sie mir im Zweifel als die richtige »verkauft«, wenn ich als Kind unsicher bin, wie ein Wort zu schreiben ist.

Das bedeutet ganz konkret: Wenn ein Kind das Wort »Vater« lange Zeit »Fata« schreibt und niemand ihm zeigt, wie die richtige Schreibweise ist, so passiert im Kopf des Kindes Folgendes:

- Das Kind schreibt »Fata« und baut sich im Kopf quasi einen kleinen Trampelpfad.
- Das Kind schreibt wiederholt über einen längeren Zeitraum »Fata«, und jedes Mal, wenn es dies tut, baut es damit die Straße in seinem Kopf aus, bis es quasi eine mehrspurige Autobahn einbetoniert hat. Das Gehirn hat das Wort »Fata« nun fest abgespeichert.
- Kommt nun nach einem Schuljahr jemand und erklärt dem Kind, das Wort »Vater« schreibe man gar nicht »Fata«, muss das Kind die gesamte Autobahn im Kopf einreißen und mit einem neuen Trampelpfad in eine andere Richtung von vorne beginnen.

Ich muss nicht erwähnen, dass dieser Prozess mit viel mehr Energieaufwand und Anstrengung verbunden ist, als einmal das Wort »Vater« direkt richtig abzuspeichern. Dass das Umlernen für das Gehirn mit sehr viel mehr Anstrengung verbunden ist, wurde bereits vor langer Zeit durch die Hirnforschung bestätigt, ist aber leider in vielen Schulen noch nicht angekommen.

Verstehen Sie mich nicht falsch: Ich sage nicht, man solle einem Schreibanfänger jedes »falsch« geschriebene Wort vorhalten und ihn pro Seite sämtliche Wörter korrigieren lassen. Aber: Wenn ein Kind fragt, ob das Wort »Fata« richtig geschrieben ist, kann man sich ganz einfach darauf berufen, wie es in den Büchern steht. Es gibt eine neutrale »Buchversion« des Wortes – so wollen wir das Wort am Ende alle schreiben, damit jeder erkennt, was wir meinen und damit wir selbst beim Lesen das Wort ganz schnell wiedererkennen.

Sie können schauen, welches die Wörter sind, die bei dem Kind häufig falsch geschrieben sind, und diese schauen Sie sich bewusst mit dem Kind an und speichern Sie mit Hilfe der Fotomethode neu ab. Geschieht das vorwurfsfrei und ohne Druck, ist es faszinierend zu sehen, wie schnell sich ein Lernerfolg einstellt.

> Unnötige Fehler sollten vermieden werden. D. h., wenn Sie merken, dass das Kind verunsichert ist und über die Schreibweise nachzudenken beginnt, bieten Sie ihm an, sich das Wort noch einmal anzugucken oder schreiben Sie es vor, lassen Sie es langsam durchbuchstabieren, eventuell in Wortteile zerlegen und es erst dann schreiben.

Einige Kinder, wie beispielsweise Alina, sind auch sehr bemüht, den Ratschlägen der Erwachsenen zu folgen: »Du musst nur deutlich sprechen, dann hörst du auch, wie das Wort geschrieben wird!« In ihrem Aufsatz schreibt sie: »Ich harbe ein Bild gemarlt.« Nehmen Sie Alinas Schreibweise des Wortes »Alarm«. Sie hat es so geschrieben: »Alahm«. Wieder folgt der gut gemeinte Ratschlag: »Hör mal genau hin! Das heißt doch ›A-l-a-r-m‹!«

Die Botschaft an das Kind lautet also, dass es die richtige Schreibweise über das Hören und deutliche Sprechen abrufen kann. Tatsache aber ist in diesem Fall, dass der Erwachsene das Wort mit allen seinen Lauten so eindeutig aussprechen kann, weil er das richtige Wortbild kennt. Mit dem Hören hat das leider gar nichts zu tun. Was man Alina dort vermittelt, stimmt also schlicht nicht.

Diese Erfahrung, dass Hören und Schreiben zwei unterschiedliche Dinge sind, machen unsere Kinder mit der Zeit. Denn sie lernen, dass es viele Wörter gibt, die nicht so geschrieben werden, wie sie sich anhören. Sind diese Wörter als Wortbilder nicht sicher abgespeichert, beginnen die Kinder zu raten, wo sich in dem Wort die Schwierigkeit verbergen könnte. Leider führt diese Strategie oftmals dazu, dass noch mehr Fehler gemacht werden, weil Dehnungs-H, Doppelkonsonanten oder eben das überbetonte »r« an falschen Stellen eingesetzt werden.

Häufig irritieren Wörter, die am Ende mit »d« geschrieben werden, obwohl man ein »t« hört. Speziell bei diesen Begriffen gibt es extrem viele Ausnahmen. Sehen Sie selbst:

- Wörter aus dem Grundwortschatz, die am Ende so geschrieben werden, wie man es hört, sind z. B. Welt, Zeit, Zelt, weit, breit, Brot, Blut, Mut, Elefant, Monat, Salat, Schwert, Arbeit, Wort.
- Wörter aus dem Grundwortschatz, deren Schlussbuchstabe nicht eindeutig durch Hören erkennbar ist, sind: Sand, Hand, Bild, Pferd, Mond, Mund, Hund, bald, Rand, Strand, Wand, Freund, und, sind, Wald, Kind, Wind, Rind, Abend, Lied, Kleid, Hemd, gesund, blind, fand, jemand usw.

II Tipps für den Lernalltag

Die Kinder wissen aber nicht, ob sie nun ein Wort vor sich haben, dessen Ende man heraushören kann oder nicht. Wenn das Kind dazu fähig ist, dann helfen Sie ihm dabei, diese Wörter als Wortbilder abzuspeichern. Ich plädiere für ein intensives Training der Wortbildabspeicherung, da die Kinder dadurch auf Dauer wesentlich weniger Energie verbrauchen, als wenn sie bei jedem Wort nach der passenden Rechtschreibregel suchen. Philipp kann beispielsweise sämtliche Rechtschreibregeln benennen und erklären, wendet sie aber dennoch nicht in frei geschriebenen Texten an. Ihm würde das konsequente Lernen von Wortbildern wesentlich mehr Erfolg bringen.

Ein paar Tipps haben Sie zur Wortbildfestigung bereits erhalten, aber um Begriffe mit der gleichen Schreibweise zu üben, z. B. Wörter mit »ss«, »eu«, »ai« oder auch »d/t« kann man eine Methode aus dem Gedächtnistraining nutzen.

Mit einer Reihe von Wörtern wird eine zusammenhängende Geschichte (Bilderkette) gestaltet. So kann z. B. der Maikäfer Kai auf der Suche nach Maiskolben einem Hai begegnen, der auf den Saiten seiner Gitarre zupft und in dem Garten des Kaisers lebt. Dies ist mit verschiedenen Wortgruppen möglich, etwa Wörtern mit Dehnungs-H, Wörtern mit Doppelkonsonanten etc.

Möchten Sie etwa Begriffe mit der Endung »d« festigen, so sammeln Sie diese zunächst gemeinsam mit einem Kind. Verfassen Sie nun zusammen eine Geschichte, die alle Begriffe – am besten auch doppelt oder dreifach – enthält. Je bunter und ausgefallener die Geschichte ist, desto besser werden die Begriffe von den Kindern abgespeichert. Auch hier gilt wieder: Die selbst erfundenen Geschichten bleiben am besten hängen. Zur besseren Anschauung habe ich für Sie einen Text zum Lernen von Wörtern auf »d« formuliert.

An einem schönen Tag ging ich mit meinem besten **Freund** an den **Strand**. Mein **Freund** brachte seinen **Hund** mit. Er heißt Lucky. Lucky ist sehr klein und wiegt nicht mal 20 **Pfund**. Es war ein stürmischer Tag, und am **Abend** wehte am **Strand** ein starker **Wind**, so dass wir die Leine fest in der **Hand** hielten. Am **Rand** des Meeres setzten wir uns in den **Sand**. Mein **Freund band** den **Hund** an einen Pfosten und wir übten zusammen einen **Handstand**. Das ist am **Strand** gar nicht so einfach. Als es dunkel wurde und wir den **Mond** schon fast sehen konnten, war mein **Handstand** perfekt. Wir machten uns auf den Heimweg. **Jemand** kam uns entgegen. Es war ein

**Kind**, das auch einen kleinen **Hund** bei sich hatte. Es riss den **Mund** vor Staunen weit auf und sagte: »Euer **Hund** ist ja noch kleiner als meiner!« Mein **Freund** kniete sich in den **Sand** und ließ das **Kind** Lucky streicheln. Der **Mond** stand nun schon hoch am Himmel und **tausend** Sterne funkelten über uns. Schnell liefen wir nach Hause.

Auch Wortlisten mit ganz unterschiedlichen Wörtern können so gelernt werden. Man übt also die gesamte Reihe der Wörter, indem eine Geschichte daraus gebastelt wird.

## ... wenn bildlose Wörter wiederholt falsch geschrieben werden?

Betrachtet man »ob«, »hier«, »und«, »sind« und »jetzt«, so findet man sich im Bereich der bildlosen Wörter wieder. Man kann sich also unter dem Begriff »sind« kein Bild im Kopf vorstellen – im Gegensatz zu etwa dem Wort »Baum«, bei dem wir sehr wohl wissen, wie ein Baum aussieht.

Hendrik hat viele Fehler im Diktat. Aber nicht die schweren Lernwörter sind fehlerhaft, sondern die Buchstabenkombinationen, die er schon häufig geschrieben hat: Fast ausschließlich sind es bei ihm die kleinen Wörter, zu denen man sich im Kopf kein Bild vorstellen kann. Oft sind diese kleinen Stolpersteine für Kinder wie Hendrik reine Lernwörter, d. h. die richtige Schreibweise muss auswendig gelernt werden.

Klassische Rechtschreibfehler in dieser Kategorie sind: »unt«, »sint«, »wier«, »hir«, »ser«, »jezt«, »hate«, »op«, »dar«, »vür«, »fon« (und, sind,

II  Tipps für den Lernalltag

wir, hier, sehr, jetzt, hatte, ob, da, für, von). Bei diesen Wörtern ist keine Rechtschreibregel anwendbar. Es gilt, sie richtig abzuspeichern. Wenn dies bisher nicht gelungen ist, heißt das im Ernstfall für ein Kind: »Ich muss raten!«, denn entweder schreibt man das Wort »hier« mit »ie« oder man schreibt es nur mit einfachem »i«. »Wir« hat ein einfaches »i« oder aber ein »ie«. Die Chance, die richtige Schreibweise zu wählen, liegt also bei vielen Worten bei 50 : 50. Vielleicht erklärt das die Verwirrung vieler Kinder.

Jakob hat sich zu helfen gewusst:

> Jakob passiert es immer wieder, dass er unsicher wird, ob das Wort »hier« mit oder ohne »ie« geschrieben wird. Irgendwann fällt ihm auf, dass das Wort »vier« auch mit »ie« geschrieben wird. »Das«, so sagt er, »kann ich mir besser merken, denn ›vier‹ schreibt man mit ›vier‹ Buchstaben.« Dann fängt er an, seine Eselsbrücke auszubauen: »Hier« schreibt man wie »vier«. Nachdem er überlegte, welche anderen Wörter ihm mit »ie« einfallen, bildet er einen lustigen, bildhaften Spruch: »Ein Tier säuft hier vier Bier.« Seitdem schreibt er das Wort »hier« richtig.

Eine oft auftauchende Schwierigkeit mit den bildlosen Wörtern besteht darin, dass es nicht ausreicht, wenn das Kind einmal die richtige Schreibweise eines solchen Wortes im Kopf hat, denn die kleinen bildlosen Wörter tauchen oft an ganz unterschiedlichen Stellen auf, was bei vielen Kindern zu Verwirrungen führt. Das Wort kann in einem Text nur dann jedes Mal richtig geschrieben werden, wenn es bewusst mit seiner Bedeutung wahrgenommen wird, nach dem Motto: »Aha, ... da ist es wieder!«

Ein Beispiel: Es gibt nicht selten den Fall, dass ein Kind folgende Sätze im Diktat schreibt:

- »Hier ist es schön!« (»hier« wurde richtig geschrieben)
- »Wir sind alle hier.« (Wieder wurde das Wort »hier« richtig geschrieben.)
- »Das kann doch hir nicht wahr sein.« (Jetzt hat das Kind das Wort »hier« nicht bewusst wahrgenommen und dann einfach das geschrieben, was es hört, wenn es sich das Wort vorspricht.)

> Holen Sie die bildlosen Wörter ins Bewusstsein, indem Sie ganz verschiedene Beispielsätze dazu bilden. Trainieren Sie z. B. das Wort »sind«, so könnte der Satz lauten:
> »Wir sind zu einem Geburtstag eingeladen.«

6 Fon Buchschtabn, Wöhrtan und Täksten

> Fordern Sie das Kind auf, den Satz zunächst ganz zu wiederholen, dann durchzuzählen, um das wievielte Wort es sich handelt und das Wort noch einmal kurz zu buchstabieren. Achten Sie darauf, dass das zu übende Wort an unterschiedlichen Stellen in den Sätzen auftaucht. »›Sind‹ ist an der zweiten Stelle im Satz und man schreibt es s-i-n-d.« wäre hier die Antwort.

## ... wenn das Formulieren freier Sätze und Texte nur bedingt gelingt und Satzbau und grammatikalische Strukturen häufig fehlerhaft sind?

Felipe hat, wie viele Schüler, schon mehrfach die Aufforderung »Benutz bitte schöne Satzanfänge, wenn du einen Text schreibst« gehört. Besagte »Schöne Satzanfänge« stehen dabei auf einem Plakat, das an der Seitenwand in seiner Klasse hängt, so dass er und seine Mitschüler hier nachschauen können, welchen Satzanfang sie verwenden möchten.

Wenn Felipe Texte schreibt, beginnt ein Großteil seiner Sätze dennoch mit den Worten »Und dann ...« Er schreibt: »Wir waren im Zoo. Und dann waren da Affen. Und dann ist ein Affe ans Gitter gesprungen. Dann haben wir gelacht ...«

Selbst wenn Felipe im Klassenraum sitzt, gelingt es ihm nicht, sich daran zu erinnern, die abwechslungsreichen Satzanfänge zu verwenden.

Zunächst einmal: Durch die Satzanfänge an der Klassenwand wird leider in keiner Form an das Gedächtnis appelliert, d. h. es führt nicht dazu, dass die Schüler sich diese Satzanfänge merken. Dabei sollte das Ziel sein, dass die Sätze nicht an der Wandtafel, sondern in den Köpfen der Kinder stehen.

> Zum Training »Schöner Satzanfänge« empfehle ich Ihnen Karteikarten oder Blanko-Bierdeckel. Zunächst schreiben Sie die »rote/verbotene Karte«. Auf der Karte steht: »Dann ... /Und dann.« Die Wörter sollten mit einem roten Stift durchgestrichen werden, damit klar ist, diesen

Satzanfang gilt es zu vermeiden. Auf 5–8 weitere Karten schreiben Sie nun schöne Satzanfänge, wie sie z.B. bei einer Vorgangsbeschreibung gebraucht werden. »Nachdem ..., Als ..., Danach ..., Zuerst ..., Nach ..., Anschließend ...«

Legen Sie die Karten offen auf den Tisch und fordern Sie die Kinder auf, beim Schreiben so viele wie möglich davon zu benutzen.

Das Entscheidende kommt jetzt zum Schluss! Sammeln Sie die Karten ein und lassen Sie die Kinder wiedergeben, an welche Satzanfänge Sie sich erinnern. Diese Übung soll dazu dienen, dass die Kinder die Satzanfänge mit der Zeit auswendig lernen.

Die Bausteine können auch genutzt werden, um bestimmte Satzkonstruktionen zu üben. Sie geben beispielsweise einen Satzanfang vor: »Nachdem ...« Sie beginnen immer mit einem Beispielsatz. (»Nachdem ich heute aufgestanden bin, habe ich gefrühstückt.«) Nun soll das Kind versuchen, einen Satz mit diesem Satzanfang zu bilden, und zählen, aus wie vielen Wörtern der Satz besteht. Entsprechend viele Bausteine gibt es. Nach 1–3 Runden kann ein neuer Satzanfang gewählt oder vorgegeben werden. Bauen Sie selbst auch mit!

## Kurz und knackig: Was hilft, um leichter lesen und schreiben zu können?

*... Zieh ein Kabel!*

Wann immer ein Kind den Linienverlauf eines Buchstaben übt, sollten Sie mit darauf achten, dass das Kind den Laut des Buchstabens beim Schreiben benennt.

*... Mach ein Foto!*

Um ein großes Fotoalbum an Wortbildern im Kopf zu haben, lassen Sie das Kind mit den Augen Fotos von den Wörtern machen und diese abspeichern.

*... Schau nichts Falsches an!/Nutze die »Buchversion«!*

Unser Gehirn merkt sich, was es sieht. Deshalb gilt die Grundregel: Falsch geschriebene Wörter niemals noch extra anschauen lassen. Zeigen Sie dem Kind immer lieber die korrekt geschriebene Schreibweise.

*... Mach die Wörter bewusst!*

Kleine bildlose Wörter, die Kinder nicht bewusst wahrnehmen, weil sie zu ihnen kein Bild im Kopf haben, werden häufig falsch geschrieben. Damit diese Wörter im Schreibprozess erkannt werden, nutzen Sie Übungen, um diese Wörter ins Bewusstsein der Kinder zu holen!

*... Finde den dicksten Fisch im Becken!*

Wann immer wir mit einem Kind ein Lernthema bearbeiten möchten, sollten wir darauf achten, wenn möglich das Thema zu bearbeiten, bei dem am schnellsten der größtmögliche Lernerfolg zu erwarten ist, um die Motivation des Kindes zu entfachen.

*... Nutze ein Bild! Mach ein Spiel!*

Bilder, Eselsbrücken und Spiele machen jedes Lernen um ein Vielfaches entspannter und angenehmer! Alles, was sich durch Begreifen erlernen lässt, bleibt mit höherer Wahrscheinlichkeit auch im Kopf. Alles, was Spaß macht, motiviert, sich noch einmal dazu bereitzuerklären. Die Schlüsselwörter sind hier: Kreativität und ein Glücksfaktor im Spiel.

# 7

## Die verflixten Zahlen – Wenn Rechnen nicht so einfach ist

Sicher kennen Sie die Redensart: »Ordnung ist das halbe Leben.« Dies gilt auch in der Mathematik. Um uns in alltäglichen Situationen orientieren zu können, ist der sichere Umgang mit Zahlen und Mengen eine entscheidende Grundlage. Allein unser Kalendersystem, die Uhrzeiten und der Geldverkehr setzen die Fähigkeit voraus, sicher mit Reihenfolgen, Ziffern und allgemeinen Größen wie Tagen, Minuten oder Euro agieren zu können.

Strukturen prägen schon unsere Naturwahrnehmung: Da gibt es z. B. Zweierordnungen wie den Tag- und Nachtwechsel. Eine Viererordnung schaffen wir mit den Jahreszeiten. Wir strukturieren unser Leben, indem wir den Tag in eine Dreierordnung – Morgen, Mittag und Abend – unterteilen, die Woche in sieben Tage und das Jahr in 12 Monate. Fast jeder Tag hat bestimmte Reihenfolgen, wie z. B., dass ich zuerst aufstehe, mich dann wasche usw.

II Tipps für den Lernalltag

Um das Prinzip der Mathematik zu begreifen, müssen Strukturen aller Art, aber vor allem Reihenfolgen erkannt und verinnerlicht werden. Wachsen Kinder in einem gesunden, anregenden Umfeld auf, gelingt dies meist automatisch. Manche Kinder aber haben ein Problem damit, Ordnungen wahrzunehmen.

> Laura wurde mit viel Wohlwollen und vor allem aus pädagogischen Gründen in die 3. Klasse einer Grundschule versetzt. Sie hat eine allgemeine Lernschwäche, die im mathematischen Bereich extrem ausgeprägt ist. Seit kurzem erst beherrscht sie die Wochentage. Sie kann sie inzwischen nicht nur in der richtigen Abfolge aufsagen, sondern weiß auch sicher, welcher Tag vor welchem kommt, dass eine Woche aus sie-

ben Tagen besteht, sie fünf Tage davon zur Schule geht, dann zwei Tage frei hat und dass man diese beiden Tage als Wochenende bezeichnet.

Im logischen Denken hat sie extreme Schwierigkeiten. Es fällt ihr schwer, Situationen zu überschauen, einzuschätzen und die Folgen abzusehen. Dadurch ist sie häufig verunsichert und desorientiert. Die Mutter erzählte, dass sie im letzten Urlaub von einem 7-jährigen Mädchen gefragt wurde, ob sie denn auch einen Stundenplan in der Schule hätte. Lauras »Nein« erstaunte die Mutter, da Laura zu dem Zeitpunkt bereits die Wochentage beherrschte. Das Kennen der Wochentage bedeutete bei Laura aber nicht, dass sie diese Struktur auf ihren Stundenplan übertragen konnte. Auch hatte keine automatische Übertragung stattgefunden. Einem Kind, das sich gerade einmal innerhalb der sieben Wochentage bewegen kann, muss ein Stundenplan wie ein Mysterium erscheinen. Und das war bei Laura der Fall, obwohl sie schon seit drei Jahren jeden Schultag in dieser Stundenplan-Struktur lebte.

Das ganze Drama ihrer Desorientierung wurde durch die folgende Begebenheit deutlich: Laura erhielt eine lerntherapeutische Förderung, die einmal in der Woche in den Räumen der Schule stattfand. Sie arbeitete dabei unter anderem in dem Lehrbuch der 2. Klasse. Die Förderung fand in einem Raum der 1. Klasse statt. Aber eigentlich war sie in der 3. Klasse. Diese Tatsache muss sie so verwirrt haben, dass es irgendwann in einer der Therapiestunden fragend aus ihr herausplatzte: »Was bin ich denn jetzt? Bin ich in der 1., 2. oder 3. Klasse?«

An diesem Beispiel zeigen sich deutlich die Folgen davon, wenn zeitliche und räumliche Strukturen nicht unterschieden werden können. Die Verwirrung hat Auswirkungen auf ganz alltägliche Situationen und erschwert diesen Kindern die Orientierung in jeglicher Hinsicht.

## II Tipps für den Lernalltag

Es ist wichtig, sich bewusst zu machen, dass Kinder die Basis der Mathematik, also Strukturen zu schaffen bzw. zu erkennen, bereits im Vorschulalter lernen. Sie vergleichen z. B. Farbe, Form, Material, Raum und Zeit, ordnen zu, schätzen ab, erkennen neue Zusammenhänge, benutzen erste, für die spätere Mathematik wichtige Begriffe und integrieren sie in ihren Wortschatz.

Nehmen wir z. B. das bekannte Memoryspiel: Kinder lernen schon dort die ersten mathematischen Grundbegriffe: »Ich habe zwei Gleiche ...« – »Ich habe ein Paar ...« – »Die gehören zusammen ... » – »Wir haben gleich viele Paare.« All dies sind Formulierungen, die zur Grundlage eines mathematischen Verständnisses gehören.

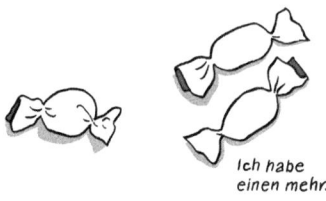

Ich habe einen mehr.

Ich habe zwei gleiche gefunden!

Beim strukturierten Auffädeln von Ketten oder bei Spielen, in denen Muster gelegt werden müssen, lernen sie Ordnungen wahrzunehmen und nachzubilden.

Würfelspiele üben das erste gleichzeitige Erfassen einer Menge, da das Erkennen der Anzahl der Würfelaugen nach und nach automatisiert wird. Im Vorschulalter werden den Kindern viele Sortierungs- und Zuordnungsspiele angeboten. Greifen sie diese auf, so werden damit spielerisch mathematische Grundlagen gelegt.

Auch im täglichen Miteinander, sei es beim Tisch decken, Sockensortieren, Aufräumen oder Bauen und bei vielen Gesellschaftsspielen beschäftigen sich Kinder, ohne es zu merken, mit Mengen, Reihenfolgen oder Paarbildungen, also mit Strukturen aller Art.

## Was können Hinweise auf eine Rechenschwäche (Dyskalkulie) sein?

Eine Rechenschwäche kann sich in sehr unterschiedlich ausgeprägten Formen zeigen. Das ist mit der Grund dafür, dass die Grenzen zwischen Rechenschwierigkeiten und einer Rechenschwäche bis heute nicht klar definiert sind. Aus meiner Praxis kann ich allerdings sagen, dass eine leichtere Rechenschwäche sehr häufig vorkommt und eine gute Beratung es den Eltern ermöglicht, ihre Kinder zu unterstützen und sie auf ihrem Weg weiterzubringen. Liegt hingegen eine ausgeprägte diagnostizierte Rechenschwäche vor, sollten Sie auf jeden Fall professionelle Unterstützung in Form einer fundierten Lerntherapie in Anspruch nehmen.

In meiner Praxis arbeite ich sehr oft mit Kindern, die eine diagnostizierte Dyskalkulie, auch Rechenschwäche oder Rechenstörung genannt, aufweisen. Es handelt sich um eine ausgeprägte Lernstörung im Bereich der Mathematik. Diesen Kindern fehlt der Zugang zu grundlegenden mathematischen Mengen- und Zahlenkenntnissen, so dass sie in der Folge darauf aufbauende Vorgehensweisen/Gedanken nicht nachvollziehen können.

Es handelt sich bei einer Rechenschwäche nicht um einen Mangel an Intelligenz oder an Begabung. Es handelt sich ebenso wenig um die generell mangelnde Fähigkeit zum logischen Denken, sondern um einen definierten Ausfall im mathematischen Lernen.

In der ersten Klasse fallen diese Kinder noch nicht durch typische Rechenfehler auf. Zunächst machen sie die gleichen Fehler wie ihre Mitschüler, jedoch weit häufiger. Abhängig von der Merkfähigkeit und unter erheblichen Mühen schaffen es einige sogar, sich die gesamte Grundschulzeit hindurch mit einer schwankenden Mathematiknote im Mittelfeld zu halten. Gut erkennbar ist die Schwäche, wenn ein Kind in anderen (nicht-mathematischen) Fächern sehr viel bessere Leistungen erbringt. Natalie ist eines dieser Kinder:

> Natalie besucht die 5. Klasse eines Gymnasiums. Ihre Mathematiklehrerin rief mich eines Tages an, da sie bei Natalie eine Rechenschwäche vermutete. Als ich Natalie kennenlerne, stellt sich sehr schnell heraus, dass Natalie sämtliche Rechenwege auswendig gelernt hatte. Hier liegt ihre absolute Stärke und damit hat sie die Rechenschwäche lange verstecken können. Leider aber scheint ihr Gedächtnis einen Teil des so mühsam Erlernten immer wieder rauszuwerfen, so dass sie bestimmte Rechenwege immer wieder neu lernen muss.
>
> Dies zeigt sich beispielsweise an der Aufgabe 72–56. Schon anhand ihrer Sprache wird ihre Unsicherheit deutlich: »Ich *glaube* da rechnet man zuerst ...« Es gelingt ihr auch nicht, mir den Rechenweg anhand von Material zu zeigen.

Bei einer professionellen Förderung eines rechenschwachen Kindes werden neben der Vermittlung und dem Erwerb eines korrekten Mengen- und Zahlenbegriffes falsche, zum Teil sehr individuelle Denkstrategien aufgearbeitet. In einem weiteren Schritt werden die bestehenden Lücken geschlossen, so dass der Anschluss an den aktuellen Schulstoff möglich wird.

> Anne kam mit 13 Jahren zu mir. Sie hatte eine sehr ausgeprägte Dyskalkulie. Trotz mehrjähriger Förderung konnte sie immer noch nicht über 10 rechnen. Auf Grund der eindeutigen Diagnose war Anne von der Benotung in Mathematik freigestellt. Sie besuchte die 6. Klasse einer Hauptschule und lag mit ihren Leistungen in den anderen Fächern im Mittelfeld. Ich versuchte herauszufinden, wie weit ich zurückgehen müsste, so dass sie mir sicher folgen könnte und nicht ständig mit ihrer Aufmerksamkeit wegginge. Denn das Wegträumen hatte sie über all die Jahre, in denen sie im Mathematikunterricht gesessen hat, gut trainiert. Fast immer war sie dort geistig abwesend. Sie konnte mir weder sagen, auf welcher Seite des Buches sie im Moment waren, noch, welche Rechenart in der Schule gerade an der Reihe war.
>
> In der ersten Stunde wurde mir sehr schnell klar, dass sie Ordnungen nicht nachvollziehen konnte. Allerdings wurde mir das ganze Ausmaß

erst durch eine zufällige Begebenheit bewusst. Nachdem wir uns schon eine ganze Weile mit Strukturen auseinandergesetzt hatten, machten wir eine Pause, in der sie eine Beschäftigung frei wählen konnte. Sie entschied sich dafür, ein Mandala zu malen. Als ich zwischendurch einen Blick auf ihr Kunstwerk warf, fiel mir auf, dass sie auch gleich große Blütenblätter grundsätzlich in unterschiedlichen Farben anmalte. Nun ist dies durchaus eine künstlerische Freiheit, die man sich nehmen kann. Da ich aber wusste, dass sie Schwierigkeiten hatte, Strukturen wahrzunehmen, griff ich das Thema »Mandala« nach der Pause noch einmal auf und bat sie, das gleiche Mandala noch einmal auszufüllen. Allerdings erklärte ich ihr: »Ich möchte, dass du diesmal das Mandala in Ordnungen anmalst, das heißt, jedes Blütenblatt, das die gleiche Form und Größe hat, bekommt die gleiche Farbe.« Ihr Blick, aber noch mehr ihre Antwort verblüfften mich sehr. Sie schaute mich mit einem fragenden Blick an und sagte überrascht: »Aber dann ist es doch nicht bunt!« Schon hier verließ sie ihre Vorstellungskraft davon, was Ordnungen sind.

## Upps! – da stolpern viele Kinder

Insbesondere im Umgang mit Mathematik gilt es zu berücksichtigen, dass viele Inhalte systematisch aufeinander aufbauen. Das Wissen darum, was worauf aufbaut, ist deshalb so wichtig, weil ein Kind erst dann Inhalte eines neuen Bereiches erlernen kann, wenn die Grundlagen dafür sicher sind.

Für alle Eltern und pädagogische Fachkräfte kann es nur hilfreich sein, das eigene Wissen um mathematische Denkvorgänge zu erweitern. Denn Mathematik umgibt uns überall im Alltag, egal wohin wir sehen und gehen. Das Geheimnis der Mathematik mehr und mehr zu ergründen heißt, die Welt anders wahrzunehmen und den eigenen Blickwinkel zu erweitern.

Auch an dieser Stelle einige grundlegende Aspekte, die helfen sollen, die folgenden Ausführungen nachzuvollziehen. Mit dem Begriff der »Simultanen Mengenerfassung« ist gemeint, dass ein Kind z. B. die Anzahl der Augen auf einem Würfel gleichzeitig erfassen kann. Es sieht das Würfelbild und sagt die Menge, ohne diese abzählen zu müssen. Gleiches gilt für die

Fingerbilder: Wenn ich dem Kind die Finger einer Hand zeige, sagt es im Idealfall auf Anhieb »Fünf«.

Daneben gibt es den Begriff der »Mengenkonstanz«. Was sich dahinter verbirgt, ist das Verständnis von Mengen und Größen, die sich nicht verändern, auch wenn sie anders angeordnet sind. Das gleiche gilt für Größen wie Liter, Längen, Kilogramm oder Zeiten. Ein Liter bleibt ein Liter, ob er sich in einer Flasche befindet oder in einem Eimer. Die folgende Geschichte zeigt, dass auch die Größe »Zeit« von Kindern durchaus unterschiedlich wahrgenommen werden kann.

> Nach den Sommerferien berichtet Thorsten begeistert vom Urlaub bei seiner Tante in den USA. Als wir uns dann der Mathematik zuwenden, geht es um das Erlernen der Uhrzeit. Aufgrund seiner Urlaubserzählungen frage ich, ob eine Stunde in den USA denn genau so lang sei wie bei uns. Sichtlich überzeugt antwortet er mir: »Nein, eine Stunde in Amerika ist länger als bei uns!« Als ich die Frage anschließe, ob ein Meter überall auf der Welt gleich lang sei, ist er sich auch hier ganz sicher: »Nicht überall, in China zum Beispiel ist ein Meter kürzer, weil die Menschen da auch kleiner sind!«
>
> Für ihn war also keinesfalls klar, dass die Größe »Meter« immer konstant gleich ist, ebenso wie bei gemessenen Mengen wie »Liter« etc.

Neben den Einheiten und Maßen ist eine weitere große Herausforderung für viele Kinder der Schritt von der bildhaften Vorstellung in die Abstraktion und umgekehrt eine abstrakte Aufgabe mit einer bildhaften Vorstellung zu verbinden. (»Hier liegen 5 Stifte, 2 davon nehme ich weg. Wie würde die Aufgabe dazu lauten?« »Könntest du dir ein ähnliches Beispiel ausdenken zu der Aufgabe 6–3?«) Dieser Wechsel bereitet vielen Kindern Schwierigkeiten.

**Stolpersteine beim Rechnen**

Im Folgenden benenne ich einige typische Stolpersteine, die bei Kindern auftauchen, die mit dem Rechnen und dem Umgang mit Mengen und Zahlen vermehrt Schwierigkeiten haben.

1. Die Kinder haben Schwierigkeiten beim Erfassen von Mengen.
2. Fast alle Aufgaben werden durch Hochzählen gelöst.
3. Besondere Schwierigkeiten bereiten Subtraktionsaufgaben.

7 Die verflixten Zahlen – Wenn Rechnen nicht so einfach ist

4. Der Schritt über den Zehner ohne zu zählen will nicht gelingen.
5. Die Stellenwerte (Zehnerstelle, Einerstelle etc.) von Zahlen werden beim Rechnen missachtet. Es gibt häufig Zahlendreher im Einer- oder Zehnerbereich.
6. Das Einmaleins wird auswendig gelernt, das Rechenprinzip aber nicht wirklich verstanden und durchdrungen.
7. Der rechnerische und praktische Umgang mit Größen (Zeit, Strecken, Gewichten, Geld) gelingt nicht oder kaum.
8. Die mathematische Sprache stellt eine besondere Herausforderung dar.

## Was tue ich, ...
## ... wenn Mengen Schwierigkeiten bereiten?

Manche Kinder können problemlos die Zahlwörter bis 10 in der richtigen Reihenfolge aufsagen. Schwieriger wird es schon, wenn sie Bauklötze oder andere Spielsachen, die vor ihnen auf dem Tisch liegen, abzählen sollen, indem sie sie antippen und dabei laut zählen. Es kann passieren, dass Kinder zweimal dasselbe Objekt antippen und dabei weiterzählen. Zunächst einmal müssen Kinder also die Zahlwörter in der richtigen Reihenfolge benennen können und dabei jedem Zahlwort z. B. einen Gegenstand zuordnen. Die Reihenfolge ist immer gleich, und die letzte Zahl beim Zählen einer Menge gibt die Anzahl an. Zählen kann ich vieles, was mich im Alltag umgibt. Kinder, die sich noch in dieser Phase befinden, benötigen weniger Ziffern und Zahlen, sondern viele Anregungen zum Zählen. Des Weiteren benötigen sie unbedingt Zeit. Zeit, um die Welt um sie herum zu beobachten und zu vergleichen. Dabei haben sie ihr ganz eigenes Tempo. Nehmen Sie z. B. das (Auf-)Sammeln kleiner Gegenstände, das Kinder mit Begeisterung tun. Zum Sammeln benötigen Kinder Zeit. Erst dann können sie die Eigenschaften der Gegenstände bewusst untersuchen, Gemeinsamkeiten feststellen, Vergleiche anstellen etc.

Zum Zählen bieten sich viele Möglichkeiten an. Angefangen bei den Körperteilen des Kindes (zwei Hände, zwei Füße, einen Bauch, zehn Finger uvm.) über Alltagsgegenstände wie Besteck und Geschirr, Naturmaterialien zum Sammeln und Vergleichen und Spielzeug, was bereits vorhanden ist, wie Bauklötze, Spielkarten, Figuren, Autos, Perlen, Tiere etc.

II  Tipps für den Lernalltag

> zum Legen von Reihenfolgen, Zuordnen und Zählen. Für die Unterstützung der Kinder ist hier entscheidend, eine Fragetechnik in Alltagssituationen zu entwickeln, die Kinder motiviert und anregt, das selbstständige Vergleichen und Denken auszubauen. (»Siehst du, dass die Butterblume ganz kleine Blüten hat? Finden wir wohl noch eine Blume mit so kleinen Blüten?«)

Erst auf dem Hintergrund des vergleichenden Denkens entwickelt sich das Einordnen in bestimmte Kategorien (»Ente, Amsel, Spatz – sind alles Vögel.«). Das ist die Voraussetzung für das Erkennen von Strukturen. Das Kind muss Unterschiede benennen wie z. B. Größe, Anzahl und Farbe oder andere Eigenschaften.

Die meisten Kinder lernen schon im Vorschulalter Mengenbilder, wie sie auf jedem Würfel zu finden sind, zu erkennen. Sie können nach einer bestimmten Zeit die aufgedruckten Punkte simultan, d. h. gleichzeitig erfassen. Kindern mit einer Rechenschwäche fällt dies häufig schwer, weshalb sie immer wieder abzählen müssen.

Oft benötigen diese Kinder schon beim Erkennen der Würfelbilder deutlich mehr Zeit als Gleichaltrige. Obwohl sie die Bilder wieder und wieder gesehen haben, erfassen sie die Menge nur zählend. Hier ist der erste Ansatzpunkt, denn es geht darum, eine immer gleich angeordnete Menge immer sofort auf einen Blick zu erfassen. Kein Kind wird damit anfangen, nur weil ihm ein Erwachsener das vorsagt. Wann dies geschieht, entscheidet das Kind, doch Sie können ihm spielerische Möglichkeiten bieten, so dass es irgendwann zu dem berühmten »Klick im Kopf« kommt.

> Sie benötigen (10 bis 20) Würfel mit den Augenzahlen 1 bis 6. Einigen Sie sich vor jeder Runde darauf, wer welche Zahl sammelt. Das Kind möchte etwa die 3 sammeln, Sie sammeln die 5. Nun darf das Kind alle Würfel auf einmal nehmen und auf den Tisch oder Boden rollen lassen. Jeder sucht nun die Würfelbilder seiner Zahl und muss aus diesen einen Turm bauen. Welcher Turm ist höher? Der Dreierturm der Kinder oder Ihrer? Das Spiel kann auch mit mehreren Kindern gespielt werden.
>
> Dieses Spiel lässt sich ebenfalls spielen, wenn man statt der Würfel Spielkarten wie etwa die von dem Spiel »Halli Galli« oder »Speed« nutzt. Alle Karten werden verdeckt auf einen Stapel gelegt und immer eine Karte nach der anderen aufgedeckt. Wird eine Karte mit der Anzahl 3 gezogen, bekommt dann das Kind die Karte als Gewinn, wird eine 5 auf-

gedeckt, bekommt der Erwachsene die Karte. Wer zuerst eine bestimmte Anzahl an Karten hat gewinnt.

In dem nächsten Beispiel geht es um einen sprachlichen Aspekt, um das »gleich viel«, welcher für Rechenaufgaben sehr entscheidend ist, da er in jeder Rechenaufgabe als Gleichheitszeichen vorkommt. Dieses Gleichheitszeichen bedeutet in der Übersetzung »gleich viele«. Doch es gibt Kinder, die diese Sprechweise unabhängig von Rechenaufgaben gar nicht im aktiven Wortschatz anwenden.

> Ich sitze Mila gegenüber und lege bei jedem von uns fünf Spielkarten nebeneinander auf den Tisch. Meine erste Frage an Mila lautet: »Wer hat mehr und wer hat weniger Karten?« Die meisten Kinder erfassen die Eins-zu-Eins-Zuordnung. In der Regel lauten die Antworten:
> 
> - »Wir haben gleich viele!« (Sprachlich richtig umgesetzt)
> - »Beide gleich!« (Verkürzte Sprechweise)
> - »Beide!« (Der Begriff »gleich« bereitet dem Kind eventuell Schwierigkeiten)
> 
> Jetzt schiebe ich meine fünf Karten zusammen, lasse sie aber auf dem Tisch liegen und frage weiter: »Wer hat jetzt mehr?« Hatte Mila zuvor »beide« geantwortet, so folgt nun meistens ein »Ich!«, denn ihr erscheint es, als hätte sie selbst mehr Karten als ich, weil meine enger beieinander liegen. Sagt Mila »Ich«, lasse ich sie nachzählen und wiederhole den Vorgang mit einer anderen Anzahl Karten.

II Tipps für den Lernalltag

Ich habe mich oft gefragt, warum so viele Kinder bei dieser Übung das Wort »beide« anstelle von »gleich viele« sagen, und ich vermute, dass es damit zusammenhängt, dass im Vorschulalter und Kleinkindalter die Bezeichnung »beide« viel häufiger vorkommt, wie z. B. »Wo sind deine beiden Schuhe?«, »Zeig mir mal deine beiden Hände!«

Haben Sie den Eindruck, dass ein Kind Probleme mit der Mengenkonstanz hat, so arbeiten Sie mit Anschauungsmaterial. Geben Sie ihm und sich selbst z. B. gleich viele Spielsteine und gehen Sie vor wie im Beispiel mit Mila. Ähnliche Aufgaben mit unterschiedlichem Material sollten sich anschließen, bis das Kind erkennt: »Es bleiben gleich viele, da nichts hinzukommt und nichts weggenommen wird.« Im Alltag bieten sich unendliche Möglichkeiten dies mit Kindern auszuprobieren. Und Sie kennen sicher auch die scherzhafte Frage, mit der man Kinder aufs Glatteis führen will: »Was wiegt mehr, 1 kg Blei oder 1 kg Federn?«

Geben Sie dem Kind zunächst vielleicht eine Stoppuhr und lassen Sie unterschiedliche Zeiträume stoppen. Stellen Sie Fragen wie »Was würde passieren, wenn wir die Uhr mit nach draußen nehmen? Was wäre, wenn du die Uhr mit nach Hause nimmst – wird sie dadurch schneller oder langsamer? Was wäre, wenn du die Uhr mit in ein Flugzeug nehmen würdest und in ein anderes Land fliegen würdest – verändert sich etwas? Wird die Uhr schneller oder langsamer?« Lassen Sie das Kind mit Zeiträumen experimentieren. »Was glaubst du, wie lang eine Minute ist? Was kann man in einer Minute alles machen?«

## ... wenn Aufgaben nur durch Hochzählen gelöst werden?

Erfahrungsgemäß können sich Kinder bis zum Ende der zweiten Klasse mit der Strategie des reinen Hochzählens behelfen. Das Lösen der Aufgaben dauert so allerdings sehr viel länger, die Energie ist schneller verpufft als bei Kindern mit besseren Strategien und die Unlust an mathematischen Aufgaben nimmt zu. Minusaufgaben empfinden Kinder, die noch zählen, in der Regel als schwerer.

Es sei erwähnt, dass das sichere und richtige Hochzählen durchaus eine wichtige Grundlage bildet, jedoch irgendwann durch Rechenwege ersetzt werden sollte.

Sarah soll die Aufgabe 14 + 8 rechnen. Sie nimmt die eine Hand und beginnt zu zählen. Erster Finger: »14«. Zweiter Finger: »15« usw. Sie zählt mit den Fingern hoch und kommt auf das Ergebnis 21, weil sie nicht erst bei 15 begonnen hat hochzuzählen.

Auch wenn dieses Beispiel sehr einfach erscheinen mag, zeigt es doch, wo sich der Fehler versteckt. Zählen heißt nämlich, dass *immer* einer hinzukommt. Da der, zu dem etwas dazukommt, mitgezählt wird, ist das Ergebnis immer falsch.

Um Kindern dies zu verdeutlichen, schreiten Sie Zahlen ab. Schreiben Sie eine Zahlenfolge z. B. mit Kreide auf den Boden. Die Kinder sollen nun z. B. von 3 bis zur 9 zählen. Zählen heißt, wir beginnen, indem wir auf der Zahl 3 stehen und dann einen Schritt machen. Und diesen Schritt nach vorne müssen die Kinder auch im Kopf machen. »Kannst du das auch im Kopf? Stell dir vor du stehst auf der 5. Gehe nun zwei Schritte vorwärts. Wo kommst du an?«

Jakob kann von den Aufgaben bis 10 vor allem die Paaraufgaben (2 + 2 = 4, 3 + 3 = 6, 5 + 5 = 10 usw.) sicher auswendig. Ich schreibe ihm die Aufgabe 3 + 3 auf ein Papier, und er nennt prompt das Ergebnis. Darunter schreibe ich die Aufgabe 3 + 4. Jetzt überlegt Jakob, zählt im Kopf hoch und kommt so auf das Ergebnis 7. Dass es im Ergebnis nur einer mehr ist, hat er anhand der Zahlen in der Aufgabe nicht erkannt.

Um zunächst einmal zu überprüfen, ob das Kind das Prinzip von »einer mehr« oder »einer weniger« verstanden hat, legen Sie vor sich nebeneinander 5 verdeckte Spielkarten eines beliebigen Kartenspiels in einer Reihe hin. Vor das Kind legen Sie 6 verdeckte Spielkarten ebenfalls in einer Reihe nebeneinander. Nun fragen Sie das Kind »Wieviel hast du mehr als ich?« Viele Kinder, die sich mit diesen Begrifflichkeiten schwertun, antworten »Ich habe 6 mehr.« Tun Sie dann folgendes: Schauen Sie mit dem Kind gemeinsam Karte für Karte, wie viel erst einmal »gleich« ist, im Vergleich der beiden Kartenreihen. »Schau mal, die erste Karte in der Reihe liegt bei uns beiden. Die ist bei uns beiden gleich. Die zweite Karte haben wir auch beide. Zwei Karten haben wir also schon gleich ...« Wenn Sie an dem Punkt ankommen, dass auf Ihrer Seite nun keine Karte mehr liegt, bei dem Kind aber noch die zusätzliche sechste Karte, dann sagen Sie »Schau mal, jetzt ist bei dir eine Karte. Bei mir ist keine in der Reihe an dieser Stelle. Das was jetzt bei dir noch zu sehen ist, das nennt man ›mehr‹.«

Überprüfen Sie, ob das Kind über die sprachlichen Mittel verfügt, die es für das Rechnen benötigt: Nämlich »einer mehr« und »einer weniger«. Ggf. sogar nur die Begriffe »mehr« und »weniger«.

Dies kann spielerisch geschehen, z.B. indem ich Zahlenkarten von 1–9 (jede Zahl sollte dabei mehrfach vorkommen) verdeckt auf den Tisch lege. Jeder Spieler darf nun eine Karte aufdecken. Nun wird geschaut, ob es sich dabei um Nachbarzahlen handelt. Ich kann hier also auch sofort den Begriff »Nachbarzahl« einbringen. »Was ist denn ein Nachbar?« Lassen Sie das Kind seine Vorstellung beschreiben. »Wenn wir jetzt die Zahl 2 anschauen, wie heißen dann die Nachbarn?« »1 und 3.« Dies ist die Grundlage des Spiels. Es wird abwechselnd immer eine

Karte aufgedeckt. Aufgedeckte Karten bleiben offen liegen. Sobald eine Karte aufdeckt wird und die Nachbarzahl schon auf dem Tisch liegt, darf der Spieler z. B. sagen: »3 ist einer mehr als 2.« Diese beiden Karten darf der Spieler als Punkte an sich nehmen. Wer am Schluss die meisten Pärchen hat, gewinnt. Hier wird die Grundlage dafür gelegt, dass ich diesen Zusammenhang von »einer mehr« und »einer weniger« auch in einer Aufgabe erkennen kann.

Um das schnelle Erkennen von Nachbaraufgaben zu üben, bietet es sich an, mit Karteikarten zu arbeiten, auf denen einmal alle Plusaufgaben bis 10 (1+2, 1+3, 1+4, ... 9+1) und alle Minusaufgaben unter 10 (10-9, 10-8, ... 2-1) notiert sind. Die Aufgabenkarten ermöglichen zudem einen vielseitigen Einsatz fernab vom Schreibtisch und viele spielerische Übungen.

Werden z. B. alle Karten im Raum verteilt, könnte die Herausforderung sein, so schnell wie möglich alle Aufgaben einzusammeln oder diejenigen mit einer Fliegenklatsche zu treffen, bei denen jeweils nur einer dazukommt. (5+1; 7+1), oder alle Rechenaufgaben zu finden, zu denen es auch eine Nachbaraufgabe gibt, wie »4+4 und 4+5« oder »2+2 und 2+3«.

Die Erweiterung vom zählenden Rechnen hin zum abstrahierenden Rechnen, also dem Rechnen in Aufgabenstellungen, ist einer der wichtigsten Rechenschritte, die es gibt. Dieser Übergang stellt für die meisten Kinder eine Herausforderung dar. Hierfür sollten alle Aufgaben im Bereich bis 10 gesichert sein. Ebenso sollte das Kind den Zahlenraum bis 20 sicher beherrschen.

## ... wenn besonders bei Subtraktionsaufgaben Probleme auftauchen?

Subtraktionsaufgaben erfordern, dass ich mich vorwärts und rückwärts sicher im Zahlenraum bewegen kann. Viele Kinder, bei denen Rechenschwierigkeiten vorliegen, können zwar sicher rhythmisch hoch-, aber nicht runterzählen. Der Rhythmus ist hier sehr entscheidend, denn an einem stockenden Rhythmus beim Zählen erkennt man häufig die Stellen, an denen die Kinder inhaltlich stolpern, unsicher sind und überlegen müssen. Kinder, die nur sehr stockend rückwärts zählen können, benutzen oft folgende Strategie:

II Tipps für den Lernalltag

> Bianca zählt »20, 19«, jetzt ist sie unsicher und zählt leise im Kopf von 15 hoch (»16, 17, 18, 19«). Dann fährt sie laut fort: »18, 17«, eventuell muss sie jetzt noch einmal lautlos gegenzählen.

In der Zahlwortreihe bis 20 gibt es zudem die »elf« und die »zwölf« als neue Wörter, die vom Klang her nicht über die eins oder zwei abgeleitet werden können, sonst müsste es ja »einzehn« und »zweizehn« heißen. Auch hier stolpern einige Kinder.

Beim Rückwärtszählen wird deutlich, wie wichtig es ist, die Struktur zu erkennen. Der Grund dafür ist das Erkennen der Zehnerstruktur, die sich wiederholt.

Nutzen Sie verschiedenes Material in Verbindung mit den Zahlenkarten. Treppenstufen lassen sich wunderbar vorwärts und rückwärts »abgehen« beim Zählen. In Malheften gibt es »Von Punkt zu Punkt«-Bilder. Lassen Sie das Kind diese rückwärts verbinden (von der 20 zur 19 zur 18 usw.). Im Idealfall spricht das Kind dabei anfangs laut mit.

Vor allem Kinder mit einer Sprachentwicklungsverzögerung oder allgemeinen Lernschwäche sowie Kinder mit Migrationshintergrund stolpern erfahrungsgemäß häufiger über kleine Worte, die auch das Minusrechnen beeinflussen können. So gibt es z. B. Kinder, für die der Unterschied zwischen den gesprochenen Zahlen *fünfzehn* und *fünfzig* eine große Hürde darstellt. Die beiden Wörter hören sich für einige Kinder sehr ähnlich an und werden daher länger verwechselt. Um die Unterscheidung hinzubekommen, bedarf es einer klaren Erfassung der Rechenvorstellung und einer feinen, sprachlichen Differenzierung.

7 Die verflixten Zahlen – Wenn Rechnen nicht so einfach ist

Kinder, die hier unsicher sind, zählen dann zum Beispiel: zwanzig, neunzig, achtzig, siebzig, sechzig, fünfzig, vierzig, dreißig, zwölf, elf ... und jetzt geht es sicher und richtig weiter: 9, 8, 7, 6, 5, 4, 3, 2, 1.

> Überlegen Sie mit dem Kind gemeinsam, weshalb wir überhaupt »Drei-ZEHN, VierZEHN, FünfZEHN« sagen. Fragen Sie das Kind, ob es weiß, weshalb die Zahl zum Beispiel »NeunZEHN« heißt. Ich kenne viele Kinder, denen nicht klar ist, dass sich darin die Menge Zehn versteckt.
>
> Bauen Sie zur Verdeutlichung mit zusammensteckbaren Steinen einen 10er-Turm und einen 9er-Turm nebeneinander auf. Dann benennen Sie nur, was Sie sehen: »Schau mal, ich sehe neun Steine und zehn Steine. Man sagt also eigentlich ›Hier sind neun-und-zehn Steine. Aber weil das so lang ist, verschluckt man das UND. Man sagt dann neun- ... -zehn.« (Machen Sie ruhig anstelle des Wortes »und« ein Schluckgeräusch, damit das Kind merkt, dass hier etwas fehlt. Es klingt auch einfach lustiger.) »Wenn ich jetzt einen Stein wegnehme vom Neunerturm, sind es acht-und-zehn Steine ... also acht – ... -zehn. Ich sage also eigentlich nur, wie viele Steine ich sehe.« Lassen Sie nun das Kind testen, ob es auch benennen kann, was es sieht. Bauen Sie die 15 auf. Das Kind sagt: »Ich sehe fünf-und-zehn Steine, also fünf- ... -zehn.« Gehen Sie dann von der 19 abwärts, nehmen Sie immer einen Stein weg und lassen Sie das Kind benennen, was es sieht. Bei der 17 und der 16 gibt es noch eine Extraverkürzung, auf die Sie das Kind natürlich hinweisen.

II Tipps für den Lernalltag

## ... wenn der Schritt über den Zehner nicht gerechnet, sondern hochzählt wird?

Der Schritt über den Zehner ist der wichtigste Rechenschritt in der Mathematik. Leider auch der Schritt, an dem viele Kinder verzweifeln und sich nur durch Hochzählen zu helfen wissen. Ich weiß nicht, wie viele Hunderte von Kindern mir schon begegnet sind, die sich alle anhören mussten, sie sollen aufhören mit den Fingern zu zählen! Und wie viele dieser Kinder dann heimlich gezählt haben, weil sie keinerlei Idee hatten, wie sie sonst an das Ergebnis der Aufgabe kommen sollten.

Wenn wir möchten, dass ein Kind seine Methode ändert, müssen wir ihm eine Alternative zeigen und ihm nachvollziehbar machen, warum *ihm* diese Methode hilft. Wer tauscht schon die eigene Methode, mit der man erfolgreich ans Ziel kommt, einfach so gegen eine andere Methode aus, nur weil jemand anderes diese »neue« Methode besonders toll findet? Das A und O, um ein Kind zum Rechnen über den Zehner mit Hilfe des Zehnerschrittes zu motivieren, ist also immer, ihm zu verdeutlichen, weshalb diese Methode *ihm* etwas bringt. Dazu gleich mehr.

An dieser Stelle noch einmal der wichtige Hinweis: Der Schritt über den Zehner kann erst dann erlernt werden, wenn alle Zahlen unter 10 sicher zerlegt werden können. Das Kind muss also wissen: 7 = 3 + 4, 5 = 3 + 2 usw.

Bevor ich diesbezüglich mit Kindern arbeite, schaue ich mir immer an, wie die Kinder beim Rechnen vorgehen. Am liebsten nutze ich dabei die Aufgabe 6 + 7. Sie dient mir als Schlüsselaufgabe, um herauszufinden, welche Denkstrategien Kinder beim Rechnen anwenden.

Folgende Methoden des Hochzählens sind mir von Kindern bekannt:

- Sie zählen sichtbar mit den Fingern hoch.
- Sie zählen mit den Fingern, aber nach außen sehen Sie nur das Zucken der Knöchel, weil man den Kindern ja beigebracht hat, dass sie ohne Finger rechnen sollen.
- Sie zählen im Kopf, aber der Blick nach links oben und das leichte Nicken des Kopfes verraten, dass sie noch immer zählen müssen.
- Sie zählen im Kopf, der Blick geht starr nach oben, nichts bewegt sich, es dauert eine Weile und Sie können sicher sein, dass sie zählen.

Marinas Eltern sitzen auf dem Sofa, während ich mich mit Marina unterhalte. Sie erzählt von ihrem Schulalltag, von ihrer netten Lehrerin und ihrem Lieblingsfach Sport. Marina geht in die zweite Klasse und ist ein sehr ruhiges, nachdenkliches Kind mit einem wachen Blick. Nachdem wir uns eine Weile über dies und das unterhalten haben, frage ich sie, in welchem Schulbereich sie gerne etwas verändern würde. Die Antwort kommt ziemlich prompt. »In Mathematik! Weißt du, ich brauche immer so lange. Die anderen sind viel schneller.« »Okay«, sage ich. »Dann will ich sehen, ob ich etwas herausbekomme, was dir helfen kann. Soll ich es dir sagen, wenn mir etwas auffällt?« Sie nickt.

Ich gebe ihr zunächst ganz einfache Aufgaben, die die 10 nicht überschreiten. Marina löst alle Plus- und Minusaufgaben sicher und zügig. Die nächste Aufgabe lautet: 6 + 7.

Diesmal muss sie deutlich länger überlegen. Nach einer ganzen Weile sagt sie stolz: »13!« »Super, da sind wir uns ja einig«, erwidere ich lachend, »ich hab nämlich das Gleiche raus.« Sie strahlt mich an. »Kannst du mir sagen, wie du das gemacht hast?«, möchte ich als nächstes wissen. »Soweit ich sehen konnte, hast du nicht hochgezählt oder die Finger benutzt.«

Sie schaut mich mit ernstem Blick an und fängt an zu erklären. »Zuerst rechne ich 6 + 3 = 9, dann ziehe ich die 3 bei der 7 ab, also 7 − 3 = 4, und dann rechne ich 9 + 4, also 9 + 1 = 10 und dann noch 3 dazu, und habe dann 13.«

Es stellt sich heraus, dass Marina bei fast allen Aufgaben dieser Sorte so vorgeht. Die Eltern sehen sich kopfschüttelnd an. »Das wussten wir nicht«, sagt die Mutter erstaunt.

Manchmal bedarf es nur einer einzigen Frage, um den Punkt zu erkennen, ab dem ein anderer Weg eingeschlagen werden kann. Das sind die kleinen Momente, die ich so sehr liebe. Warum? Weil sie es uns manchmal ermöglichen, mit einem sehr geringen Aufwand eine Lawine von weiteren Problemen aufzuhalten.

Schauen Sie einmal, mit welch unterschiedlichen Rechenwegen Kinder bei der Aufgabe 6 + 7 zum richtigen Ergebnis zu kommen. Befindet sich die Vorgehensweise eines Ihnen bekannten Kindes oder sogar Ihre eigene darunter?

1. **6 + 7 =**
   6 + 1 + 1 + 1 + 1 + 1 + 1 + 1 = 13
   Das Kind startet bei 6 und zählt dann auf alle möglichen Weisen hoch (Finger, im Kopf usw.)

2. **6 + 7 =**
   6 + 6 = 12; 12 + 1 = 13
   Das Kind weiß, dass 6 + 6 zusammen 12 ergibt und erkennt, dass nur noch einer dazugezählt werden muss.
3. **6 + 7 =**
   7 + 7 = 14; 14 − 1= 13
   Auch dieses Kind kann mit dem Verdoppeln von Zahlen arbeiten und zählt wieder einen Einer runter.
4. **6 + 7 =**
   10 + 7 = 17; 17 − 4 = 13
   Die 6 wird aufgerundet zur 10. Nun addiert dieser Schüler die 7 dazu und rechnet die zuvor hinzugezogenen 4 wieder ab.
5. **6 + 7 =**
   6 + 4 = 10; 10 + 3 = 13
   Hier wird der Zehner vervollständigt, indem 4 zur 6 addiert werden. Das Kind weiß, dass die 7 in 4 und 3 zerlegt werden kann und rechnet also noch 3 zur 10 dazu. So erhält es 13.
6. **6 + 7 =**
   10 + 6 = 16; 9 + 6 = 15; 8 + 6 = 14; 7 + 6 = 13
   Mit dieser Rechenweise tastet man sich Schritt für Schritt an das richtige Ergebnis heran. Man startet mit der 10 und geht dann so lange in Einerschritten rückwärts, bis man bei der gestellten Aufgabe angekommen ist.
7. **6 + 7 =**
   5 + 5 + 1 + 2 = 13
   Dieses Kind hat im Kopf, dass 5 + 5 zusammen 10 ergibt. Nun nimmt es von der 6 die fehlende 1 und von der 7 die fehlenden 2 hinzu und kommt so sorgfältig hochzählend zum richtigen Ergebnis.
8. **6 + 7 =**
   2 x 7 − 1 = 13
   Hier arbeitet jemand, der bereits Malaufgaben kann und weiß, dass 6 + 7 nahe an 2 x 7 dran ist. Und die Differenz zwischen 7 und 6 wird erkannt und abgezogen.

Rechnen Kinder sehr umständlich, kommen häufig besorgte Eltern in meine Beratungsstunden, deren Kinder keine diagnostizierte Rechenschwäche haben. Diese Eltern haben das Gefühl, ihrem Kind falle Mathematik einfach schwer. Folgende Sätze höre ich dann oft:

- »Bei den Rechenaufgaben braucht er immer endlos.«
- »Manchmal hat sie keine Lust, überhaupt anzufangen.«

- »Er ist nur zu langsam. Bei den Arbeiten schafft er nie alle Aufgaben. Aber die gelösten Aufgaben sind alle richtig!«
- »Sie konzentriert sich nicht genug. Eigentlich kann sie es! Das sagt die Lehrerin auch.«
- »Die Lehrerin sagt, das kommt schon noch, aber wir haben das Gefühl, das stimmt nicht. Wir üben doch schon so viel mit ihr.«

Dazu sei gesagt: Natürlich darf ein Kind, das Mengen und Rechenwege sicher kann, auch auf seine eigenen Rechenwege zurückgreifen, wie etwa bei der Aufgabe »6 + 7 sind 6 + 6 und dann kommt noch einer dazu.« Ebenso machen wir als Erwachsene es ja auch. Es ist durchaus vollkommen legal, kreativ mit Rechenwegen umzugehen. Nicht alle müssen den gleichen Rechenweg gehen. Doch es gilt zu bedenken, dass es mit dem sicheren Schritt über den Zehner einen Rechenweg gibt, der zu einer großen Zeitersparnis führt und der nicht nur beim Lernen der höheren Einmaleinsreihen, sondern selbst im Bereich sehr großer Zahlen von großem Vorteil ist. Gelingt mir dieser Rechenweg, so kenne ich eine wichtige Abkürzung beim Rechnen. Es handelt sich dabei somit tatsächlich um einen der wichtigsten Rechenschritte in der Grundschule.

Möchte ich einem Kind den Schritt über den Zehner näherbringen, setzt das voraus, dass das Kind bereits eine Menge anderer mathematischer Inhalte sicher abrufen kann. Dazu gehört, dass es alle Zahlen bis 10 sicher zerlegen kann. 10 = 9 + 1, 10 = 8 + 2, 5 = 3 + 2, 5 = 3 + 2 usw.

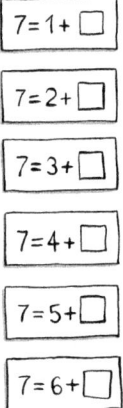

Die Rechenaufgabe 6 + 7 setzt etwa voraus, dass die 7 sicher in zwei Teile geteilt werden kann.

Da es viele verschiedene Rechenaufgaben gibt, ist es notwendig, dass alle Zahlen bis Zehn sicher und schnell in allen Varianten in zwei Teile geteilt werden können. Bei dieser Aufgabe müsste ich also die 7 zerlegen können, und allein für diese Zahl gibt es 6 Möglichkeiten.

Bei der Zehnerzerlegung gibt es auffällig viele Kinder, die zwar wissen, welche Zahl noch bis zur 10 fehlt, wenn die 6, 7, 8 oder 9 vorne stehen (z. B. 8 plus wieviel ist 10?), bei den Aufgaben, bei denen die kleinere Zahl (2, 3, 4 oder 5) vorne steht (z. B. 2 plus wieviel ist 10?), sind sie häufig unsicher.

> »Patrick, wenn du 7 Äpfel hast und du möchtest 10 haben, wie viele fehlen dir dann?« Seine Antwort kommt prompt: »3«. »Genau«, sage ich. »Wie ist das bei 8 Äpfeln?« Wieder kommt die Antwort schnell und richtig: »2!«
>
> Nach einer Weile stelle ich unauffällig zur Überprüfung eine weitere Frage und beginne mit der kleineren Zahl: »Wenn du 3 Äpfel hast, wie viele fehlen dir dann?« Und jetzt überlegt er: Er schaut auf seine Finger, und obwohl er bei der ersten Aufgabe wusste, dass zur 7 die 3 gehört, weiß er es in der Umkehrung nicht sofort. Patrick braucht den Blick auf seine Finger, und es dauert einen Moment, bis er die richtige Antwort sagt: »7!«

Patrick nutzt zum Lösen einiger Aufgaben gerne das Umdrehen und stellt die große Zahl an die erste Stelle und die kleine Zahl an die zweite. So wird aus 1 + 9 dann 9 + 1.

Das hier beschriebene Phänomen taucht verhältnismäßig häufig bei Grundschülern auf. Doch warum ist das so? Es hängt damit zusammen, dass Kinder einen oft gut gemeinten Ratschlag beherzigen. Damit meine ich Folgendes: Wenn die Rechenaufgabe 4 + 8 lautet, geben viele Erwachsene den Tipp: »Dreh die Aufgabe doch einfach um, so dass die größere Zahl vorne steht, dann ist es einfacher.« Sie denken jetzt vielleicht: »Das mach ich aber auch, was soll daran falsch sein?!« Ich will es Ihnen erklären:

Bei einigen Kindern ist das Umdrehen an dieser Stelle ein taktisches Vorgehen. Bei Patrick ist dies nicht der Fall. Er *kann* gar nicht anders, als diesen Zwischenschritt zu wählen, weil er nicht sicher alle Zahlen im Zehnerbereich ergänzen kann. Damit ist Patrick aber bei weitem nicht das einzige Kind.

Viele Kinder aber haben sich diese Taktik angewöhnt und benutzen sie konsequent wie eine Krücke, ohne die sie nicht mehr laufen können. *D. h. aus 24 + 38 machen sie 28 + 34.* Spätestens bei den Minusaufgaben kommen dann Probleme auf, wenn sie statt 25 – 7 nun 27 –5 rechnen. Ihre bildhafte Mengenvorstellung hat sie schon längst verlassen und ihre »sichere«, bekannte Vorgehensweise (einfach die Einer umdrehen!) funktioniert nicht mehr. Das Ergebnis der Aufgabe ist falsch. Die Einer »umzudrehen« sollte also nur dann als Möglichkeit genutzt werden, wenn auch das Rechnen mit dem kleineren Einer vorne sicher beherrscht wird.

> Um die Zehnerzerlegung zu üben, eignet sich auch ein »Mensch-ärgere-dich-nicht« oder jegliches andere Würfelspiel. Sie brauchen nur die Spielregeln zu verändern: Wird eine 1 gewürfelt, darf man 9 setzen, wird eine 2 gewürfelt, darf man 8 setzen usw. Man setzt also immer die Zahl, die noch fehlt, damit es 10 ergibt.

Betrachten wir nun den wichtigen Schritt, den ein Kind rechnen sollte, wenn es »über den Zehner« geht.

> Ich schreibe die Aufgabe 6 + 7 auf einen Zettel und bitte das Kind, die Aufgabe zu lösen. Das Kind überlegt eine Weile und sagt: »Da kommt 13 raus!« »Gut«, antworte ich. »13 habe ich auch raus! Kannst du mir erklären, wie du die Aufgabe gerechnet hast? Deine Finger hast du nicht benutzt, wie ich gesehen habe!« »Ich habe einfach gerechnet. Immer einen dazu!« Ich frage: »Das heißt, du kannst auch im Kopf zählen?« »Ja, aber manchmal nehme ich auch die Finger unter dem Tisch«, gesteht das Kind. »Das ist völlig in Ordnung«, erwidere ich. »Immerhin hast du so die Aufgabe gelöst. Was glaubst du, wie deine Mutter die Aufgabe rechnet?« Hier lautet die Antwort: »Das weiß ich nicht! Ich glaub, die macht das genauso wie ich.« »Dann ist es ja gut, dass deine Mama mitgekommen ist. Du kannst sie also jetzt hier fragen!«
>
> Das Kind wendet sich zur Mutter und fragt: »Mama, wie rechnest du die Aufgabe?« Die Mutter reagiert: »Ich rechne erst bis zur 10, also 6 + 4, und dann nehme ich noch die restlichen 3 dazu.« Das Kind macht überlegend »Mh …« Es entsteht eine Pause.
>
> »Hast du verstanden, wie deine Mutter rechnet? Und kannst du auch so rechnen?«, erkundige ich mich. Hier antwortet das Kind vehement: »Nein!« »Die Erwachsenen hätten aber gerne, dass du lernst, so zu rechnen. Hast du eine Idee warum?« »Weil es besser ist?« »Aber warum ist

es besser?« Auf diese Frage weiß das Kind keine Antwort und zuckt mit den Achseln.

»Ich würde dir gerne den Unterschied zeigen zwischen der Art und Weise, wie deine Mama rechnet und wie du rechnest.« Nun stehe ich auf. Ausgehend von der 6 mache ich für jede Zahl, die hinzugefügt wird, einen Schritt. Bei dem Rechenweg des Kindes mache ich 7 Schritte, denn es rechnet ja 6 + 1 + 1 + 1 + 1 + 1 + 1 + 1. Das ist ein recht langer Weg, den ich so abschreite. Dann veranschauliche ich dem Kind, wie seine Mama und ich die Aufgabe rechnen. Dabei mache ich wieder ausgehend von der 6 einen großen Schritt bis zur 10 und einen weiteren bis zur 13. Die von mir gelaufene Strecke bleibt so sehr kurz.

Ich zeichne dem Kind die Schritte auf und erkläre ihm, dass man sowohl Schritte mit den Füßen gehen kann als auch Schritte im Kopf. Dann frage ich: »Wer von uns beiden ist schneller erschöpft beim Rechnen?« Der mit den vielen Schritten oder der mit den wenigen Schritten?« Diese Frage ist für das Kind leicht zu beantworten: »Der mit den vielen Schritten. Also ich!«

»Aber du weißt gar nicht, wie man die Aufgabe mit nur 2 Schritten löst, nicht wahr?« Das Kind schüttelt den Kopf. »Soll ich dir zeigen, wie das geht? Möchtest du gerne die Abkürzung kennen, mit der es viel schneller geht?«, erkundige ich mich. Auf diese Frage habe ich bisher immer ein klares »Ja!« erhalten.

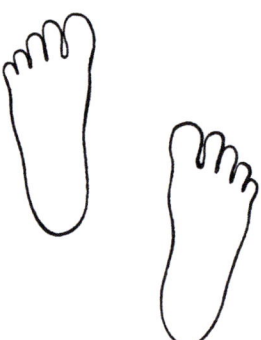

Um das bildhafte Denken mit einzubeziehen, kann man (zusätzlich zu dem Training des Schrittes über den Zehner!) einige Bilder nutzen, um das Kind darin zu unterstützen, dass es sich merken kann, welche Zahlen »verliebt« sind, also welche zusammen 10 ergeben.

> 1 und 9 gehören zusammen. 9 steht für die 9 Kegel, wenn ich alle umkegle, bin ich ERSTER.
> 2 und 8 gehören zusammen. Formt man mit den Händen vor den Augen eine Brille, sieht diese aus wie eine 8. Durch diese 8 kann man mit 2 Augen durchschauen.
> 3 und 7 gehören zusammen. Die 7 Zwerge fahren am liebsten mit ihren 3-rädern durch die Berge.
> 4 und 6 gehören zusammen. Malt man einen Elefanten, dessen Rüssel vorne wie eine 6 geschwungen ist, pflückt er ein großes 4-blättriges Kleeblatt.
> 5 und 5 gehören zusammen. Wenn man mit beiden Händen einschlägt, hat man die 5 Finger und noch einmal die 5 Finger.

## ... wenn häufig Zahlendreher im Einer- oder Zehnerbereich auftauchen oder Stellenwerte nicht eingehalten werden?

Bei Zahlendrehern können unterschiedliche Ursachen eine Rolle spielen.

Das Mengenverständnis und die Begriffe »Zehner« und »Einer« werden etwa häufig nicht sicher beherrscht. Kinder vertauschen dann häufig die Stellen, schreiben 26 statt 62 und können nicht sicher die Menge hinter einer solchen Zahl mit Material darstellen.

Bei zweistelligen Zahlen ergibt sich das Problem, dass wir zwei mögliche Schreibweisen haben. Ich spreche »dreiundsiebzig« und schreibe zuerst die 7 und dann rechts daneben die 3. Andere Menschen beginnen beim Schreiben dieser Zahl mit der 3 und setzen links neben sie die 7. Bei manchen Kindern ist zu beobachten, dass sie zwischen der einen und der anderen Schreibweise wechseln und es deshalb zu Fehlern kommt.

In den meisten Sprachen werden die zweistelligen Zahlen so geschrieben, wie sie gesprochen werden. Da heißt es im Englischen beispielsweise »Twenty (20) three (3)«, und so wird dann auch geschrieben: zuerst die 2 für den Zehner und dann die 3 für den Einer.

Es gibt auch Kinder, die sich Zahlen (Symbole) nicht so gut als Bild im Kopf vorstellen können. D. h. die Vorstellungskraft, das so genannte »Optische Visualisieren«, spielt bei Zahlendrehern eine entscheidende Rolle. Bei

Kindern mit einer Lese-Rechtschreibschwäche kann sich hier eine Parallele zur mangelnden Symbolvorstellung wiederfinden. Ob es zu einem Verdrehen der Ziffern kommt, ist somit abhängig davon, inwieweit ein Kind sich eine gehörte zweistellige Zahl geschrieben vorstellen kann oder ob es die Zahl erst während des Schreibens umsetzt.

**Praxistipp** Schauen Sie zunächst bei sich selbst, wie Sie das Schreiben von zweistelligen Zahlen handhaben und beobachten Sie dann bei dem Kind, welche Schreibweise es nutzt. Geben Sie ihm keine Art des Schreibens vor, denn es existiert keine an sich richtige Variante. Fordern Sie das Kind auf, beide Möglichkeiten auszuprobieren und sich dann aber für eine zu entscheiden. Diese sollte dann wiederholt geübt werden, denn wenn ich sicher immer auf dieselbe Vorgehensweise zurückgreife, wird diese irgendwann automatisiert und führt nicht mehr zu Verwirrungen.

Jonas erklärt, wie er bei der Aufgabe 30 + 25 = 55 vorgeht: »Erst rechne ich 3 + 2 = 5 und dann 0 + 5 = 5.« Im Ergebnis ist dies zwar richtig, aber als er mir die Ergebniszahl 55 anschaulich als Menge zeigen soll, sieht er mich ratlos an. Nach einigem Überlegen zeigt er zweimal hintereinander 5 Finger. Er hat nicht verstanden, dass die Menge, die hinter der Zahl 55 steht, eine ganz andere ist. Er rechnet nur mit Einern und scheint mit der Menge der Zehner nicht vertraut zu sein.

Um das Denken in Zehnern und Einern anzuregen, können Sie zusammensteckbare Steine zur Hilfe nehmen.

Legen Sie zwischen sich und dem Kind eine größere Menge (ca. 100 Steine) an einfarbigen gleichgroßen Steinen hin. Sie sollten einige dieser Steine bereits zu Zehnertürmen zusammengesteckt haben, bevor die Übung beginnt.

Nun bitten Sie das Kind, Ihnen eine Menge zusammenzubauen: »Bau mir doch bitte 27 Steine auf!« (Ich würde hier immer zu einer Zahl unter 35 raten, um die Bauzeit kurz zu halten.) Beobachten Sie wie das Kind vorgeht und kommentieren Sie nicht!

Baut das Kind einen hohen Turm mit allen 27 Steinen aufeinander auf, kann es sein, dass es noch nicht in Zehnern und Einern denkt.

Kommentieren Sie nun einfach, was Sie tun. »So, jetzt baue ich mir auch 27 Steine auf. Ich nehme mir mal so einen Turm und gucke wie hoch der ist ... ah, 10 Steine. Dann brauche ich noch so einen Turm, der genau so hoch ist. Dann sind das auch gleich viele Steine. Dann habe ich jetzt 10 und nochmal 10 – das sind 20. Jetzt fehlen mir nur noch 7, die ich mir abzähle und auf einen Extraturm stelle.«

Dann wenden Sie sich ans Kind, das vor dem hohen Steineturm sitzt: »Jetzt machen wir Folgendes: Wir kontrollieren beide einmal – jeder für sich –, ob wir richtig gezählt haben. Du darfst anfangen!« Das Kind zählt, und es wird einige Zeit dauern, vielleicht verzählt es sich auch und fängt noch einmal an. Wieder heißt es: Beobachten und nicht kommentieren!

Ist das Kind fertig mit Zählen, kommentieren Sie wieder nur, wie Sie vorgehen: »Puh, da muss man ganz schön lange zählen bei so einem hohen Turm. Ich zähle auch kurz nach. So, das sind 10 – das weiß ich ja. Und nochmal 10 sind 20. Plus 1, 2, 3, 4, 5, 6, 7 sind 27 – fertig! Das ging aber flott bei mir.«

Legen Sie Ihre Steine und die des Kindes wieder in die Mitte des Tisches – die Zehnertürme bleiben zusammengesteckt, so dass Sie für das Kind klar zugänglich sind.

Dann beginnt Runde 2, indem Sie nun die nächste Zahl aufbauen: Die 32. Das Vorgehen ist genau dasselbe. Fordern Sie in keinem Moment das Kind auf, Ihre Methode zu verwenden. Warten Sie, bis es selber merkt, dass es von dieser Art des Aufbauens profitieren könnte – erst wenn es Ihnen die Methode freiwillig »abkauft«, ist ihm klar, dass sie ihm hilft.

Es gibt Kinder, die bauen bereits beim zweiten Durchgang in Zehnern und Einern und freuen sich unglaublich, wenn wir als Erwachsene ganz überrascht sind, wie schnell sie plötzlich alles zusammenzählen können. Andere Kinder brauchen noch einige Durchgänge, bis bei ihnen die Erkenntnis eintritt, unsere Methode könnte hilfreich sein.

Sie schaffen es auf diesem Wege, dem Kind das Bündeln in Zehner und Einer nahezubringen, ohne sie einmal dazu auffordern zu müssen.

Zoe will es nicht gelingen, die zweistellige Zahl 24 mit Klötzen aufzubauen. Als ich sie frage, ob sie das Geheimnis der unsichtbaren Null kennt, verneint sie. Ich mache es spannend und zeige ihr, dass die 2 in der Zahl 24 eigentlich für eine 20 steht, denn, würde man die 4 bei der geschriebenen 24 wegnehmen, stünde dahinter noch eine unsichtbare Null. Ich nutze dafür eine Zahlenschiebeschablone. »Die Null versteckt sich quasi hinter der 4«, erkläre ich und schiebe die 4 ein paar Mal wieder auf die Zahl und dann wieder hinunter, damit Zoe die Null dahinter

II Tipps für den Lernalltag

sieht. »Oh«, erwidert sie, das habe ich nicht gewusst.« Wir schauen uns dieses Geheimnis bei verschiedenen Zahlen an, bis Zoe das Prinzip verstanden hat. In der nächsten Stunde begrüßt sie mich mit den Worten: »Weißt du, ich kenne das Geheimnis noch immer, aber ich habe es niemandem verraten.«

Um den Kindern zu verdeutlichen, welche Mengen hinter einer größeren Zahl stehen und ebenso wie man größere Zahlen richtig liest, können Sie Zahlenschiebeschablonen verwenden.

Diese Schablonen lassen sich übereinander schieben, so dass dem Kind optisch deutlich wird, welche Menge sich hinter einer Zahl versteckt und wie es diese benennen kann.

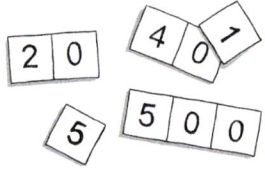

## ... wenn das Einmaleins nur auswendig gelernt, es aber nicht verstanden wird?

Die 1 x 1-Aufgabe, die ich Florian stelle, lautet: 9 x 4. Da er die Lösung nicht auf Anhieb weiß, beginnt er folgendermaßen zu rechnen: 1 x 4 = 4. 2 x 4 = 8. 3 x 4 = 12 usw. bis zur 36. Er rechnet die ganze Viererreihe von unten nach oben.

Als ich ihn frage, ob es einen kürzeren Weg gäbe, um zu dem gleichen Ergebnis zu kommen, antwortet er: »Ja, wenn man es auswendig weiß.« »Das ist richtig!«, sage ich. »Aber wenn man es nicht auswendig weiß, gibt es auch dann einen kürzeren Weg?« »Ich kenne keinen«, antwortet er ehrlich.

Jeder von uns hat das Einmaleins gelernt und viele wundern sich, wieso einige Kinder damit so große Schwierigkeiten haben. So kommt an dieser Stelle auf Vorträgen gerne ein Einwand von Eltern, der da lautet: »Aber ist es nicht so, dass man das Einmaleins nur auswendig lernen muss? Das haben wir früher doch auch getan!«

Meine Antwort dazu lautet: »Natürlich haben Sie das Einmaleins auswendig gelernt, aber wenn Sie es heute sicher beherrschen, haben Sie gleichzeitig, ob es Ihnen bewusst ist oder nicht, das Prinzip verstanden und durchdrungen.« Probleme entstehen dann, wenn die Komplexität des Einmaleins nicht erfasst und verstanden wird.

Folgende Punkte haben Sie automatisch beim Lernen des Einmaleins erfasst:

Das Einmaleins besteht grundsätzlich zunächst einmal aus Plusaufgaben. Diese Plusaufgaben sind immer länger werdende Ketten aus gleichen Zahlen. Hinter der Aufgabe 4 x 7 versteckt sich somit die Plusaufgabe 7 + 7 + 7 + 7.

Kinder müssen wissen, dass dieser Aufbau bei allen Einmaleins-Reihen gleich ist, da sie sonst häufig verunsichert sind. Vielen Kindern ist das nicht klar.

Innerhalb der Einmaleinsreihen und der dahinterstehenden Plusaufgaben werden immer wieder Zehner überschritten, z. B. bei 2 x 7 = 7 + 7 = 14 (die 10 wird übersprungen) oder bei 3 x 7 = 14 + 7 = 21 (die 20 wird übersprungen). Je höher die Reihen, umso häufiger kommen Schritte über den Zehner vor. Den Schritt über den nächsten Zehner zu schaffen, ist somit eine wichtige Voraussetzung für das Einmaleins. Wenn ich nicht über den Zehner rechnen kann, werde ich an unglaublich vielen Stellen im Einmaleins stolpern und nicht weiterkommen.

Erfahrungsgemäß empfinden die meisten Schüler die 1er-Reihe, 2er-Reihe, 5er-Reihe und die 10er-Reihe als einfach. Dann kommt vom Schwierigkeitsgrad die 3er- und 4er-Reihe. Verständlich, denn in den erstgenannten Reihen gibt es keine und in der 3er- und 4er-Reihe nur jeweils zwei Zehnerüberschreitungen. Doch schauen Sie sich im Vergleich einmal die 8er-Reihe an.

$$\underbrace{8}_{} \overset{+8}{\underbrace{16}} \overset{+8}{\underbrace{24}} \overset{+8}{\underbrace{32}} \overset{+8}{\underbrace{40}} \overset{+8}{\underbrace{48}} \overset{+8}{\underbrace{56}} \overset{+8}{\underbrace{64}} \overset{+8}{\underbrace{72}} \overset{+8}{\underbrace{80}}$$

Wenn das oben erklärte Prinzip, dass hinter jeder Malaufgabe eine Plusaufgabe steckt, wirklich verstanden wurde, kann der Rechenvorgang leicht zeitlich verkürzt werden.

Wenn ich die Aufgabe 9 x 3 rechnen soll, aber nicht sicher bin, was das Ergebnis ist, kann ich folgende Abkürzung nehmen: Ich rechne 10 x 3, denn das weiß ich sicher, das sind 30. Und von den 30 nehme ich einfach 3 weg, schon bin ich bei 27 und habe mein Ergebnis. Diese Abkürzung kann man allerdings nur nehmen, wenn man das Mengenverständnis, das hinter dem Einmaleins steht, verstanden hat.

Abkürzungen im Einmaleins nehmen Sie außerdem, wenn Sie Grundprinzipien wie »Halbieren« und »Verdoppeln« verstanden haben. Dann leuchtet Ihnen sofort der Zusammenhang ein, dass, wenn 10 x 4 = 40 sind, 5 x 4 = 20 sein müssen. Denn 20 ist die Hälfte von 40.

Wichtig ist, dass nicht nur die Hälfte von Zahlen mit geradem Zehner gerechnet werden kann, sondern auch das Halbieren von z. B. 30, 50, 70 oder 90 als machbar erkannt wird. Ein oft genannter Einwand von Schülern auf die Frage: »Was ist die Hälfte von 30?« lautet: »Das geht nicht, denn 3 kann man nicht teilen!«

Um die Hälfte von ungeraden Zehnern zu verstehen, bietet sich wieder Material an, wie z. B. zusammensteckbare Steine. Bitten Sie das Kind die jeweilige Menge (30, 50, 70 oder 90) zunächst aufzubauen und dann die Menge gerecht zwischen Ihnen und sich selbst aufzuteilen. Lassen Sie den Kindern Zeit, um herauszubekommen, wie die Menge gerecht geteilt werden kann. Es soll erkennen, dass am Ende immer ein 10er-Turm in der Mitte – also in zwei 5er-Türme – zerbrochen wird. Das hilft, um sich merken zu können, dass bei der Hälfte eines ungeraden Zehners immer eine Zahl mit der Ziffer 5 am Ende herauskommt. Das Durchtrennen des Zehnerturms darf dabei möglichst spielerisch – mit dem imaginären Laserschwert, dem Finger, der Säge etc. – wiederholt werden.

Möchten Sie bei einem Kind überprüfen, ob es das Mengenverständnis hinter dem Einmaleins durchdrungen hat, tun Sie Folgendes:

Legen Sie dem Kind einfarbige zusammensteckbare Steine hin – mindestens 40 Stück. Fordern Sie das Kind auf, Ihnen die Aufgabe 3 x 4 mit Steinen zu legen. Schauen Sie, wie das Kind dies aufbaut und kommentieren Sie nicht! Weder »richtig« noch »Überleg nochmal!«

Viele Kinder, die die Mengenvorstellung hinter dem Einmaleins nicht durchdrungen haben, bauen 3 Steine aufeinander, dann manchmal einen einzelnen Stein als Malzeichen in die Mitte und dann noch einen Turm mit 4 Klötzchen aufeinander. Sollte dies bei einem Kind der Fall sein, fragen Sie zunächst nach, ob das Kind noch eine andere Möglichkeit wüsste, diese Aufgabe aufzubauen. Verneint es, bitten Sie das Kind, Ihnen »ein *mal* 4 Steine« zu geben. Erhalten Sie dann das Vierertürmchen, sagen Sie »Okay, das sind 1 mal 4.« Legen Sie das Türmchen direkt

## 7 Die verflixten Zahlen – Wenn Rechnen nicht so einfach ist

vor das Kind und bitten Sie es, Ihnen »zwei *mal* 4 Steine« zu geben. Halten Sie dafür beide Hände auf, so dass das Kind Ihnen in jede Hand einen Turm legen kann. Nun sollten Sie zwei Türmchen mit jeweils 4 Steinen darauf erhalten. Im dritten Schritt legen Sie die Türmchen wieder hin und bitten Sie das Kind Ihnen nun »drei mal vier Steine« zu geben. Sie können ergänzen: »Stell dir vor, ich hätte 3 Hände. Die dritte ist zwischen den anderen beiden.«

Haben Sie alle 3 Türmchen mit jeweils 4 Steinen erhalten, sagen Sie »So sieht die Aufgabe 3 x 4 aus. Weißt du, was der Vorteil ist, wenn man die so baut?« Ziel ist es, dass das Kind erkennt, dass man in der Aufgabe das Ergebnis ablesen könnte.

Um dieses Mengenverständnis zu sichern, lassen Sie sich vom Kind noch weitere Aufgaben aufbauen. Sie können dies auch im Wechsel tun, und das Kind darf entscheiden, was Sie aufbauen müssen. Jedes Mal, wenn das Kind überlegen muss, wie eine Aufgabe aufzubauen ist, bitten Sie erst um »ein mal …«.

Ist dieser Schritt geschafft, drehen Sie den Spieß um: Sie bauen mit Türmchen eine Aufgabe, und das Kind muss erkennen, wie die Aufgabe heißt.

Um Kindern zu verdeutlichen, wofür wir das Einmaleins überhaupt lernen sollen, kommt Ihnen die Mathematik im Alltag entgegen. Konkret, sichtbar und nachvollziehbar vor allem bei einigen Discountern.

Auf diese Supermarktkette greife ich gerne zurück, wenn ich beispielsweise Flächenberechnung mit den Kindern thematisiere, bei der man ohne das Einmaleins »aufgeschmissen« wäre.

II Tipps für den Lernalltag

> Flächenberechnung heißt in diesem Fall, wie viele Becher oder Packungen passen auf eine Lage oder sind zusammengestellt worden in einer Verpackung.
> 
> | | | | | | |
> |---|---|---|---|---|---|
> | Wasserflaschen | 2 | • | 3 | = | 6 |
> | Joghurt | 3 | • | 4 | = | 12 |
> | Apfelsaft | 2 | • | 6 | = | 12 |
> 
>
> 
> | | | | | | |
> |---|---|---|---|---|---|
> | Schlagsahne | 3 | • | 9 | = | 27 |
> | Öl | 3 | • | 5 | = | 15 |
> | Klopapier | 2 | • | 4 | = | 8 |
> | Küchenrollen | 1 | • | 4 | = | 4 |
> 
> Die Liste ließe sich beliebig fortsetzen. Diese Verpackungen können Sie auch wunderbar dafür nutzen, den Kindern zu erklären, dass hinter jeder Malaufgabe eine Plusaufgabe steckt. Nehmen Sie den Apfelsaft: 2 x 6 = 6 + 6. Oder die Schlagsahne: 3 x 9 = 9 + 9 + 9. Auch die Bedeutung der Begriffe »Halbieren« und »Verdoppeln« wird hier »be-greifbar«. Lassen Sie das Kind einmal den halben Joghurtkarton, den doppelten oder den ganzen tragen.

Das Verstehen der Struktur des Einmaleins ist die absolute Voraussetzung für jegliche Anwendung der Division, denn das Teilen ist quasi der Rückwärtsgang des Einmaleins. Erst wenn ich die Einmaleinsaufgaben sicher rechnen kann und die Menge hinter ihnen erkenne, kann ich diesen Prozess auch »rückwärts« durchlaufen. »Wenn 5 x 7 = 35 sind, dann kann ich 35 auch teilen durch 7.« Hat ein Kind Probleme beim Teilen, so beherrscht es mit großer Wahrscheinlichkeit das Einmaleins nicht sicher.

## ... wenn der rechnerische und praktische Umgang mit Größen (Zeit, Strecken, Gewichte, Geld) nicht oder kaum gelingt?

Vielen Kindern ist nicht bewusst, warum wir z. B. statt »5 Uhr« auch »17 Uhr« sagen können. Anderen fällt es einfach nur schwer, sich zu merken, ob 1 kg nun 100 g oder 1000 g sind. Auch die Umwandlung der Streckeneinheiten stellt sie vor große Probleme.

> In einer der Beispielaufgaben zum Thema »Längen« geht es mit dem Schüler Johannes um die Berechnung der Länge einer Leiter. Johannes soll die 2,5 m der Leiter in cm umwandeln. Er rechnet die Aufgabe zwar richtig, da er sich die Mengenumwandlungen gut gemerkt hat, aber verwirrt sieht er dennoch aus. Und so frage ich noch einmal nach. Johannes antwortet prompt: »Ich verstehe echt nicht, wieso wir in Mathe immer aus Metern Zentimeter und so machen müssen. Dann wird doch die Leiter viel kürzer. Zentimeter sind doch viel kleiner als Meter.«

Dieser Themenkomplex ist so umfangreich und enthält für Kinder so viele Stolpersteine, dass ich darauf hinweisen möchte, dass hier das Experimentieren mit Maßband, Waage und Gewichten, Geld, Litermaß, Uhren etc. einen großen Raum einnehmen sollte. Nähern Sie sich über konstruktive Fragen, um herauszubekommen, was die Kinder für Verbindungen in ihren Köpfen herstellen. Wichtig ist, eine Idee davon zu bekommen, wo Kinder stolpern! Denn erfahrungsgemäß stolpern sie an Stellen, an denen wir es nicht vermuten.

Hier einige Beispiele als Fragen formuliert, die verdeutlichen, was Kinder alles entdecken und verstehen müssen, um sich diese Bereiche zu erobern.

- Warum sagen wir statt »5 Uhr« auch »17 Uhr«?
- Warum hat der Tag 24 Stunden, aber auf der Uhr sind nur 12 zu sehen?
- Welcher Zeiger läuft schneller, der kurze oder der lange?
- Sind ein Kilo 100 oder 1000 g?
- Warum benutzen wir das Wort »viertel« um Uhrzeiten zu benennen?
- Ist eine Stunde in Kanada so lang wie bei uns?
- Ist ein Meter überall auf der Erde gleich lang?
- Was ist die kleinste Maßeinheit?
- Ist die Aufteilung auf dem Lineal genauso wie auf einem Zollstock?
- Was ist die Hälfte von 500 g?

II Tipps für den Lernalltag

Wichtig ist, sich bewusst zu machen, wie viel Grundlagenwissen sich hier überall versteckt. Nehmen wir zum Beispiel die Uhrzeit. Sie enthält die 5er-Reihe bei den Minuten, und auch die 6er-Reihe bzw. die 60er-Reihe, denn sonst kann ich nicht umrechnen, dass 3 Stunden 3 x 60 Minuten sind. Ich muss Halbe und Viertel kennen. Und etwa wissen, dass die Hälfte von einer halben Stunde 15 Minuten ist. Was aber, wenn Kinder gar nicht wissen, was die Hälfte von 30 ist? Das kommt häufiger vor, als man glaubt. Und wenn ich die Uhr auf »Viertel nach Fünf« stelle und das Kind bitte, die Uhr um eine Stunde vorzustellen, warum schiebt es den langen Zeiger dann meist nur bis oben zur Zwölf?

> Manchmal helfen kleine Eselsbrücken, um die Verwirrung aufzulösen. Zu behalten, dass 1 Kilo 1000 g sind, ist mit einer kleinen Grafik ganz einfach. So können es sich meine Schüler in der Regel sofort merken.
>
>
>
> Besonders in diesem Bereich ist das Zerlegen *der Zahlen* und das Vorgehen in kleinen Schritten enorm wichtig. Arbeiten Sie, wann immer möglich, anschaulich mit Metermaß, Waage, Uhr und Geld, um die Dinge für das Kind begreifbarer zu machen.

Anhand dieses Dialogs aus unserer Praxis wird deutlich, wie man mit cleveren Fragen und Bildern einem Kind die Uhrzeit näherbringen kann:

> Paula sitzt mit ihrer Mutter in einer Beratungsstunde bei uns. Die Mutter ist verzweifelt: »Ich habe jetzt so oft mit Paula die Uhrzeit geübt. Sie sagt dann immer, sie hätte es verstanden, aber am nächsten Tag ist alles wie weggeblasen. Sie kann die Uhrzeit immer noch nicht! Ich kann sie auch nicht mehr dazu bewegen, sich mit mir noch einmal dafür hinzusetzen. Ich habe sie schon mit einer Barbie als Belohnung bestochen, aber sie weigert sich.«

# 7 Die verflixten Zahlen – Wenn Rechnen nicht so einfach ist

Paula sitzt mir gegenüber. Ich nehme eine große Lernuhr und frage Paula: »Sag mal, wenn du dir jetzt diese Uhr so ansiehst – dann siehst du ja zwei Zeiger. Einen langen dünnen blauen und einen kleinen dicken roten. Was glaubst du denn, welcher Zeiger schneller läuft?« (Für Sie zur Info: Der lange blaue Minutenzeiger läuft selbstverständlich schneller als der kleine rote Stundenzeiger.)

Paula überlegt. »Der rote kleine«, sagt sie dann.

»Interessant«, sage ich. »Sag mal, könntest du dir einmal Folgendes vorstellen? Da ist ein runder Sportplatz mit so einer Rennstrecke drumherum. Kennst du so einen Platz aus der Schule?« Paula nickt. »Und an diesem Sportplatz laufen jetzt zwei Läufer um die Wette. Der eine Läufer hat ganz lange Beine. Der andere hat ganz kurze Stummelbeinchen. Was glaubst du, welcher Läufer läuft schneller?«

Paula lacht: »Na, der mit den langen Beinen natürlich!«

»Richtig«, sage ich. »Und wenn wir uns jetzt einmal die Uhr anschauen und so tun, als sei die Uhr unser Sportplatz und die Zeiger sind unsere beiden Läufer. Welcher hat die langen Beine und welcher die kurzen?«

Paula zeigt auf den langen Minutenzeiger »Das ist der mit den langen Beinen. Der andere hat die Stummelbeine.«

»Ja und was meinst du, welcher von den beiden ist jetzt schneller?«

»Na, der lange Zeiger natürlich«, grinst Paula.

»So ist es!«, sage ich. »Und jetzt stellen sich beide Läufer hier oben bei der 12 auf den Startpunkt und rennen gleichzeitig los. Und der superschnelle mit den langen Beinen läuft eine ganze Runde um den Sportplatz. Was glaubst du, bis wohin schafft es der langsame mit den kurzen Beinen?«

Paula überlegt: »Hm, bis zur Vier, glaube ich.«

»Alles klar, dann schauen wir mal nach«, schlage ich vor. »Du sagst ›Auf die Plätze, fertig, los‹ und der schnelle Zeiger flitzt los.« (Wichtig ist hier, dass Sie eine Uhr nutzen, bei der der kleine Zeiger automatisch mitläuft, wenn der große Zeiger sich bewegt.) Ich drehe also den Minutenzeiger einmal um die Uhr. »Oh«, sagt Paula. »Der Kleine ist ja nur bis zur Eins gekommen. Der ist ja langsam.«

»Stimmt«, antworte ich. »Der lange Zeiger ist noch so motiviert, der möchte noch eine Runde laufen. Was meinst du, bis wohin schafft es jetzt der kleine Zeiger?«

»Bis zur Sechs vielleicht«... schlägt Paula vor. »Lass und nachschauen! Du sagst wieder ›Los‹...«

243

II Tipps für den Lernalltag

> Wichtig sind hier zwei Dinge: Drehen Sie so lange Runden auf der Uhr, bis das Kind von selber die Erkenntnis hat »Aha! Immer wenn der lange Zeiger eine Runde läuft, schafft es der kleine nur eine Zahl weiter!« Erst wenn diese Erkenntnis vom Kind selbst kommt, ist sie auch wirklich verstanden worden. Geben Sie also keine Tipps! Es gibt Kinder mit einer Rechenschwäche, die viele Runden drehen müssen, bis sie es verstehen – geben Sie ihnen die Zeit! Andere Kinder sehen schon nach zwei Runden, welche Struktur sich hier versteckt.

Wie Sie sicher bemerkt haben, habe ich in meiner Beschreibung der Uhrzeit nur Folgendes verwendet: Bilder und konstruktive Fragen! Ich habe nichts vorgegeben oder vorgesagt, bis bei Paula »der Groschen fiel«. Der »Erklärbär« war also nicht anwesend!

## ... wenn Sachaufgaben nicht verstanden werden?

> Mike sitzt vor einer Sachaufgabe, zu der er eine Frage formulieren soll. »Christian hat 6 €. Lena hat 3 € mehr als Christian«, liest Mike.
> 
> Er ist verunsichert und äußert sich zu der Aufgabe: »Die Aufgabe ist falsch. 6 sind doch mehr als 3. Dann hat Christian doch mehr!« Er grübelt lange und nennt dann seine Frage »Wieso hat Lena mehr als Christian?«
> 
> Nun, ich muss nicht erwähnen, dass die Frage, die Mike eigentlich stellen sollte, heißen würde: »Wie viel haben sie zusammen?« oder auch »Wieviel Geld hat Lena?« Da Mike ein gewissenhafter Schüler ist,

> erledigt er dann diese Aufgabe, obwohl er ihren Sinn anzweifelt. Seine Rechnung lautet: »6 + 3 = 9«. Seine Antwort: »Zusammen haben die beiden 9 €.«
> (Lösung: 6 Euro von Christian + 9 Euro von Lena = 15 Euro)

Wie im Fall von Mike werden oft bei Sachaufgaben »falsche Fragen« formuliert und falsche Rechnungen angestellt. Die Antworten passen dabei dann nicht zur Frage.

Sachaufgaben, auch Textaufgaben genannt, haben viel mit Sprache, Vorstellungsvermögen und logischem Denken zu tun.

Um Ihnen einmal ein bisschen das verwirrende Gefühl nachvollziehbar zu machen, das viele Kinder beim Lesen einer Textaufgabe bekommen, habe ich für Sie eine Sachaufgabe herausgesucht. Wo verbirgt sich der Denkfehler? (Und lassen Sie sich nicht dazu verlocken direkt im Internet nach der Lösung zu gucken. Das dürfen Ihre Kinder ja beim Rechnen auch nicht.)

> 3 Jungen kaufen zusammen einen Fußball für 30,00 €. Nachdem sie bezahlt haben, fällt dem Verkäufer auf, dass der Ball nur 25,- Euro kostet. Er schickt seinen Lehrling hinter den Jungen her. Dieser gibt jedem Jungen je einen Euro zurück, er selbst behält noch 2,- Euro. Dann überlegt er: Die Jungen haben jetzt jeder 9,- Euro bezahlt, macht zusammen 27,- Euro, plus die zwei Euro, die er in der Hand hält.
> Aber, so fragt er sich jetzt: Wo ist dann der letzte Euro geblieben?

Vielleicht haben Sie als Kind oder eben bei der Aufgabe gespürt, dass es zur Umsetzung einer Sachaufgabe

- sprachlicher Feinheiten und
- einer Verbindung zwischen dem bildhaften Denken und dem analytischen Denken bedarf.

Befassen wir uns zunächst mit der Sprache:

Eine Sachaufgabe sollte, bevor sie gelöst wird, erst mit eigenen Worten wiederholt werden, um sicherzustellen, dass das Kind auch tatsächlich weiß, worum es geht. Fragen Sie das Kind: »Welche Informationen enthält die Aufgabe?« Bei älteren Kindern würde die Frage lauten: »Was ist gegeben?« Zeichnungen und Skizzen, die das Kind anfertigen sollte, sind oft hilfreich, weil man auch an ihnen schon Stolpersteine und Unsicherheiten erkennen kann. Oder aber man schreibt die wichtigsten Informationen heraus bzw. unterstreicht sie.

Schwierig ist bei Textaufgaben, dass Sprache in Rechenzeichen und Gleichungen umgewandelt werden soll. Bei einfachen Sachaufgaben spielen neben vielen kleinen Stolperwörtern (wie »noch«, »schon« usw.) besonders die Verben eine große Rolle:

5 Äpfel liegen auf dem Tisch, 3 *fallen hinunter* (hinunterfallen = Minus)
3 Koffer hat Papa schon ins Auto *gepackt*. 4 Koffer sollen noch *eingepackt* werden. (einpacken = Plus)
4 Kinder fahren auf dem Karussell. Bei der nächsten Fahrt *steigen* vier Kinder *ein*, aber keines *aus*. (einsteigen, nicht aussteigen = Plus)

Um einmal aufzuzeigen, wie genau man bei Sachaufgaben lesen muss und wie leicht eine kleine Formulierung die ganze Aufgabe ändern kann, folgendes Beispiel:

5 Pferde sind bereits auf der Weide. Nachdem Florian auch die restlichen Pferde geholt hat, sind alle 11 Pferde auf der Weide.
Wie heißt die Frage? Und wie heißt die Rechenaufgabe? In diesem Fall:
5 + _ = 11 (»Fünf plus wieviel gleich elf?«)

5 Pferde stehen auf der Weide. Florian führt 6 Pferde hinzu
Wie heißt die Frage? Und wie heißt die Rechenaufgabe? In diesem Fall:
5 + 6 = _ (»Fünf plus sechs gleich wieviel?«)

Obwohl es sich um unterschiedliche Fragestellungen und somit auch um unterschiedliche Rechenaufgaben handelt, ist das Bild, das im Kopf dazu entsteht, dasselbe. Die Kinder sehen zwar, dass sie addieren müssen, sollen sie die Aufgabe jedoch mit Rechensymbolen aufschreiben, erkennen sie nicht, dass es sich um zwei unterschiedliche Rechenwege und bei der ersten um eine sogenannte »Platzhalteraufgabe« handelt.

Nehmen Sie 3 Karteikarten und schreiben auf eine die Zahl 9, auf die zweite die Zahl 5 und die dritte Karte bleibt leer. Erarbeiten Sie mit dem Kind: »Wie könnte eine Sachaufgabe lauten, in der diese zwei Zahlen und eine Platzhalterzahl vorkommen?« Geben Sie zunächst nur zwei Rechenarten (Plus und Minus) vor, um es für die Kinder einfacher zu machen.

Das Kind sagt z. B.: »9 Vögel sitzen auf einer Vogelscheuche. 5 kommen und setzen sich dazu. Wie viele Vögel sitzen am Ende auf der Vogelscheuche?«

Nach dem Konstruieren der ersten Aufgabe sollte sich Ihre Frage anschließen: »Gibt es weitere Möglichkeiten, mit diesen Zahlen eine Geschichte zu erzählen?« Und jetzt erst wird es spannend! Denn nun zeigen sich die Raffinessen und ob ein Kind in der Lage ist, alle vier Möglichkeiten zu bilden. Hier die anderen drei Varianten:

9 Vögel sitzen auf einer Vogelscheuche. 5 fliegen davon. *Wie viele sitzen noch auf der Vogelscheuche? Minusaufgabe: 9 - 5 =*
9 Vögel sitzen auf einer Vogelscheuche. Einige fliegen davon, so dass nur 5 Vögel sitzen bleiben. *Wie viele sind weggeflogen? Aufgabe mit Platzhalter: 9 - \_ = 5*
5 Vögel sitzen auf einer Vogelscheuche. Es kommen noch einige hinzu, so dass nun 9 Vögel auf der Vogelscheuche sitzen. *Wie viele sind dazugekommen? Aufgabe mit Platzhalter: 5 + \_ = 9*

Sie sehen: 2 Zahlen, 4 unterschiedliche Rechnungen und natürlich auch 4 unterschiedliche Fragestellungen.

Sachaufgaben erfordern in hohem Maße das Zusammenspiel der bildhaften Vorstellung und der Abstraktionsebene. Sie setzen voraus, dass Kinder viel Übung darin haben, konstruktive Fragen zu formulieren. Das Finden einer schon feststehenden vorgegebenen Frage entspricht oftmals nicht der kindlichen Phantasie. Ein erster Schritt könnte sein, dass Kinder sich selbst Sachaufgaben überlegen, die aus ihrem Alltag stammen und zu denen sie einen konkreten Bezug haben. Schauen Sie erst einmal gemeinsam mit dem Kind, was für Sachaufgaben sich im Alltag überall verstecken. »Guck mal, wir sind jetzt 4 Leute hier am Tisch. Gleich setzen sich noch Claudia und Simon zu uns. Hast du eine Idee, wie man daraus eine Aufgabe machen könnte? Und wäre das dann Plus oder Minus?«

**Praxistipp** Damit das Kind überhaupt ein Verständnis dafür entwickelt, welche Rechenart gesucht ist, können Sie ganz einfach damit beginnen, dass Sie dem Kind einen kurzen kindgerechten Sachverhalt schildern (»6 Welpen sitzen im Körbchen. Da laufen 3 der Welpen nach draußen zum Spielen.«) Dann fragen Sie »Was würdest du sagen – ist das eine Plusaufgabe oder eine Minusaufgabe?« Starten Sie zunächst nur mit den beiden ersten Rechenarten Plus und Minus. Etwas spielerischer ist es, wenn das Kind jeweils auf eine bunte Karte mit einem Pluszeichen oder eine bunte Karte mit einem Minuszeichen schlagen darf. Achten Sie da-

> rauf, dass Sie beim Erzählen möglichst nicht die Wörter »hinzukommen«, »wegnehmen«, »mehr« und »weniger« benutzen.

## Mathematik und Sprache

Mit der mathematischen Sprache verhält es sich ähnlich wie mit einer Fremdsprache: Es kommen immer neue Vokabeln hinzu, und die Sätze werden umfangreicher und anspruchsvoller.

Neben den Zahlen können auch mathematische Begriffe Kinder beim Rechnen verwirren. Im Grundrechenbereich gehören dazu z. B. »doppelt«, »Hälfte«, »Addition« (Plusrechnen), »Subtraktion« (Minusrechnen), »Multiplikation« (Malnehmen), »Division« (Teilen), »Symmetrie«, »erweitern« und »kürzen«. Aber auch scheinbar einfache Begriffe wie »Ergebnis«, die Worte »gleich«, »vor« oder »plus« und »minus« können verunsichern.

Zudem haben wir in unserer Sprache einige Wörter mit einer doppelten Bedeutung. Nehmen Sie zum Beispiel den Begriff »Schloss«. Einmal zielt er auf das Gebäude und einmal auf das Schloss an der Tür. Und das Wort »Maus« meint sowohl das Tier als auch die Computermaus. Bei diesen Wörtern erscheint die doppelte Bedeutung unproblematisch und sie ist leicht zu erfassen, da es, wenn wir beide Begriffe kennen, klare Bilder in unserem Kopf dazu gibt. Bei anderen Worten, die auch in der Mathematik Anwendung finden, wird es da schon schwieriger. Lassen Sie mich diesen Punkt etwas genauer ausführen: Nehmen Sie beispielsweise das bereits oben erwähnte Wort »gleich« und beachten Sie die unterschiedlichen Bedeutungen in den folgenden Sätzen.

- »Wir kommen *gleich* Zuhause an.« (»Gleich« meint hier »sofort«, ist also zeitlich genutzt.)
- »Die beiden Karten sehen *gleich* aus.« »Das sind *gleich* viele!« (»gleich« meint hier »genauso« oder »ebenso«, meint also, dass etwas mit etwas anderem übereinstimmt. Einmal im Aussehen, einmal in der Menge.)

In der nun folgenden Geschichte ist es auch die doppelte Wortbedeutung, die für Verwirrung sorgt.

# 7 Die verflixten Zahlen – Wenn Rechnen nicht so einfach ist

Lisa hat sich endlich den Zahlenraum bis 100 erschlossen. Sowohl Plus- als auch Minusaufgaben ohne und mit Zehnerüberschreitung meistert sie erfolgreich. Dann kommt der Moment, in dem ich ihr die folgende Aufgabe stelle:

Ich sage: »Du hast 76 und sollst 28 abziehen.« Kaum habe ich die Aufgabe gestellt, geht ihr Blick Richtung Fenster, und ich sehe, dass sie mit ihrer Aufmerksamkeit abschweift. Sie selbst registriert dies ebenfalls, zuckt kurz zusammen und sagt: »Wie bitte? Ich war gerade weg mit den Gedanken.« »Es ist gut, dass du es bemerkt hast«, sage ich. Ich wiederhole also die Aufgabe: »76 und du sollst 28 abziehen!« Die Reaktion ist dieselbe wie zuvor. »Ich war schon wieder weg«, sagt sie, wobei sie selbst darüber erstaunt zu sein scheint. »Dann lass uns gucken, ob wir herausbekommen, woran es gelegen hat«, schlage ich ermunternd vor. Sie nickt. Ich wiederhole zuerst nur die beiden Zahlen, 76 und 28. »Ja, das ist klar«, sagt sie und zerlegt die Zahlen in die jeweiligen Zehner und Einer. Ich fahre fort: »Du sollst die 28 von der 76 abziehen.« Sie sieht mich fragend an: »Was?« »Du sollst 28 abziehen.« In dem Moment dämmert mir etwas. Bis zu diesem Zeitpunkt hatte ich überwiegend das Wort »minus« für die Subtraktion benutzt. Das Wort »abziehen« als mathematischer Begriff war ihr noch nicht geläufig.

»Was heißt denn ›abziehen‹?«, frage ich sie. Nachdenklich schaut sie mich an, überlegt einen Augenblick, dann schaut sie zum Fenster. »›Abziehen‹, das macht Mama, wenn sie die Fenster putzt«, lautet ihre Antwort.

Ein weiteres Wort, was sowohl im Alltag als auch in der Mathematik (bezogen auf Reihenfolgen) verwendet wird, ist das Wörtchen »vor«.

Es ist merkwürdig: Hannes kann die Zahlenreihenfolge bis 30 sicher hochzählen. Dennoch kann es sein, dass er auf meine Frage: »Welche

> Zahl kommt vor der 14?« unterschiedlich antwortet. Mal gibt er die richtige Antwort, nämlich 13, beim nächsten Mal aber vertut er sich wieder und sagt zuerst 15.
>
> Hannes ist kein Einzelfall, denn von Fachtagungen weiß ich, dass speziell dieses Wörtchen »vor« mehrere Kinder verwirrt. Eine Mutter erzählte mir die folgende Begebenheit:
>
> Eine Nachbarin beklagte sich wiederholt über den Sand im Treppenhaus. Die Mutter nahm also ihren dreijährigen Sohn zur Seite und erklärte ihm, dass, wenn er aus dem Sandkasten ins Haus käme, er sofort seine Schuhe ausziehen solle, um den Sand *vor* der Tür auszukippen. Na ja, und das tat er dann auch. Er beendete sein Spiel im Sandkasten, betrat das Haus, drehte sich um, so dass er innerhalb des Hauses *vor* der Haustür stand, zog seine Schuhe aus und kippte den Sand auf den Flurboden. Dann drehte er sich abermals um und stieg die Treppe zur Wohnung hinauf.

In diesem Alter sind solche Verwechslungen ganz normal. Sie sind ein Teil der sprachlichen Entwicklung und bedürfen einfacher, manchmal wiederholter Erklärungen, so dass Kinder die Unterscheidung, wie wir dieses Wort in unserer Sprache nutzen, ganz von allein entwickeln.

Sie stehen nun aber vor dem Kind und merken, dass es bei den Mathe-Hausaufgaben den Begriff »vor« nicht intuitiv korrekt verwendet. Was nun macht dieses Wort so schwierig? Dass Kinder über »vor« stolpern, hängt damit zusammen, dass wir dieses Wort für zwei Richtungen verwenden.

Auch hier sollen einige Sätze aus unserem Sprachalltag dies verdeutlichen. Die Pfeile geben jeweils an, welche Richtung das Wort »vor« anzeigt:

- »Vor mir sind noch drei andere an der Reihe!« →
- »Welcher Tag kommt vor dem Montag?« ←
- »Spann das Pferd vor den Wagen.« →
- »Du darfst beim Würfeln drei vorgehen!« →
- »Da fehlt noch ein Komma vor dem Wort ›da‹!« ←
- »Vor dem Essen wasch dir bitte die Hände!« ←
- »Geh drei Schritte vor!« →
- »Welche Zahl kommt vor der 18?« ←

…

Sind Sie nun auch verwirrt? Das kleine Wörtchen »vor« bringt viele Kinder zu Recht durcheinander, denn wir verwenden es im Alltag für beide Richtungen.

> Wiederholt habe ich es in meiner Praxis mit Schülern zu tun, die eine Schule mit dem Förderschwerpunkt Lernen besuchen. Dabei passiert es hin und wieder, dass Schüler, die nur Plus und Minus als Rechenarten in der Schule durchgenommen haben, das Pluszeichen als Malzeichen benennen. So ergeht es mir auch mit Lara.
>
> Ich zeige auf die Aufgabe 15 + 8 und sage: »Lies mir das mal bitte vor!« Sie sagt vollkommen sicher: »Dort steht 15 mal 8.«
>
> Einige Tage später begegnet mir das gleiche Phänomen bei einem anderen Schüler, der ebenfalls die Schule für Lernhilfe besucht. Trotz seiner 13 Jahre hat er sich bisher nur die beiden Grundrechenarten Plus und Minus erarbeitet. Und dennoch: Auch er benutzt das Wort »mal«, obwohl es sich um eine Plusaufgabe handelt. Ist das wirklich nur Unkonzentriertheit oder nicht genaues Hinschauen?
>
> Bei diesem Schüler erkenne ich schließlich den sprachlichen Stolperstein, der bei beiden Kindern zu der falschen Anwendung geführt hatte. Es war das Wort »mal«, das ich in meiner Aufforderung zum Vorlesen benutzt hatte!

Machen Sie sich bitte bewusst, dass wir das Wort »mal« im Alltagsgebrauch fast in jedem Satz für alles Mögliche mal eben verwenden und beim Üben mit den Kindern das eigentliche Malnehmen sprachlich verwischen. Wir nutzen als Erwachsene das Wort »mal« tatsächlich für alle Rechenarten: »Nimm mal 2 weg!« »Teil es mal durch 5!« »Gib mir noch mal fünf dazu!« Gemeint ist aber zuerst Minusrechnen, dann Division und dann Plusrechnen!

> Wichtig ist es hier, den Kindern den Stolperstein bewusst zu machen. Weisen Sie das Kind darauf hin, dass das Wort »mal« verwirrend ist, weil wir es so häufig in der Alltagssprache verwenden. Immer wenn das Wort *mal* in einer Aufgabe verwendet wird, aber noch eine andere Rechenart genannt wird, gilt die andere Rechenart. »Rechne mal geteilt!« Dann muss man teilen. Das Wort »mal« ist oft so ein bisschen wie Deko, die sich zusätzlich mit im Satz versteckt. Suchen Sie gemeinsam mit dem Kind Stellen, an denen sich ein »mal« versteckt, obwohl man nicht »mal« rechnen muss. Sich verwirrende Begriffe bewusst zu machen, ist der wichtigste Schritt, um über diese nicht mehr zu stolpern.

Wie bereits zu Beginn dieses Abschnittes erwähnt, nimmt der mathematische Wortschatz der Kinder im Laufe der Schuljahre stetig zu. Diesen gilt es, nicht nur zu verstehen, sondern auch aktiv zu benutzen, um mathematische Rechenwege erklären zu können. Das heißt Wörter wie etwa »multiplizieren« oder »Kehrwert« müssen von den Schülern wirklich auch in den Mund genommen werden, wenn es um mathematische Sachverhalte geht.

Wer z. B. das Thema Bruchrechnen in der Schule gerade durchgenommen hat, sollte sich sicher auskennen mit folgenden Begriffen: »Nenner«, »Zähler«, »Kehrwert«, »erweitern«, »kürzen«, »gleichnamig«, »gemischter Bruch«, »(un)echter Bruch«.

> Saskia hatte vor ihrer Mathearbeit zum Thema »Brüche« mehrere Nachhilfestunden. Sie meinte, sie könne eigentlich alles. Die Arbeit wurde wieder eine 5, obwohl Saskia sich so sicher war, dass sie den Stoff begriffen hatte. Zwischen der Rückgabe der Arbeit und der nachfolgenden Beratungsstunde bei mir liegen nur zwei Wochen. Saskia äußert auch mir gegenüber, sie könne das Bruchrechnen eigentlich, hätte aber in der Arbeit eine Blockade gehabt. Demnach müsse sie mir die Regeln noch erklären können, meinte ich. Es stellte sich allerdings heraus, dass Saskia schon bei einer sehr simplen Bruchrechenaufgabe mit den Erklärungen ins Schleudern kommt. Sie sagt: »Ich glaube, da muss man ... und dann muss man das damit so ... und dann das hier noch ...« Fragend sieht sie mich an.
>
> Als ich mit ihr ein Mind-Map erarbeite, das alle Begriffe bezüglich des Bruchrechnens umfasst, stellt sich heraus, dass sie bei 80 % der Begrifflichkeiten nicht sicher ist. Das heißt, sie kann die Rechenvorgänge über Sprache gar nicht erklären.

Augenfällig wird dies also immer, wenn Schüler Rechenwege erläutern sollen und dabei nicht die Begrifflichkeiten verwenden und zudem häufig »Ich glaube ...« sagen. Aber es reicht nicht aus, wenn die Schüler *glauben*, es zu wissen. Es geht um Sicherheit bei den mathematischen Fachbegriffen und um deren langfristiges Abspeichern.

Das Mitsprechen beim Rechnen und das Verwenden wichtiger Begriffe trainiert außerdem, dass das Denken in Sprache und die Handlung, in diesem Fall das Schreiben der Aufgabe, parallel laufen. Es hilft dem Kind somit automatisch, gedanklich besser bei der Aufgabe zu bleiben. Fordern Sie das Kind also auf, beim Aufschreiben und Lösen der Aufgabe laut mitzusprechen.

> Um überhaupt einen Überblick zu erhalten, welche Begriffe für ein Thema wichtig sind, macht es Sinn, diese einmal auf einem Zettel übersichtlich zu sammeln. Diese Begriffe sind der Schlüssel dazu, Aufgabenstellungen überhaupt verstehen zu können. Schritt für Schritt kann man dann für einzelne Begrifflichkeiten Eselsbrücken nutzen, um diese sicher abzuspeichern.

Mein Sohn, der vor ein paar Jahren sein Abitur mit Mathematik als Leistungskurs machte und seitdem vor allem in diesem Fach Nachhilfe gibt, sagte erst kürzlich: »Wenn ich mit meinem heutigen Wissen meine Abi-Klausur noch einmal schreiben dürfte, hätte ich, ohne mich groß anzustrengen, die volle Punktzahl erreicht. Und das kommt nur dadurch, dass ich in meinen Nachhilfestunden die Dinge immer wieder erläutern muss.«

## Kurz und knackig: Was hilft, um leichter rechnen zu können?

### ... Sammeln, Sammeln, Sammeln!

Schneckenhäuser, Kastanien, Murmeln ... das Sammeln und Sortieren verschiedener Objektive bildet die Basis für das vergleichende Denken und somit für die Mathematik.

### ... Mach ein Spiel!

Spielerisches Lernen motiviert. Insbesondere bei Mathespielen sollte dabei der Glücksfaktor entscheiden, wer gewinnt, so dass man unterschiedlich starke Rechner zusammen bzw. gegeneinander spielen lassen kann.

### ... Wiege, miss und stopp die Zeit!

Den Umgang mit verschiedenen Maßeinheiten und Uhrzeiten lernt man am besten durch das praktische Ausprobieren. Dabei helfen Maßband, Stoppuhr, Messbecher & Co.

II Tipps für den Lernalltag

### ... Frag, frag, frag!

Konstruktive Fragen regen das logische Denken und somit auch das Erkennen von Reihenfolgen, Strukturen und Mustern in hohem Maße an. Das Fragenstellen sollte somit essentieller Teil des Alltags sein.

### ... Baue Stein auf Stein!

Insbesondere in der Mathematik bauen Inhalte stark aufeinander auf. Ähnlich wie beim Hausbau ist es daher wichtig sicherzustellen, dass Stein für Stein nacheinander gefestigt wird.

### ... Entdecke Mathematik im Alltag!

Überall im Alltag verstecken sich zahlreiche Möglichkeiten Mathematik zum Leben zu erwecken, beim Einkauf, im Haushalt, draußen und unterwegs können die Kinder so erkennen wobei Mathematik überall helfen kann.

## Nachwort der Autorinnen

Wir hoffen, dass Sie beim Lesen dieses Buches selbst viele Aha-Momente erleben durften und sich vielleicht an der einen oder anderen Stelle Ihre Wahrnehmung und Einschätzungen für bestimmte Lernsituationen erweitern konnten.

Die vielen Beispiele und Tipps sind ein Bruchteil dessen, was wir im Lernalltag unserer Praxis erleben und anwenden. Auch nach vielen Jahren lernen wir täglich Neues hinzu und sind dankbar für all die vielen Begegnungen mit großen und kleinen Persönlichkeiten. Wir sehen uns dabei als Begleiter der Kinder und Jugendlichen, mit denen wir ein Stück ihres Weges gehen dürfen.

Dabei gilt es, sich immer wieder bewusst zu machen, dass nicht alles, was man auf dem riesigen Markt der Lernmittel und Lernspiele findet, für jedes Kind geeignet ist. Vielleicht werden Sie merken, dass Sie das eine oder andere Mal in die Situation kommen, dass Ihnen Material für bestimmte Kinder oder für die Vermittlung bestimmter Lerninhalte fehlt. Die Praxistipps in diesem Buch sollen Sie deshalb nicht nur zum Nachmachen und Ausprobieren animieren, sondern Sie auch ermutigen, selbst eigene Ideen zu entwickeln, kreativ zu werden und neue Spielräume fürs Lernen zu schaffen.

Einige Grundannahmen liegen uns besonders am Herzen, und wir hoffen mit diesem Buch, Ihnen das gleiche Herzblut und die gleiche Begeisterung vermittelt zu haben, die für uns die Triebfeder unserer Tätigkeit ist. Für die Kinder in den Schulen dieser Welt wünschen wir uns Lernbegleiter, die den folgenden Grundprinzipien mit Kopf und Herz zustimmen können:

- Jedes Kind bringt reichhaltiges Potenzial mit.
- Alle Kinder werden als Lernwesen mit dem Wunsch, Neues zu entdecken und zu lernen, geboren.
- Das Kind als individuelle Persönlichkeit mit seinen Stärken und Interessen steht immer im Mittelpunkt. Die Basis für entspanntes Lernen ist dabei eine wohlwollende Haltung dem Kind gegenüber.
- Gefühle sind beim Lernen immer beteiligt und haben in jeder Form ihre Berechtigung. Es braucht positive Gefühle, um den Lernprozess aufrecht zu erhalten.

## Nachwort der Autorinnen

- Das Kind entscheidet, welche Lernform, wieviel Zeit und wie viele Wiederholungen es benötigt, um Inhalte abzuspeichern. Lernerfahrungen werden besonders dann abgespeichert, wenn unterschiedliche Sinneserfahrungen das Lernen begleiten.
- Dinge, für die Kinder sich begeistern können, werden leichter gelernt. Spielen ist die grundlegendste Form des Lernens.
- Neugierde und konstruktive Fragen sind der Schlüssel zu Aha-Erlebnissen und zur Lern-Lust.
- Lernerfolge sollten bewusst wahrgenommen und gefeiert werden, denn sie bilden die Grundlage der Motivation. Ermutigung und angemessenes Lob unterstützen den Lernprozess.
- Der Weg des Lernens ist das eigentliche Ziel, denn er ermöglicht lebenslange vielfältige Erfahrungen und Wachstum.

Wenn wir den Kindern mit dieser Grundhaltung begegnen, sind die Spielräume für das Lernen grenzenlos. Wir wünschen Ihnen von Herzen, dass Sie die Lern-Lust für sich und mit den Kindern immer wieder aufs Neue entdecken!

Zu guter Letzt laden wir Sie ein, sich auch auf unserer Webseite www.spielraum-lernen.de umzuschauen, wo Sie noch mehr über unsere Arbeit erfahren können. Dort finden Sie neben weiteren Materialien auch unsere Online-Vorträge, Blogartikel und Informationen über unseren staatlich zertifizierten Fernlehrgang »Lerntherapie«. Auf unserem Youtube-Kanal »spielraum lernen« stellen wir zudem einige Spielideen in Aktion vor. Viel Spaß beim Stöbern.

Marie Gorschlüter und Jutta Gorschlüter